가장 다정한 전염

지은이 크리스 앤더슨 Chris Anderson

TED 대표이자 수석 큐레이터. 의료 선교사였던 아버지를 따라 인도, 파키스탄, 아프가니스탄 등에서 어린 시절을 보냈고, 옥스퍼드대학교에서 철학, 정치학, 경제학을 공부했다. 졸업 후 신문과 라디오 기자, 컴퓨터 잡지 편집자를 거쳐, 퓨처 피엘시Future plc.를 설립해 《비즈니스 2.0》을 비롯한 130여 개 잡지와 웹사이트를 발행했다. 2001년부터 TED를 이끌며 세계적인 온라인 무료 강연 플랫폼이자 브랜드로 성장시켰다. 더 나은 미래를 만들고자 하는 열망을 지닌 강연자들이 TED를 통해 전하는 지식, 영감, 통찰은 100개 이상의 언어로 번역되어 연간 10억이 넘는 조회 수를 기록하고 있다. 빈곤과 질병부터 기후 위기까지 다양한 글로벌 이슈에 대처하는 야심 찬 아이디어를 발굴해 자금 모금과 실행을 돕는 '담대한 프로젝트'도 이끌고 있다. 경력 전반에 걸쳐 문화 혁신에 기여한 공로를 인정받아 2012년 에디슨 어워드를 수상했다. 다른 저서로 《테드 토크》가 있다.

Infectious Generosity
Copyright © 2024 by Chris Anderson
All rights reserved.

Korean Translation Copyright © 2024 by Bookie Publishing House, Inc.
This translation is published by arrangement with Crown, an imprint of the Crown Publishing Group, a division of Penguin Random House LLC. through EYA (Eric Yang Agency)

이 책의 한국어판 저작권은 에릭양 에이전시를 통해 펭귄랜덤하우스 LLC의 임프린트인 크라운과 독점 계약한 부키(주)에 있습니다. 저작권법에 의하여 한국 내에서 보호를 받는 저작물이므로 무단 전재와 복제를 금합니다.

가장 다정한 전염
혐오와 분열에 맞서 세상을 바꾸는 관대함의 힘

Infectious Generosity

크리스 앤더슨 지음 | 박미경 옮김

부·키

옮긴이 **박미경**

고려대학교 영문과를 졸업하고 건국대학교 교육대학원에서 교육학 석사 학위를 취득했다. 외국 항공사 승무원, 법률회사 비서, 영어 강사 등을 거쳐 현재 바른번역에서 전문 출판번역가이자 글밥아카데미 강사로 활동하고 있다. 옮긴 책으로 《집중력 설계자들》《템플 그랜딘의 비주얼 씽킹》《내가 틀릴 수도 있습니다》《우리는 지금 문학이 필요하다》《마음 챙김》《인생의 마지막 순간에서》《혼자인 내가 좋다》《완벽한 날들》 등이 있다.

가장 다정한 전염

초판 1쇄 발행 2024년 10월 2일

지은이 크리스 앤더슨 | 옮긴이 박미경 | 발행인 박윤우 | 편집 김송은, 김유진, 박영서, 성한경, 장미숙 | 마케팅 박서연, 정미진, 정시원 | 디자인 이세연 | 저작권 김소연, 백은영 | 경영지원 이지영, 주진호 | 발행처 부키(주) | 출판신고 2012년 9월 27일 | 주소 서울시 마포구 양화로 125 경남관광빌딩 7층 | 전화 02-325-0846 | 팩스 02-325-0841 | 이메일 webmaster@bookie.co.kr | 979-11-93528-30-3 03190

만든 사람들
편집 김유진 | 표지 디자인 양진규 | 본문 디자인 서혜진, 이세연 | 조판 김재은

※ 잘못된 책은 구입하신 서점에서 바꿔 드립니다.

나눠 주는 분들과
앞으로 나눠 줄 분들에게
이 책을 바칩니다.

추천의 글

김경일
인지심리학자

    인간은 두 종류의 역할 모델을 필요로 한다. 바로 긍정적 역할 모델과 부정적 역할 모델이다. 긍정적 모델이란 '자기가 마땅히 해야 할 직책이나 임무 따위의 본보기가 되는 대상이나 모범'이다. 반면 부정적 모델은 '저렇게 하면 안 되겠구나' 혹은 '나는 저러지 말아야겠다'라는 강한 경각심을 일깨워 준다. 역할 모델은 사람일 수도 있고 현상일 수도 있으며, 긍정적인 것과 부정적인 것 둘 다 필요하다.

    그런데 둘 중 어느 하나에만 지나치게 주목하게 되면 문제가 발생한다. 긍정적 모델만 바라보는 사람에게는 일어나면 안 되는 일이 꽤 자주 일어나는 고충이 뒤따른다. 반면에 부정적 모델만 바라보는 사람은 결코 발전이 없다. 성공 지향적인 사람은 전자에, 불행 회피에 관심이 많은 사람은 후자에 각각 더 시선을 두는 것은 어찌 보면 당연한 일이다.

    문제는 치열한 경쟁을 벌이는 미디어와 SNS가 부정적 역할 모델의 소개와 전파에 지나치게 열을 올리고 있다는 것이다. 어려움 속에서도 정의와 공존을 추구하는, 이른바 용기 있고 따뜻한 사람이나 행동에 관한 소식은 오히려 너무나 간과하고 있다. 이래서는 우리에게 성장과 발전을 기대할 수 없다. 균형을 찾아야만 한다. 아름다운 모습과 선한 영향력을 많이 접할수록 사람들은 그와 관련된 더 많은 것들을 생산해 내려 하기 때문이다.

그 와중에 이런 우려를 절묘하게 해소해 줄 책을 만나게 되어 참으로 다행이다. 선한 가치의 전파가 개인과 사회에 어떤 긍정적 영향력을 미치는가는 물론이고, 그 실천을 위한 매우 지혜로운 방법까지 담겨 있다.

힘들고 지친 우리에게 위로가 되는 책들은 이제 충분히 많다. 하지만 내가 살고 있는 사회와 공동체가 당면한 문제에 용기와 자신감을 가지고 해법을 찾도록 힘을 주는 책들은 거의 없지 않은가. 이 책을 한국의 많은 독자에게 전염시키고 싶다.

김하나
작가

언젠가 어느 어린이가 썼다는 '기부'에 대한 정의를 들은 적이 있다. 보통 사람들은 '기부란 어려운 타인을 돕는 것'이며 그 수혜는 도움받는 쪽에서 일어난다고 생각한다. 그런데 그 어린이는 이렇게 썼다. "기부란 하늘을 나는 기분이 드는 것." 이 문장은 기부와 선행, 도움에 대한 나의 인식을 근본에서부터 뒤흔들었다. 관대함은 타인이 아닌 스스로를 행복하게 만드는 것이다.

이 책은 우리에게 남을 돕고자 하는 본능과 내가 받은 관대함에 똑같이 반응하려는 반사적 충동이 있다고 말한다. 이 두 가지를 통해 우리는 관대함을 전염시킬 수 있다. 그리고 관대함은 스스로를 행복하게 만든다. 순진한 소리일지도 모른다. 하지만 냉소와 폭력과 이기심이 파도치는 세계에서 가라앉지 않으려면 이와 같은 부표가 필요하다. 코로나 시대에 모두가 꼼꼼히 손을 씻었듯, 전염은 다름 아닌 개개인으로부터 비롯될 수 있음을 기억해야 한다. 관대함의 전염 또한 마찬가지다. 이 책을 읽으며 나는 조금 더 관대한 사람이 되고 싶어졌다.

이해인
수녀, 시인

　급변하는 이 시대에 우리가 잃어버린 덕목 중 하나가 바로 타인에 대한 관대함, 연민과 자비를 포함한 너그러움이다. 한없이 깊고 넓고 큰 사랑에까진 못 미치더라도, 아주 조금만 남을 이해하고 품어 주는 마음과 눈길을 지니려 노력하는 것만으로도 세상은 따듯하고 아름다워질 것이다. 책에 등장하는 여러 감동적인 이야기 속 주인공들처럼, 나 자신이 먼저 관대함의 미덕을 일상에서 실천함으로써 이웃에게도 널리 전염시키는 선한 전달자가 되고 싶다는 소망을 갖게 해 주는 고마운 책이다.

이 책을 향한 찬사

크리스 앤더슨이 주장하는 핵심은 커뮤니케이션 기술이 발달하면서 우리가 더 많은 것을 서로 나누고 베풀 기회와 책임이 창출된다는 것이다. 타인의 어려움을 두 눈으로 목격할 때, 설사 그들이 지구 반대편에 살고 있을지라도, 우리에게는 그들을 돕고자 하는 본능이 활성화된다. 그리고 인터넷은 그 본능을 쉽게 실행에 옮길 수 있게 해 준다. 더 공평한 세상을 만드는 데 기여하고 싶지만 어디서부터 시작해야 할지 모르겠다면, 이 책은 바로 당신을 위한 책이다.
—빌 게이츠 | 마이크로소프트 설립자

이 책은 지친 내 마음에 꼭 필요한 선물이었다. 우리는 갈수록 더 다투고 분열되며, 미래에는 더 많은 재난과 절망이 닥칠 거라는 뉴스가 넘쳐 나는 시대에, 관대함이라는 인간의 가장 아름다운 충동이 지닌 엄청난 변화의 힘에 대한 감동적인 증거를 제시한다. 논쟁의 여지가 없는 데이터와 믿을 수 없을 만큼 아름다운 이야기가 결합된 책이다. 책장을 넘길 때마다 기쁨이 차올랐고, 끝내 영감과 희망을 얻었다.
　　─엘리자베스 길버트 | 《먹고, 기도하고, 사랑하라》 저자

경고: 이 책을 읽고 나면, 당장 행동에 나서고 싶은
참을 수 없는 충동을 느낄 수 있다.
　　─뤼트허르 브레흐만 | 《휴먼카인드》 저자

내가 아는 모든 사람, 그리고 내가 모르는 모든 사람도
이 책을 읽었으면 좋겠다.
　　─앤드류 솔로몬 | 《한낮의 우울》 저자

우리 시대의 핵심 문제들에 심오한 영향을 미칠 탁월한 책.
　　─알랭 드 보통 | 철학자, 소설가

책장을 덮고 나면 세상을 보는 눈이 달라질 것이다.
　　─엘리자베스 던 | 《당신이 지갑을 열기 전에 알아야 할 것들》 저자

사람들에게서 최선의 모습을 이끌어 내는 방법에 대해 영감을 주는 시의적절한 책이다. 이기적이고 양극화된 사회에서 희망적이고 인간다운 사회로 가는 길을 제시한다.
　　─《커커스 리뷰 Kirkus Reviews》

(차례)

추천의 글 6
프롤로그 널리 퍼뜨릴 가치가 있는 궁극적 아이디어 15

관대함도 전염이 되나요

1장 **다정한 전염의 원리** 30
무모한 도전 · 되로 주고 말로 받는 기적 · 끝없이 퍼지는 선한 바이러스

2장 **초연결 시대에 달라진 관대함의 규칙** 42
비물질이 물질보다 중요하다 · 비물질은 무한대로 나눠 줄 수 있다 · 다들 지켜보고 있다

3장 **이기적이지 않은 선행은 없다** 65
칸트도 틀릴 수 있다 · 부자들의 지갑을 여는 세금보다 빠른 방법

4장 **우리 안에 숨은 선한 본능** 79
타인에 대한 거부할 수 없는 연민 · 이기적 유전자는 어떻게 이타적 인간을 만드는가 · 똑같이 반응하려는 충동 · 도마뱀 뇌 VS 성찰적 자아 · 관대한 사람이 더 행복하다 · 우리는 서로 보살피도록 설계되었다

5장 **미스터리 실험** 100
행운의 선물 1만 달러 · 행복을 나누면 200배가 된다

2부

당신도 기버가 될 수 있다

6장 누구나 줄 수 있는 여섯 가지 선물 116
타인을 향한 관심 · 다름을 포용하는 다리 놓기 · 지식의 공유 · 인적 네트워크 · 사소하고도 특별한 환대 · 예술적 재능

7장 친절에 날개를 다는 법 152
감정에 말을 걸라 · 상상을 뛰어넘는 창의성을 발휘하라 · 뼛속까지 용기를 내라 · 협업을 도모하라 · 증폭기를 활용하라 · 별것 아닌 선의가 누군가를 구한다

8장 착한 뉴스를 전파하라 181
미디어 스토리텔링의 불편한 진실 · 더 나은 세상을 전하는 뉴스 · 오른손이 한 일을 왼손이 알게 하라

9장 효율적 이타주의자 되기 198
선의를 방해하는 의혹들 · 올바른 질문을 던지라 · 국가, 종족, 시대를 넘어서라 · 레버리지를 고려하라

3부

선의로 연결된 세계를 상상하기

10장 인간적인 너무나 인간적인 인터넷 222

당혹과 실망으로 보낸 10년 · 어쩌다 이토록 나빠졌을까 · 우리가 할 수 있는 일 · 소셜 미디어가 할 수 있는 일

11장 선한 기업이 미래를 주도한다 250

탐욕만 추구하는 시대가 저물고 있다 · 머스크와 초바니, 파타고니아의 성공 비결 · 당신은 생각보다 더 큰 힘이 있다 · 우리가 기업에 바라는 미래

12장 자선 활동의 진정한 잠재력 262

착한 사업에는 왜 자금이 부족한가 · 목표를 키워야 큰돈이 모인다 · 당신의 담대한 프로젝트는 무엇인가 · 오직 꿈꾸는 이들이 세상을 바꾼다

13장 타인에 대한 감당할 만한 의무 285

그래서 어디까지 도와야 할까 · 모두를 위한 기부 서약 · 최대의 자선으로 이룰 수 있는 세상 · 열다섯 살의 나에게 보내는 편지

14장 이젠 당신 차례다 304

관대한 삶을 위한 일곱 가지 질문 · 친절 팬데믹

에필로그 혐오와 분열에 맞서는 인간의 가장 아름다운 충동 316

초대장 321 | 감사의 글 322
참고 자료 326 | 주 331

프롤로그

널리 퍼뜨릴 가치가 있는
궁극적 아이디어

1조분의 1그램도 안 되는 원자 무리가 대단한 일을 벌일 수 있으리라고는 누구도 생각하지 않을 것이다. 그런데 2019년 말 그러한 무리 중 하나가 작은 변화를 거친 후 인체에 들어가 일련의 사건을 촉발하면서 700만 명 이상이 목숨을 잃고 세계 경제가 폐쇄되고 말았다.

코로나19를 겪으면서 얻은 가장 뜻깊은 교훈을 꼽으라면, '힘을 발휘하는 데 꼭 사이즈가 클 필요는 없다. 그저 **전염성**만 있으면 된다'라는 점이다. 어떤 개체든 패턴이든 자기 복제가 가능하다면 영향력을 무제한으로 행사할 수 있다. 가령 코로나바이러스는 인간의 면역 체계를 피해 수십억 개로 증식한 다음,

기침이나 재채기를 통해 공기 중으로 퍼져 나가 사람들을 감염시킨다.

그런데 전염성이 있다고 다 나쁜 것은 아니다. 때로는 무언가에 감염되면 오히려 세상을 더 좋게 바꿀 수도 있다. 그게 뭐냐고? 바로 **관대함**generosity이다. 타인을 향한 선의와 친절을 전염시킬 방법을 알아낸다면, 갈수록 갈등하고 분열하는 세상을 바꾸고 새로운 희망의 시대를 열 수 있다.

관대함이? 정말로?!

이게 무슨 엉뚱한 소리인가 싶을 것이다. 시대에 뒤떨어진 발상처럼 들릴지도 모른다. 인류가 직면한 난관에 맞서기에 관대함이란 너무나 미약한 대처 아닌가. 한 개인으로서 당신은 얼마든지 관대할 수 있고, 관대함은 충분히 장려할 만한 미덕이다. 그러나 개인의 선의에서 나온 행동과 희생이 사회 전체에 뭐 그리 큰 힘을 발휘할 수 있겠는가?

하지만 그게 핵심이다. 그러한 행동이 실제로 엄청난 일을 해낼 수 있다. 만약 개별 행동에 전염성을 띠게 할 수만 있다면 말이다. 형태에 몇 가지 사소한 변화만 가미하면, 관대함은 폭발적 영향력을 미칠 수 있다. 어떻게 하면 되는지 이 책에서 알려주고자 한다.

＊　　＊　　＊

관대함의 전염은 인간 본성과 현대의 연결성이라는 두 가지 핵심 요인에서 비롯된다. 이어지는 장에서, 나는 인간 내면에 깊숙이 자리 잡고 있지만 지금껏 간과되었던 특성들이 어떻게 결합하여 친절한 행동의 연쇄반응을 일으킬 수 있는지, 그리고 이러한 파급효과가 인터넷 덕분에 어떻게 비약적으로 강화될 수 있는지 설명할 것이다.

물론 인터넷은 소셜 미디어 밈부터 바이럴 마케팅까지 동원하여 온갖 것들을 전염시킨다. 바이러스와 마찬가지로, 인터넷 전염성의 매개체는 인간이다. 다만 코와 폐에서 복제하는 대신에, 뇌에서 단어와 이미지가 점화하여 손가락으로 '좋아요'나 '공유하기'를 누르도록 자극한다.

안타깝게도, 온라인상의 여러 전염은 건전하지 않다. 소셜 미디어 플랫폼들은 이목을 집중시키는 광고 주도형 비즈니스 모델에 힘입어 웹을 '분노 유발 기계'로 바꾸어 놓았다. 우리는 서로의 가장 좋은 면을 보는 대신에 흔히 가장 나쁜 면을 보게 되면서 점점 더 갈라지고 멀어진다.

나는 이 문제에 정면으로 부딪칠 것이다. 다들 한때는 인터넷이 사람들을 하나로 묶어 주는 힘으로 작용하길 꿈꾸었다. 나는 지금도 그 꿈을 포기하고 싶지 않다. 관대함의 전염성이 주도적 역할을 한다면 더 건전한 인터넷을 되찾을 길이 있다고 믿는다.

실제로 이 책은 두 가지 상호 보완적 주제에 기반을 두고 있다. **인터넷은 관대함을 증폭시킬 수 있고, 거꾸로 관대함은 인터넷을 긍정적으로 변화시킬 수 있다.** 이 둘은 서로 맞물려 돌아간다. 걸핏하면 우리를 판단하고 이용하려 드는 냉혹하고 낯선 이들의 집단으로 인터넷을 바라본다면, 좋은 마음으로 신뢰하긴 어려울 것이다. 사람들이 온라인에서 열린 마음으로 타인과 연결되려고 애쓰지 않는다면, 인터넷은 '선을 위한 힘force for good'으로서 그 잠재력을 발휘할 수 없다. 오늘날 인터넷을 점점 추락하는 유독한 매체로 치부하고 싶을 때가 많지만, 그 추세를 반전시켜 인간성의 관대한 면모를 더 널리 퍼뜨리는 도구로 삼아야 한다. 그렇게 되면 사람들이 공익에 동참하고자 각자의 역할을 하도록 영감을 줄 수 있을 것이다.

더 이상 꾸물거릴 여유가 없다. 우리는 인공지능AI에 의해 세상이 뒤집히는 모습을 막 목격하기 시작했다. AI의 원동력이 무엇이라고 생각하는가? 바로 인터넷이다. 본질적으로, 가장 강력한 AI 시스템은 인간이 온라인에 게시한 것들을 총체적으로 소화해서 예측 모델을 생성하도록 설계되었다. 오늘날의 인터넷으로 훈련한 AI에 의존하고 싶은가? 천만에! 절대로 그러고 싶지 않다. 그랬다간 우리가 감당해야 할 온갖 위험이 훨씬 더 증폭될 것이다. 인터넷을 더 친절하고 관대하고 긍정적인 공간으로 슬며시 돌려놓을 방법을 찾아내기만 한다면, AI에 더 건전한 기반을 제공한다는 점에서도 인류의 미래에 헤아릴 수 없는 영향을 미칠 수 있다.

온갖 결점을 지닌 우리 인간이 분열과 허위 정보, 데이터 감시, 중독, 소셜 미디어로 인한 불안감 등 인터넷의 수많은 문제를 극복할 수 있다고 상상하는 것 자체가 어쩌면 터무니없게 들릴지 모른다. 나도 안다. 하지만 판단을 잠시 보류해 주길 바란다. 암암리에 놀라운 일들이 펼쳐지고 있으며, 그러한 일들에 귀를 기울여 볼 가치가 있다.

게다가 우리는 이 문제를 반드시 해결해야 한다. 인류 전체의 미래가 걸린 일이니 선택의 여지가 없다. 역설적으로 들릴지 모르지만, 문제의 절박함이 오히려 유리하게 작용할 수도 있다. 위기감이 커질수록 인간은 **나**에서 **우리**로 시선을 돌린다.[1] 우리는 지금 절박한 순간에 이르렀다. 그 말인즉슨, 우리를 하나로 모을 수 있는 무언가를 갈망하고 있다는 뜻이다.

다행히, 전염성 강한 관대함의 여러 재료는 뻔히 보이는 곳에 숨어 있다. 가령 전혀 대수롭지 않은 사소한 선행도 이전과 달리 멀리까지 파급효과를 일으킬 수 있다.

다음과 같은 상황을 생각해 보자. 폭풍우가 몰아치는 날, 당신은 차를 타고 교차로에 멈춰 있다. 그러다 두 행인이 비를 맞고 있는 모습을 보게 된다. 심지어 한 사람은 휠체어에 앉아 있다. 당신은 얼른 차에서 내려 그들에게 달려가 우산을 건넨다. 예나 지금이나 폭우에 갇힌 사람들 사이에서 수없이 벌어지는 일이다. 특별할 게 하나도 없어 보인다.

그런데 2022년 워싱턴 DC에서 이렇게 호의적인 행동이 일어났을 때, 다른 차에 타고 있던 사람이 그 모습을 영상에 담았다. 그 짧은 영상은 소셜 뉴스 웹사이트 레딧Reddit에 게시되어 수백만 조회 수를 기록하고 9만 개 넘는 '좋아요'를 받았다.[2] 감동한 시청자들의 댓글이 쏟아졌다.

"나도 이런 사람이 되고 싶다."

"아직 살 만한 세상이네요."

"저런 도움을 받으면 나도 다른 사람들한테 똑같이 베풀고 싶어질 것 같다."

"앞으로는 우산을 몇 개 더 챙겨 다녀야겠어요."

옛날 같았으면 그저 세 사람 사이에 오갔을 법한 선행이 결국 수많은 사람에게 감동을 주었다.

바이럴 영상에 포착된 이 선행은 관대함의 전염성을 보여 주는 하나의 예에 지나지 않는다. 이 다정한 전염에 불을 지필 방법은 수없이 많고, 누구나 할 수 있다. 은퇴한 엔지니어는 유튜브에 값진 노하우를 올릴 수 있다. 예술가는 대중을 매혹하고 도발하는 작품을 공유할 수 있고, 어떤 이의 용감한 행동은 소셜 미디어에서 수백만 명에게 영감을 줄 수 있다. 기업은 전문성을 지닌 기술 분야에서 무료 교육 과정을 제공할 수 있으며, 이야기꾼은 대의명분을 앞세워 온라인 커뮤니티에서 기부금 모금 운동을 벌일 수 있다. 혹은 살면서 무언가에 감사함을 느낀 누군가가 똑같이 선행을 베풀기로 마음먹고 온라인 연쇄반응을 일으킬 수도 있다.

* * *

나는 TED 대표로서 지난 20년 동안 대단히 중요한 발견과 발명, 기술과 아이디어 가운데 상당수를 가까이에서 지켜봤다. 한 친구가 내게 왜 이런 주제에 관한 책을 쓰느냐고 물었다. 나는 한 개인으로서, 한 조직의 리더로서, 또 세계 시민의 일원으로서 지금까지 배웠던 여러 중요한 교훈을 연결하는 **핵심 고리**가 바로 관대함이라고 생각하기 때문이라고 대답했다. 수년 동안 TED의 슬로건이 '널리 퍼뜨릴 가치가 있는 아이디어'였는데, 관대함이야말로 널리 퍼뜨릴 가치가 있는 궁극적 아이디어라고 믿게 되었다.

어떻게 그럴 수 있을까? 아니, 관대함을 아이디어라고 불러도 되는 걸까? 미덕이나 성격적 특성으로 부르는 게 더 적절하지 않을까? 확실히 그렇긴 하다. 하지만 관대함은 눈부시게 빛나는 아이디어이기도 하다. **우리 자신뿐만 아니라 타인을 위해서도 노력해야 한다**는 점에서 어쩌면 인간이 터득한 가장 훌륭한 아이디어라 할 수 있다.

앞으로 살펴보겠지만, 관대함은 우리 내면의 생물학적 본능에 의해 작동한다. 하지만 그러한 본능은 힘이 약해서 성찰적 사고에 의해 강화되고 구현되어야 한다. 모든 종교와 거의 모든 문화에서 관대함의 역할을 강화하려는 노력을 기울여 왔다. 그게 우리의 잠재력을 실현할 열쇠이기 때문이다. 상호 신뢰를 부추기고 협력을 가능하게 하는 원동력이 바로 여기에 있다. 서로 협력해야 문명을 창조할 수 있다. 따라서 관대함은 인류가 지금껏 일궈 온 문명과 앞으로 일궈 나갈 문명의 핵심이다.

물론 번창하는 사회를 건설하려면 관대함만으론 부족하다. 법규범과 규제 시장regulated market을 포함한 여러 다른 동인들도 필요하다. 이러한 요소들은 인간 본성의 이기적 측면을 억제하고 이를 공익에 필요한 생산적 활동으로 바꾸는 데 핵심 역할을 해 왔다. 사람들이 서로 거래하면서 얻는 유익한 효과에 대한 애덤 스미스의 경이로운 생각은 이해되고도 남는다. 대개 자기 이익을 위해 일하는 수백만 명이 사회 전체의 이익을 창출할 수 있다니, 참으로 놀라울 따름이다.

하지만 역사적으로 볼 때, 우리가 지금껏 구축한 모든 제도에는 결함이 있어서 지속적으로 수정하고 개선해야 한다. 이런 개선 작업은 주로 공익에 열정적인 사람들, 관대한 공공심에 힘입은 개혁가들과 주창자들이 이끌어 왔다. 그들의 노력 덕분에 우리는 아동 노동, 노예제도, 바가지요금, 환경오염, 온갖 종류의 부당한 착취에 맞서 싸울 수 있었다. 그러한 싸움은 오늘날까지 이어지고 있다.

인터넷은 규제 시장이나 법규범만큼이나 인류에게 중요한 발명품이 될 가능성이 크다. 우리 모두를 연결하고 인간의 무한한 잠재력에 문을 열어 주기 때문이다. 하지만 현재 상태로는 심각한 결함이 있다. 비열함이 아닌 친절함의 증폭기로 인터넷을 개선할 개혁가들이 나타나야 한다. 전염성의 막강한 힘 덕분에 우리는 누구나 생각보다 더 크게 이 문제에 기여할 수 있다.

자기 자신을 향해 다음과 같이 가장 단순하고도 강력한 도덕적 질문을 던져 보자. **나는 순 기버 net giver 인가, 아니면 순 테이커 net taker 인가?** 다시 말해서, 받는 것보다 더 많이 주는 사람인가, 아니면 주는 것보다 더 많이 받는 사람인가?

이 질문에 답하려면 삶을 찬찬히 돌아봐야 한다. 내가 상처를 준 사람들 대 도움을 준 사람들, 소비한 자원 대 보호한 자원, 내가 동참한 추악한 행동 대 훌륭한 행동……. 이는 지극히 개인적인 질문이지만, 결과적으로 우리 모두에게 영향을 미친다. 인류의 미래가 희망적일지 아닐지는 대다수 사람이 받는 것보다 더 많이 주느냐 혹은 그 반대이냐에 달려 있다.

관대함은 문명을 꽃피게 해 준 여러 도구와 아이디어와 제도를 만드는 데 핵심 역할을 해 왔을 뿐 아니라, 개개인의 행복과 만족스러운 삶에도 필수 요소다. 사람들은 흔히 다음과 같은 질문에 답하기 위해서 TED 강연을 시청한다고 말한다.

"어떻게 하면 최고의 내best self가 될 수 있을까?"

그런데 강연을 듣고 나면 자기완성뿐만 아니라, 세상에 기여할 방법까지 더 폭넓게 생각하도록 영감을 얻는다고 한다.

이 모든 이유로 나는 관대함을 온갖 중요한 것들의 구심점으로 바라보게 되었다. 게다가 한 사람의 작은 선의가 타인을 무한정 감염시킬 수 있는 시대에 살고 있으니, 이 아이디어를 널리 퍼뜨려야 할 완전히 새로운 차원의 이유가 더해진 셈이다.

하지만 이를 실천하기가 늘 쉽지는 않다. 현대 사회의 여러 추악한 측면을 감안할 때 현재 우리의 집단적 미래는 위험할 정도로 취약해 보인다. 서로 등을 돌리고, 인류가 이제껏 품었던 가장 위대한 아이디어를 저버리게 될 가능성도 크다. 하지만 그 아이디어를 재발견하고 전에 없이 확산시킬 시나리오도 확실히 있다.

관대함을 펼칠 방법은 참으로 많고도 다양하다. 단순히 돈을 기부하는 게 다가 아니다. 타인에게 너그러운 마음가짐을 갖는 것만으로도 달라질 수 있다. 그러면 시간과 재능, 창의성, 연결성, 인간의 기본적 친절함 같은 선물을 자연스럽게 나누게 된다. 이러한 선물은 우리가 좋은 인간으로 살아가는 데 늘 중요한 부분이었으며, 오늘날에는 놀라운 연쇄반응을 일으킬 잠재력도 지니고 있다.

물론 돈도 중요하다. 이 책에서는 충동적 자선 행위를 넘어서 어떻게 하면 사려 깊게 기부할 수 있는지도 살펴볼 것이다. 인터넷을 비롯한 여러 방법을 활용하면 당신의 기부 영향력을 극적으로 증폭시킬 수 있다.

아직도 이러한 일들이 두렵거나 불가능해 보인다면, 당신 혼자서 하는 게 아니라는 사실을 기억하라. 관대함의 가장 멋지고 강력한 사례 가운데 상당수는 사람들이 힘을 합칠 때 일어난다. 기부 모임, 지역 자원봉사 단체, 온라인 집단 등이 그 예다.

앞으로 살펴보겠지만, 관대함의 잠재력은 누구에게나 내면 깊숙이 자리 잡고 있다. 받기보다 주는 사람이 되겠다고 애쓰다 보면 새로워진 삶의 의미와 목적, 기쁨과 희망으로 깜짝 놀라게 될지도 모른다. '그래, 이게 바로 내가 되고 싶었던 사람이야.'

이는 개인뿐만 아니라 조직도 마찬가지다. 영리 단체든 비영리 단체든 상관없이, 관대한 행동은 흔히 어떤 조직이 내릴 수 있는 가장 현명하고 만족스러운 결정으로 밝혀지곤 한다. 이 또한 인터넷 시대의 놀라움 중 하나다.

우리는 이타적 행위를 아무 사심 없이 이뤄져야 하는 것으로 여기도록 배운다. 하지만 나는 그게 전부가 아니라고 생각한다. 특히나 오늘날 관대함을 베풀겠다는 결정은 타인을 위한 희생적 행위인 동시에 장기적으로 베푸는 이에게도 이익을 가져오는 행위일 수 있다. 관대한 사람이야말로 가장 큰 행복을 누리게 된다. 관대한 기업과 조직이 결국 미래를 선점한다.

관대함의 전염성에 주의를 기울이고 그 잠재력에 기여할 방법에서 좀 더 창의성과 용기를 발휘한다면, 우리는 완전히 달라질 수 있다. 개인의 삶은 물론이요, 가족과 이웃, 기업체와 비영리 조직까지 두루 변화할 수 있다.

그렇게만 된다면 우리 앞에 짜릿하고도 새로운 가능성이 활짝 열릴 것이다.

* * *

이 책은 세 부분으로 이루어져 있다. 1부는 전염성 강한 관대함의 시대가 도래한 **이유**를 파악하는 데 집중한다. 먼저 TED에서 벌어졌던 일련의 놀라운 사건과 그로부터 내가 터득한 세 가지 큰 원칙을 소개한다. 인터넷이 내가 생각한 것 이상으로 관대함의 규칙들을 바꿔 놓았다는 점을 확신시켜 준 사건들이다. 다음으로, 인간 본성에 대해 그리고 어떻게 하면 관대함이 우리에게 놀라운 결과와 크나큰 행복을 안겨 줄 수 있는지에 대해 깊이 탐색한다. 아울러 친절이 어떻게 또 다른 친절을 낳는지 보여 주는 '미스터리 실험'의 내막을 자세히 공개한다.

2부는 이러한 이론을 실천에 옮기는 **방법**을 알아본다. 관대한 마음가짐을 갖는 데 필요한 것들, 더 큰 가능성으로 이어질 수 있는 나눔의 다양한 유형, 선행의 사례를 공유하는 방법을 두루 살펴본다. 그리고 기부의 영향력을 증폭시키기 위한 여러 가지 레버리지 활용법을 포함하여 재정적 기부에 대해 비중 있게 다룬 장도 있다.

3부에서는 만약 관대함이 세상에 더 깊숙이 자리 잡는다면 어떻게 될지 **상상**해 본다. 우리가 한때 품었던 꿈, 즉 인류humankind를 이름 그대로 인간적이고human 친절한kind 존재가 되도록 돕겠다는 꿈을 실현할 수 있게 인터넷을 되돌릴 방법을 찾아볼 것이다. 관대함으로 기업과 조직이 어떻게 달라질 수 있는지, 변화를 주도하는 사람들이 진짜로 대담한 계획을 세울 수 있도록 어떻게 힘을 실어 줄 수 있는지도 알아본다. 아울러 세상 모든 이들이 관대함을 주고받는 여정에 동참하도록 촉구하는 서약을 살펴보고, 마지막으로 미래의 우리 자신에게 관대한 마음가짐을 심어 줄 방법을 생각해 본다.

공공 정책에 대해선 일부러 다루지 않았다. 최악의 문제들 가운데 상당수는 확실히 정부가 주도적으로 나서야 한다. 그런 문제에 대처하고자 애쓰는 정부 안팎의 인사들을 무척 존경한다. 공적인 대화의 장에서는 그러한 논의가 주류를 이루며, 물론 그 부분도 중요하다. 하지만 내 관심사는 아니다. 이 책은 **우리가** 할 수 있는 일에 초점을 맞추고 있다.

당신이 어떤 사람이고 어디에 살고 있든, 나와 함께 이 여정에 동참하길 진심으로 바란다. 향후 당신의 시간과 돈과 창의성을 사용하는 방법에 영향을 미칠 강력한 힘에 감염될 절호의 기회다. 이 힘은 결국 다른 사람들에게도 전염될 것이다.

하지만 해롭지 않은, 아니 오히려 유익한 감염이다. 아름답고 희망적이고 다정한 감염이다. 당신은 절대로 회복되지 않기를 바랄 것이다.

1부

관대함도
전염이 되나요

1장

다정한 전염의 원리

관대함을 비약적으로 강화해 줄 인터넷의 잠재력에 눈뜨게 된 경험을 지금부터 공유하고자 한다.

나는 미디어 기업가다. 경력의 전반부엔 영국과 미국에서 회사를 운영하며 취미 생활자들을 위한 잡지를 수십 종 출간했다. 그중 상당수는 기술 분야와 관련되어 있었다. 그러다 1998년 캘리포니아에서 열리는 한 콘퍼런스에 초대받았는데, 여기선 특이하게도 한 가지 산업 분야가 아니라 테크놀로지technology, 엔터테인먼트entertainment, 디자인design 등 세 분야를 포괄적으로 다루었다. 그렇다, 바로 TED 콘퍼런스였다.

다루는 내용이 워낙 광범위하기에 강연자들은 자신이 하는 일을 문외한도 이해할 수 있도록 발표해야 했고, 그렇게 하다 보니 교차crossover 효과가 나타난다는 것을 알게 되었다. 소프트웨어 제작자는 물리적 구조에 영감을 받았고, 시나리오 작가와 예술가는 과학기술자에게 마음을 빼앗겼으며, 다들 자기 작업의 잠재력과 중요성을 더 높일 수 있다고 느꼈다. 그 점이 참으로 놀라웠다.

2년쯤 뒤, 카리스마 넘치는 공동 설립자에게서 TED를 인수할 기회가 생겼을 때 나는 그 기회를 덥석 붙잡았다. TED의 활동 영역을 확장할 수 있겠다는 전망이 엿보였기 때문이다. 테크놀로지, 엔터테인먼트, 디자인뿐만 아니라 온갖 분야를 교차 발전시킬 수 있다고 보았다. 인간의 모든 지식은 규정하기 힘든 단일한 현실의 일부이기에, 각 부분이 다른 부분들과 어떻게 연결되는지 이해해야 무엇이든 온전히 파악할 수 있다.

2000년과 2001년 닷컴 버블 붕괴로 내 미디어 회사인 퓨처 피엘시Future plc.가 흔들리는 바람에 TED를 직접 인수할 수는 없었다. 그래서 내가 호시절에 세워 둔 비영리 재단에서 TED를 인수했다. 그러다 이 기이한 콘퍼런스에 전념하면서 어떻게 성장시킬지 본격적으로 고민하고자 퓨처를 떠났다.

TED는 이제 비영리 단체이므로 공익을 위해 운영되어야 했다. 그 말인즉슨, 우리가 제공하는 고무적 강연을 듣게 할 더 폭넓은 청중을 찾아야 했다. 첫 10년 동안은 예상외로 힘겨웠다. TV 방송국을 찾아다니며 TED 강연이 높은 시청률을 보일 거라고 설득했지만, 대중 강연보다 더 지루한 프로그램은 상상할 수도 없다며 비웃음만 샀다. 우리는 좀 더 급진적인 아이디어를 떠올렸다.

무모한 도전

그 무렵 인터넷에선 데이터 전송 속도가 급격히 빨라지면서 온라인 비디오라는 신기술이 막 생겨났다. 2006년까지만 해도 온라인 비디오는 데스크톱 화면 구석에 조그맣게 떠 있는 신통찮은 창에 지나지 않았다. 그렇더라도 시도해 볼 만한 가치가 있을 것 같았다. 시험 삼아 강연 여섯 개를 통째로 우리 웹사이트에 올려 봤다.

놀랍게도 이 강연들은 입소문을 타고 급격히 퍼지면서 조회 수가 수만 건에 달했다. 요즘 기준으론 그리 많다고 할 수 없지만, 하루 방문자가 몇백 명에 불과하던 웹사이트로선 놀라운 수치였다. 시청자들에게 받은 피드백도 충격적이었다. 그들은 그저 좋아하는 정도가 아니었다. 열렬히 환호했고 한껏 고무되었다. 우리는 돌연 딜레마에 빠졌다. 비영리 단체답게 좋은 콘텐츠를 온라인에서 **전부** 무료로 공유해야 하지 않을까?

그렇게까지 하기엔 선뜻 내키지 않았다. 청중은 TED 콘퍼런스에 오기 위해 큰돈을 지불했다. 그 돈이 우리에게는 단연코 주요한 수입원이었다. 그런데 인터넷에서 콘텐츠를 무료로 볼 수 있다면 왜 굳이 돈을 내고 현장에 오겠는가?

확신이 서지 않았지만, 우리는 기어이 실행에 옮겼다. 그 뒤에 벌어진 일은 실로 놀라웠다. 우선, 콘퍼런스 참석자 대부분이 이러한 조치를 신속히 지지했다. 불만을 표하는 사람은 손에 꼽았고, 대다수는 이 심오한 경험을 이제 남들과 공유할 수 있다는 사실에 기뻐했다. 강연을 온라인으로 처음 시청한 사람들의 반응은 훨씬 더 놀라웠다. 강연을 듣고 크게 감동했다면서 강연자들을 지원하고 그들의 아이디어를 널리 퍼뜨리는 데 어떻게든 동참하고 싶다는 메시지가 쇄도했다.

웹사이트 방문자가 수백만 명으로 급격히 늘어났고, TED는 특정한 청중을 겨냥한 콘퍼런스에서 글로벌 브랜드로 거듭났다. 순전히 입소문 덕분이었다. 콘퍼런스의 수요가 꺾인 게 아니라 오히려 늘어났다.

그게 끝이 아니었다. 강연 내용을 현지 언어로 번역하겠다는 제안이 각국에서 들어오기 시작했다. 그 일을 실행할 시스템이 구축되자 실제로 수천 명에 달하는 자원봉사 번역가들이 발 벗고 나섰다. 그들은 2인 1조로 협력하면서 번역 품질까지 검증했다. 17년이 지난 지금, TED 강연은 5만 명에 달하는 관대한 사람들 덕분에 100개 이상의 언어로 번역되고 있다.[1]

나눠 주자는 결정이 불러 온 결과는 정말 믿기 어려울 정도였다. 그저 비영리 재단의 사명에 따라 가치 있는 지식을 세상과 공유해야 한다는 의무감에서 강연을 무료로 배포하기로 결정했을 뿐인데, 그 대가로 받은 것은 세상을 변화시킬 힘이었다. 인터넷은 TED 강연을 널리 널리 퍼뜨려 수백만을 넘어 수십억 조회 수를 올렸고 상당한 후원 수익을 끌어모았다. 그 뒤로 3년 동안 TED의 수입은 열 배 이상 늘어났다. 그 덕에 우리는 새롭고 흥미로운 가능성을 고민해 볼 수 있게 되었다.

그러한 가능성을 구체화하고자 우리는 한 가지 원칙에 주목했다. 당시엔 그 원칙을 '철저한 개방성radical openness'이라고 불렀는데, 지금 와서 생각해 보면 그것은 그저 **관대함의 전염성**이다. 인터넷은, 우리가 생각할 수 있는 가장 큰 것을 나눠 주면 그보다 훨씬 더 큰 것으로 돌려받게 된다는 놀라운 사실을 알려주었다.

그래서 이런 질문을 던져 봤다. 콘텐츠 말고 뭘 더 나눠 줄 수 있을까?

먼저 펠로우 프로그램fellows program을 기획하여, TED에 참가할 만한 여유가 없는 전 세계의 비범한 사상가들과 실천가들을 불러 모았다. 초창기 펠로우인 교육자 로건 스몰리Logan Smalley가 전 연령대 학습자에게 지식을 공유하고 호기심을 자극하는 짧은 애니메이션 시리즈를 제작하자는 아이디어를 내면서 이 프로그램은 금세 가치를 인정받기 시작했다. 그의 TEDEd 교육 프로그램은 그 자체로 관대함에서 동력을 얻었다. 교사들과 애니메이터들이 무료나 낮은 비용으로 서비스를 제공하고, 앞날을 내다본 기부자들이 나머지 비용을 부담했다. 2011년 이후 로건의 팀은 1500개가 넘는 애니메이션을 제작했다. 그중 상당수가 상을 받았으며, 수만 곳의 학교와 수백만 가정에서 널리 활용되면서 10억 회 이상 호기심 불꽃을 터트리고 있다.

되로 주고 말로 받는 기적

그렇지만 누가 뭐래도 가장 큰 리스크는 TED라는 브랜드 자체를 나눠 주는 것이었다. 당시 자기네 도시에서 TED 콘퍼런스를 개최할 수 있는지 문의하는 사람이 무척 많았다. 그 일을 어떻게 실행할지 도무지 감이 안 왔다. 그래서 그들이 알아서 할 수 있게 하자는 취지로 각국 주최자들에게 무료 라이선스를 발급했다. TED라는 명칭을 사용할 수 있게 되자 어디서나 연설자와 청중을 모집하기가 훨씬 쉬워졌다. 우리는 그저 브랜드에 조그마한 x(엑스) 표식을 추가했다. TEDx는 'x라는 지역에서 자체 조직된 TED'를 뜻하는 용도였지만, 실제론 TED의 역량을 곱하기로, 더 나아가 기하급수적으로 늘려 주었다.

이로써 TED는 단발성 연례행사가 아니라 수백 번, 수천 번 열리는 행사로 바뀌었다. 각 행사는 엄청난 시간과 재능을 자발적으로 제공하는 현지 팀에 의해 진행되었다. 그들은 TED 행사를 영화관, 대학, 스포츠 경기장, 오페라 하우스, 국회뿐만 아니라 열대우림, 감옥, 난민 캠프 등 기상천외한 장소에서도 열었다. 우리는 그저 브랜드를 나눠 줬을 뿐인데, 그에 따른 관대함의 연쇄반응은 상상 이상으로 놀라웠다.

당시 여러 비즈니스 조언자들 눈에는 이러한 방식이 너무 엉뚱해 보였나 보다. 《하버드 비즈니스 리뷰》는 〈TED가 청중을 통제하지 못하게 되었을 때〉라는 도발적 제목의 기사를 게재하기도 했다.[2] 하지만 '통제력 상실'은 의도적이었다. 물론 간혹 행사가 엉망으로 진행되거나 준비 안 된 강연자가 난처한 상황을 일으키기도 했다. 하지만 이런 경우는 극히 드물었고, 시간이 지나면서 전체 시스템이 개선되었다. 지역 주최자들은 귀중한 경험을 쌓았으며, 애써 익힌 지식을 널리 공유하고 우리에게도 알려 주었다.

TEDx는 우리 힘만으로는 결코 찾아내지 못했을 놀라운 목소리들을 전 세계에 들려주기도 했다. 브레네 브라운Brené Brown과 사이먼 사이넥Simon Sinek을 포함해 역대 가장 인기 있는 TED 강연자들 일부는 TEDx 행사에서 발굴되었다.

15년쯤 지나 내가 이 글을 쓰는 지금 와서 판단해 볼 때, 브랜드를 나눠 주기로 한 것은 우리가 내릴 수 있는 가장 현명한 결정이었던 것 같다. 지금까지 2만 5000번 넘는 TEDx 행사가 개최되었고, 20만 개 이상의 온라인 강연 아카이브가 구축되었다. 그리고 이러한 강연은 해마다 10억 회 이상의 조회 수를 기록한다. 불과 열두 명밖에 안 되는 본사 팀이 전체 운영을 감독하면서 교육과 지침을 제공하고 우리의 사명을 고수하도록 지원하고 있다.

전통적인 지휘 통제 구조라면 이 정도 규모의 행사 조직을 단 열두 명으로 운영하기란 어림도 없다. 오로지 관대함의 전염성이라는 마법 덕분에 가능했다. 우리가 나눠 준 브랜드와 조언은 결국 전 세계에 지식을 전파하는 기적으로 돌아왔다.

끝없이 퍼지는 선한 바이러스

우리는 콘텐츠와 브랜드를 나눠 주겠다는 결정의 파급효과를 지금도 끊임없이 접하고 있다. 처음 공개했던 여섯 개 강연 가운데 하나를 예로 들어 보자. 교육자 켄 로빈슨Ken Robinson 경의 대단히 유쾌하고 고무적인 강연으로, 학교가 아이들의 창의성과 호기심을 길러 주고자 더 노력해야 한다는 내용이다. 당시 로빈슨 경은 500명의 청중을 앞에 두고 강연을 펼쳤다. 그런데 영상을 공개하고 17년이 흐른 요즘도 날마다 5000명 넘는 사람들이 시청하고 있다. 그들 중 몇 사람의 이야기를 듣다 보면 가슴이 벅찰 정도다. 가령 블루 맨 그룹Blue Man Group이라는 공연예술단 단원들은 로빈슨 경의 아이디어를 구현하는 뉴욕시의 새로운 사립학교에 투자하기로 결정했다. 교사가 되겠다고 마음먹은 사람들이 부지기수로 생겨났고, 기존 교사들도 교육 방식을 바꾸도록 자극받았다.

나는 2022년에 누구보다도 큰 파급효과를 일으킨 사람을 만났다. 수프리야 폴Supriya Paul이라는 여성인데, 10년 전까지만 해도 인도에서 회계사를 지망하던 대학생이었다. 그녀는 친구인 쇼비트 방가Shobhit Banga 덕분에 로빈슨 경의 강연을 봤다면서 내게 이렇게 말했다. "강연을 듣다 보니, 인도의 교육 문제를 해결하기 위해 뭐든 해야겠다는 생각이 마구 샘솟았어요. 단지 몇 명이 아니라 전 세대를 위해서요."

두 친구는 짧은 영상에 영감을 받았기 때문에, 같은 기술을 활용해서 그 꿈을 이루기로 마음먹었다. 수프리야의 아버지는 딸이 회계사 공부를 1년간 미루는 데 마지못해 동의해 주었다.

수프리야와 쇼비트는 새로 설립한 '조시 톡스Josh Talks'에 필요한 자금을 때맞춰 확보했다. '조시'는 힌디어로 '열정' 또는 '마음의 힘'이라는 뜻인데, 바로 이들의 강연이 전달하려는 점이다. 조시 톡스는 질 좋은 교육을 접하기 어려운 저소득층 시청자들에게 초점을 맞춘다. 공감대가 형성될 수 있는 롤 모델들의 이야기를 공유하여 인도 전역에서 사람들에게 열정을 불러일으키고 잠재력을 펼치도록 돕는다. 2023년 현재, 5000만 명 넘는 인도인이 매달 열 가지 지방어로 조시 톡스를 시청한다.[3] 그런데도 수프리야는 이렇게 말한다. "우리는 이제 막 시작했을 뿐입니다."

조시 톡스는 자체적으로도 강력한 파급력을 일으키고 있다. 수프리야는 시청자들 가운데 마니시Manish라는 남성의 이야기를 들려주었다. 스무 살 난 마니시는 팬데믹 직전 인도 동부 비하르주의 한 마을에서 갑작스러운 홍수로 집을 잃었다. 코로나19가 인도를 강타하면서 그의 재정 상황은 더욱 나빠졌고, 절박한 심정으로 가족을 먹여 살릴 방법을 찾았다. 그러다 우연히 조시 톡스에서 비베크 쿠마르Vivek Kumar의 강연을 듣게 되었다. 마니시와 마찬가지로 쿠마르도 작은 마을 출신인데, 자신의 지식과 기술을 활용해 아이들을 가르친다는 내용이었다. 그 강연은 마니시의 열정에 불을 지폈다. '저 사람이 할 수 있다면 나도 할 수 있어!'

마니시는 동네 아이들을 가르치기 시작했다. 2년 정도 지난 현재, 그는 개인 교습소를 운영하면서 수십 명이 10학년 시험을 무사히 통과하도록 도왔고, 그 과정에서 또 다른 파급효과를 위한 길도 닦았다. 아만이라는 이름의 12학년 학생이 수프리야에게 이렇게 말했다. "마니시 선생님은 정말 훌륭해요. 선생님의 열정과 헌신 덕분에 저는 날마다 더 나은 사람이 되겠다고 결심하게 되거든요."

로빈슨 경은 강연에서 인간의 상상력이 불러올 희망적 미래라는 꿈을 공유하면서 다음과 같이 마무리 지었다.

"(꿈을 이루기 위해서는) 무엇보다 우리의 창조적 역량을 보면서 그 풍부함을 깨닫고, 아이들을 보면서 그들이 희망이라는 사실을 깨달아야 합니다. 아울러 아이들이 전인적 능력을 개발하도록 교육해야 합니다. 그래야 다가올 미래에 맞설 수 있습니다. 우리는 그 미래를 보지 못하겠지만, 아이들은 보게 될 것입니다. 그들이 미래를 멋지게 열어 갈 수 있도록 우리가 힘껏 도와야 합니다."[4]

실제로 로빈슨 경은 2021년에 세상을 떠나서 수프리야나 마니시나 아만의 이야기를 듣지 못했다. 하지만 그의 강연에서 시작된 영감의 물결은 영원히 계속될 것이다.

혹자는 이렇게 생각할지도 모른다. 'TED는 예외적 사례 아닌가? 그런 성과는 당연히 TED와 그 강연자들이나 거둘 수 있는 거지.' 실제로 우리에게는 유리한 점이 많았다. 위험을 기꺼이 감수하는 훌륭하고 재능 있는 팀을 꾸릴 수 있었고, 로빈슨 경처럼 탁월한 강연자들이 아무 대가도 바라지 않고 시간과 지혜를 나눠 주었다. 온라인 영상이 막 성장하던 시기에 때맞춰 무료 콘텐츠를 제공하면서 타이밍도 딱 맞아떨어졌다.

하지만 관대함의 상승효과를 목격한 곳이 TED 하나만은 아니다. 나는 이러한 경험에서 얻은 교훈이 조직과 개인 양쪽에 두루 적용된다고 확신한다.

2장

초연결 시대에 달라진 관대함의 규칙

시스템이 커지면 작동 방식에 급격한 변화가 생기기 마련이다. 어떤 마을에 운전자가 100명, 200명, 또는 1000명 정도 있으면 탁 트인 길을 쌩쌩 달릴 수 있다. 그런데 그 수가 갑자기 10만 명으로 늘어나면 도로가 정체되면서 교통 체증이라는 새로운 현상이 생겨난다.

규모가 커지면 질이 떨어지기 마련이지만, 때로는 좋아질 수도 있다. 중간 규모의 식당에 손님이 3명뿐이라면 망한 것이나 다름없다. 나중엔 그 3명마저 발길을 끊게 된다. 하지만 손님이 30명으로 늘면 식당은 되살아난다. 그 30명은 무심결에 이곳이 괜찮은 식당이라고 서로에게 신호를 보낸다. 네트워크상에 운전자가 별로 없으면 우버Uber는 쓸모가 없다. 하지만 도시마다 운전자가 수백 명씩 있으면 놀라운 효과를 발휘한다.

그와 마찬가지로, 인간관계의 규모가 커지면 관대함에 대한 우리의 생각도 크게 달라진다. 과거 인류는 소규모 집단을 이루고 살며 기본적인 도덕 본능을 형성했다. 우리는 이제 더 이상 그런 소규모 공동체에서 살지 않는다. 지구 전체가 하나의 마을을 이루는 오늘날에는 거의 모든 사람이 서로 연결될 수 있다. 이 상황이 모든 것을 바꿔 놓았다.

우리는 앞으로 설명할 초연결 시대의 세 가지 특징을 당연하게 여긴다. 하지만 이 특징들을 새로운 시선으로 바라보고 종합해 보면, 우리가 무엇을 지켜야 하고 무엇을 나눠야 하는지와 관련해 대단히 새롭고도 설득력 있는 논리가 만들어진다.

비물질이 물질보다 중요하다

전통적으로 선물은 흔히 음식, 꽃, 도구, 의복, 각종 수집품 등 한 인간에게서 다른 인간에게로 원자와 분자를 옮기는 행위였다. 하지만 지난 수십 년 동안 이러한 전통에 엄청난 변화가 일어났다.

오늘날엔 유형물이 아니라 무형물에서 더 많은 가치가 나온다. 다시 말해, 원자가 아니라 비트에서, 물질적 재료가 아니라 인간 정신의 독특한 창조물에서 소중한 가치가 생겨난다. 물질적인 것들은 여전히 세상 만물의 토대를 이루지만, 그 물질이 어떤 형태와 패턴과 조직으로 구성되는지가 점점 더 중요해지고 있다. 강철은 복잡한 기계로 바뀔 수 있고, 페인트는 멋진 예술 작품으로, 전기는 컴퓨터 프로그램으로 바뀔 수 있다. 그러한 패턴 구성에서 새로운 가치가 창조된다. 그런데 패턴은 그 자체로 비물질적이며, 정보나 지식의 형태를 취한다.

사람들은 TED 강연을 인터넷에서 무료로 볼 수 있다는 점에 열광했고, 우리는 그들의 반응에 무척 놀라워했다. 하지만 이는 그리 놀랄 일이 아니었다. 정보는 권한을 분산해 주고 지식은 삶을 개선할 도구를 제공한다. 영감을 주는 사람은 디지털 형식으로도 여전히 영감을 줄 수 있다. 미적 창조성은 우리 영혼을 기쁨으로 가득 채워 준다. 소프트웨어와 인공지능은 미래의 세상을 만들어 가는 데 거의 무한한 힘을 지니고 있다.

우리가 하루를 어떻게 보내는지, 그리고 비물질적인 것에 얼마나 많은 시간을 소비하는지 생각해 보라. 다들 틈만 나면 메시지를 확인하고 뉴스를 보고 팟캐스트를 듣는다. 동료나 가까운 사람과 줌Zoom으로 만나고 수시로 사진을 찍는다. 검색 엔진을 돌려서 지식을 얻고, 앱을 활용해서 놀고, 각종 엔터테인먼트 프로그램을 스트리밍하며, AI와 소통한다. 시간을 어디에 쓰는지가 가치 척도의 핵심이라면, 확실히 무형물은 점점 더 중요해지고 있다.

    물론 우리 삶은 여전히 물질적인 것들에 토대를 두고 있다. 비트를 먹거나 소프트웨어를 마시거나 동영상을 입을 수는 없다. 부끄럽게도, 지구상에서 여전히 10억 명 이상이 추위와 굶주림에 고통받고 있다. 그러나 세계 빈곤 퇴치를 위한 싸움에서도, 지난 수십 년간 연결성과 지식 접근성이 늘어나면서 혁신적인 변화가 가능해졌다. 물질적 욕구를 충족할 수단을 얻게 되면서, 사람들은 비물질적인 것들에 시간과 관심을 점점 더 많이 기울인다.

비물질은 무한대로 나눠 줄 수 있다

    온라인 동영상이 활성화되기 전, 감동적인 영상을 많은 사람에게 보여 주고 싶으면 DVD를 대량 복사해서 우편으로 일일이 보내야 했다. 그러려면 수신자마다 2달러 이상 비용이 들었다. 오늘날엔 같은 영상을 누군가에게 전달하는 데 드는 비용이 그만분의 일 정도로 줄었다. 주파수 대역폭의 극히 작은 부분이라 거의 무료라고 보면 된다. 게다가 시간도 얼마 안 걸린다.

이는 모든 디지털 상품에 똑같이 적용된다. 책, 영화, 음악, 소프트웨어, 요리법, 디자인, 교육 과정, 청사진, 독창적인 아이디어, 가슴 뭉클한 이야기 등 온갖 유형의 지적 재산이나 지식도 유통 비용을 전혀 안 들이고 제공할 수 있다. 따라서 선물을 디지털 형태로 만들 수만 있다면, 인터넷을 통해 무제한의 수신자에게 그야말로 손쉽게 나눠 줄 수 있다.

이러한 소식은 수십 년 전에 알려졌지만 지금도 내 마음을 들뜨게 한다. 옛날엔 특별한 무언가를 몇 달에 걸쳐 만들어 내고도 소수의 사람들하고만 공유할 수 있었다. 이젠 그 창착물을 전 세계 사람들과 나눌 수 있다. 이 말은 관대함에 대한 우리의 집단적 잠재력이 그저 10퍼센트나 50퍼센트가 아니라 어마어마하게 증가했다는 뜻이다. 단순한 개선이 아니라 총체적 변화다.

아울러 AI의 폭발적 힘은 그 역량을 더욱 증폭시킬 수 있다. 한 가지 콘텐츠를 백만 명과 공유하는 대신, 조만간 AI가 각 수신자에게 맞춤형 콘텐츠를 제공하게 될 것이다.

이러한 기술은 공정한 경쟁 환경을 조성하도록 돕는다. 전통적으로, 가장 영향력 있는 선행은 자원을 많이 가진 사람들만 베풀 수 있었다. 한 명이 아니라 천 명에게 다가가려면 비용이

천 배나 들었기에, 그렇게 할 수 있는 사람은 극히 드물었다. 하지만 온라인 세계에서는 금세 입소문이 나고 수백만 명에게 퍼지는데, 어떻게 그렇게 되는지는 참으로 미스터리하다. 자원만큼이나 상상력과 독창성이 중요한 요인일 수 있다.

당신은 문득 이런 생각이 들 수 있다. '잠깐! 그렇게 쉽게 나눠 주는 거라면, 진정한 관대함이라고 할 수 있을까?'

요즘 연예인들은 스냅 사진을 끊임없이 올리면서 팬들에게 선심 쓴다고 여기는 듯하다. 30년 전이라면 모를까, 오늘날엔 그저 인스타그램일 뿐이다. 실제로 전 세계 수많은 인플루언서가 무료 콘텐츠를 마구 쏟아 내고 있다. 그러면서 어떤 식으로든 광고주의 후원을 받는다. 당신은 관대함의 수혜자가 되기는커녕 밀려드는 콘텐츠에 익사할 것 같지 않은가? 온갖 광고가 줄줄이 달린 콘텐츠에 시간과 데이터를 허비하지 않는가?

종일 숲에 있다 보면 각각의 나무가 얼마나 아름다운지 잊어버리게 된다. 무료 온라인 콘텐츠와 서비스에 허우적거리다 보면 확실히 인터넷의 후한 인심에 싫증을 느끼기 쉽다. 그 점이 참 안타깝다.

하지만 우리는 온라인 공유가 순전히 거래나 홍보를 목적으로 이뤄지는지, 아니면 애써 만든 창작품을 진짜 관대한 마음으로 제공하는지 충분히 구별할 수 있다. 후자의 사례는 셀 수 없이 많다.

- 야생동물 소리 기록가 마틴 스튜어트Martyn Stewart는 40개국에서 10만 개에 달하는 소리를 녹음했는데, 총 3만 시간 분량이다.[1] 여기엔 북부 한대 수림에 사는 올빼미 울음소리, 오스트레일리아 오지의 천둥소리, 코스타리카 열대우림의 음악적 파노라마, 파나마 금개구리의 개굴개굴하는 소리가 포함되어 있다. 스튜어트는 암 진단을 받고 나서 그 모든 음원을 사운드클라우드SoundCloud에 무료로 공개하기로 결정했다. "이 아름다운 소리를 공개해서 전 세계 사람들에게 듣게 한다면, 우리에게 남아 있는 소중한 것들을 지키고 보호할 수 있을 겁니다." 그가 녹음한 소리는 150편 넘는 영화와 수많은 자연 다큐멘터리에 사용되었다. 그의 관대함 덕분에 앞으로도 영원히 활용될 것이다.
- 대화의 물꼬를 트도록 다리를 놓아 주는 단체인 리빙 룸 컨버세이션Living Room Conversations은 임신 중단 같은 어려운 주제를 스스럼없이 논의하도록 돕고자 100개 이상의 대화 가이드와 다양한 자료를 무료로 제공한다.[2] 아울러 온라인 무료 교육 프로그램도 운영한다.
- 미국의 힙합 듀오 런 더 쥬얼스Run the Jewels는 〈RTJ4〉 앨범을

제작해 "음악을 원하는 모든 이들에게 무료로" 공개했다.³ 래퍼 엘피El-P는 이렇게 말했다. "이 결정은 단순히 친절을 베풀고 알아차리고 성장하려는 노력을 넘어 인간의 투쟁과 경험에 진심으로 기여하는, 내가 아는 유일한 방법입니다."

- 프랑스의 유명 사진작가 얀 아르튀스 베르트랑Yann Arthus-Bertrand은 열기구에서 촬영한 놀라운 지구 사진들로 상상력을 사로잡았다.⁴ 아울러 편당 수백만 달러의 제작비를 들여서 〈홈Home〉〈휴먼Human〉〈우먼Woman〉 등 깊은 영감을 주는 영화도 제작했다. 그 대가로 그는 얼마를 벌었을까? 한 푼도 안 벌었다. 이 영화들은 그가 인류에게 준 선물이며, 유튜브를 비롯한 여러 사이트에서 무료로 감상할 수 있다. 수많은 사람이 영화를 보고 깊은 감동을 받았다. 유튜브에서 영어판 〈휴먼〉을 본 700만 명 중 @joejoezidane이라는 유튜버는 이렇게 말했다. "내가 평생 봤던 다큐멘터리 가운데 단연코 가장 강력하고 압도적인 작품이다."⁵

온라인에서 무료로 제공되는 콘텐츠가 전부 관대함의 산물이라고 주장하는 건 아니다. 다만 진정으로 선한 의도에서 공유될 경우, 인터넷은 그 가치를 수천, 수만 배로 늘릴 수 있다.

선물 경제라는 새로운 모델

그렇다면 인터넷에서 수익 활동을 하는 수많은 예술가와 음악가, 영화 제작자, 인플루언서, 소셜 미디어 스타는 어떡하나? 그들이 이 책을 읽으면 이렇게 생각하지 않을까?

'말도 안 돼! 아무런 보상도 없이 내 작품을 내놓으란 거야? 그럼 난 뭐로 먹고살라는 말이야?'

타당한 우려일 수 있지만, 나는 지금 뭐든 다 무료로 나눠 주자고 말하는 게 아니다. 오늘날 온갖 형태의 디지털 콘텐츠를 쉽게 배포할 수 있다는 점은 창작으로 먹고사는 사람들에게 축복이자 저주다. 사진작가를 예로 들어 보자. 예전엔 사람들이 가장 많이 보는 사진의 상당수는 전문가들이 찍어서 신문과 잡지와 텔레비전을 통해 배포되었다. 하지만 스마트폰의 등장으로 공유되는 사진의 양이 어마어마하게 늘어났다. 전통적인 미디어보다 소셜 미디어의 사진 조회 수가 훨씬 높다. 그 때문에 폐간된 잡지와 신문이 부지기수다. 사진작가들은 수익을 올릴 새로운 방법을 서둘러 찾아야 했다. 그들로선 사진을 어떠한 방식이나 형태로든 공유하는 것을 관대함이라고 부른다면 짜증스러울 만하다.

그와 마찬가지로, 음악가들도 온라인에서 돈 벌 기회가 점점 줄어든다.[6] 음반사들이 스포티파이Spotify 같은 스트리밍 회사들과 맺은 계약을 보면, 어떤 음악가가 1달러를 벌기 위해선 그의 음악 청취 회수가 무려 2500회에 달해야 한다. 인터넷 덕분에 역사상 그 어느 때보다 더 많은 사람이 더 많은 음악을 들을 수 있게 되었지만, 그 음악을 제공해서 생계를 유지하기란 그 어느 때보다 어려운 실정이다.

작가와 예술가와 영화 제작자 중에도 동감하는 사람이 많을 것 같다. 게다가 날로 진화하는 생성형 AI의 힘은 상황을 더 악화시킬 뿐이다.

그런데 인터넷의 비즈니스 모델이 창작자에게 불리하게 돌아간다면, 관대함이 이를 해결하는 데도 한몫할 수 있다. 이제 막 태동한 선물 경제gift economy를 육성해서 창작자들을 지원하는 것이다. 가령 패트리온Patreon 같은 사이트는 사람들이 좋아하는 예술가와 크리에이터에게 후원하도록 해 준다. 콘텐츠 플랫폼 가운데 사용자가 좋아하는 크리에이터에게 팁을 줄 수 있게 하는 곳도 늘어나고 있다.

이러한 추세를 한층 진전시킬 방법이 있다. 2020년 3월 23일, 영국이 코로나19로 봉쇄에 들어갔다. 인구의 상당수가 순식간에 일자리를 잃고 먹고살 길이 막혔다. 독자적으로 활동하는 예술가들은 누구보다 큰 타격을 받았다. 대부분 팬데믹 이전에도 매우 적은 수입으로 살아왔는데, 갤러리가 문을 닫고 수년간 공들인 전시회가 느닷없이 취소되면서 생계가 위태로울 지경에 이르렀다.

예술가이자 사회적 기업가인 매튜 버로우스Matthew Burrows는 자신과 친구들의 어려움을 타개하고자 무슨 일이든 해야 했다. 지체할 시간이 없었다. '바이러스처럼 순식간에 퍼지면서 사람들을 도울 수 있는 걸 만들어야 해.'[7]

인류학을 전공한 매튜는 전근대 세계의 관대한 문화에서 큰 영감을 받았다. 그래서 예술가들이 살아남도록 돕기 위해 고대의 선물 문화와 상부상조 원칙을 활용하기로 했다. 인스타그램에서 '아티스트 지원 서약'이라는 뜻의 #ArtistSupportPledge를 만들어 다음과 같은 기본 규칙을 토대로 소셜 미디어 운동을 주도해 나갔다.

- 인스타그램에 #ArtistSupportPledge라는 해시태그와 함께 작품 이미지를 올린다.
- 모든 작품을 200파운드(또는 그에 상당하는 금액[한화로 약 35만 원—옮긴이]) 이하로 청구한다.
- 1000파운드 이상의 매출을 올리면 다른 작가의 작품을 200파운드에 구매하여 서약을 이행한다.

◆ 확신이 안 서면, 관대함의 정신으로 행동한다. 그게 가장 중요하다.

이러한 규칙은 동료 예술가들이 후원자들과 연결되고 생계도 해결할 새로운 플랫폼을 효과적으로 제공했다. 그 덕에 작품을 팔고 서로 후원하는 일이 전보다 훨씬 쉬워졌다. 매튜는 아티스트 지원 서약이 런던에서 활동하는 일부 친구들에게만 혜택을 주리라고 예상했다. 하지만 사람들에게 힘을 실어 주는 네트워크는 특정 임계질량에 도달하면 자체적으로 알아서 성장하게 된다. 이 서약이 인스타그램에서 입소문을 타면서, 전 세계 여러 전문 예술가와 아마추어 예술가가 서로 작품을 구매했고, 프로젝트에 영감을 받은 일반인들의 지지도 쏟아졌다. 팬데믹이 끝날 무렵, #ArtistSupportPledge는 예술가들을 지원하기 위해 7000만 파운드, 한화로 약 1200억 원이라는 어마어마한 금액을 모았다.

이 책에 실린 여러 사례를 찾아내도록 도와 준 내 듬직한 연구 조수 케이트 허니Kate Honey가 매튜와 이야기를 나눴다. 매튜는 그녀에게 이렇게 말했다.

"이 서약은 관대함에 힘입어 돌아갑니다. 즉 모든 예술가가 인기나 경력이나 명성에 상관없이 상한가나 할인된 가격에 작품을 판매하고 또 판매금의 20퍼센트를 동료들과 나누겠다는 약속을 준수합니다. 구매자들도 중개인 없이 작품을 직접 구매하는 방식으로 예술가를 신뢰한다는 점에서 관대함을 엿볼 수 있습니다."

매튜는 고대와 현대의 '관대한 문화'가 예술가들에게 너무나 자연스럽게 녹아드는 모습에서 크나큰 감동을 받았다. 아티스트 지원 서약은 그가 별로 간섭하지 않아도 스스로 절제하면서 유기적으로 퍼져 나갔다.

"친절에 관한 이야기를 꺼내면 사람들은 흔히 정신이 나갔냐면서 코웃음을 칩니다. #ArtistSupportPledge가 세계적으로 퍼졌을 때, 난생처음으로 친절이 멍청하거나 어리석거나 물러터진 게 아니라고 주장할 수 있어서 참으로 기뻤습니다. 친절은 세상을 향한 강력하고도 효과적인 대응 방식입니다."

이런 움직임이 얼마나 멀리까지 뻗어 갈 수 있을까? 소수의 게이트키퍼가 상대적으로 적은 창의적 콘텐츠를 통제하고 비용을 지불하는 세계에서, 콘텐츠 수신자의 관대한 반응으로 온갖 유형의 창의성이 활성화되는 세계로 전환할 수 있을 것인가?

패트리온의 사례를 살펴보면, 2023년 초를 기준으로 창작자 25만 명에게 총 35억 달러를 분배했다.[8] 1인당 평균 약 1만 4000 달러에 해당한다. 몇 년이 흐른 지금까지도 일부 사례를 제외하면 예술가의 노고에 상응하는 금액을 제공한다고 보긴 어렵다. 그렇긴 해도 앞으로 그들이 누릴 합당한 대우에 대한 가능성은 엿볼 수 있다.

 우리가 과도기에 놓여 있다는 점은 확실하다. 전문가든 아니든 어느 창작자에게나 '변화에 맞서 싸우지 말고 아예 앞서 나가라'는 조언을 건네고 싶다. 유통 전략의 일환으로 관대함을 포용해 보라는 것이다. 당신이 창작할 수 있는 가장 멋진 작품을 무료로 나눠 주면서 사람들이 관대하게 반응할 기회를 줄 수 있다. (어렵지 않다. 가령 패트리온 계정을 만들어서 사람들의 후원이 필요하다는 점을 드러내면 된다.)

 전례 없을 정도로 놀라운 콘텐츠의 홍수를 경험하고 있는, 나머지 운 좋은 수혜자들에게도 관대함의 렌즈로 이 모든 일을 바라보라고 말하고 싶다. 많은 사람이 자신들의 걸작을 선뜻 공유해 주고 우리가 거기에 즉각 접근할 수 있으니, 얼마나 행운인가? 예전 같으면 꿈도 못 꿀 일이다. 우리는 그들에게 친절하게 반응해야 한다. 깊은 감동과 영감, 지식, 가르침을 주는 사람들을 찾아내서, 그들에게 가장 의미 있는 방식으로 최대한 아낌없이 지원해 보자.

 우리는 풍부하고도 다양한 선물 경제를 창조하는 과정에 집단적으로 참여하고 있다. 선물 경제는 오늘날의 트랜잭션 경제

transactional economy(돈으로 뭔가를 사거나 파는 식의 거래 경제를 뜻함—옮긴이)에 필적하거나 심지어 그 이상으로 성장할 수 있다. 언젠가 우리의 창의성이 제한적으로 거래되던 때를 되돌아보며 더 이상 그렇지 않다는 사실에 감사할 날이 올지도 모른다.

한편, 창작자가 구독료를 청구하거나 광고와 후원 수익에 의존하거나 웹사이트의 일부 페이지를 유료로 지정할 수도 있다. 지금으로선 그게 필요하다는 뜻일 테니 존중해야 한다. 우리는 아주 오랫동안 혼합 모델에 머물 수도 있다. 그것을 생활 기반으로 삼되, 이따금 깜짝 놀랄 만한 방식으로 나눠 주는 '관대함 실험'을 시도해 볼 여지는 남겨 두자. 그에 대한 반응에 어쩌면 당신이 더 깜짝 놀라게 될지도 모른다.

다들 지켜보고 있다

대대로 평판은 인간에게 중요한 자산이었다. 효능감과 행복의 상당 부분이 우리에 대한 남들의 생각에 좌우된다. 인류 역사의 대부분 기간엔 평판이 단지 함께 지내는 소규모 집단에 달려 있었다. 그러나 오늘날엔 사소한 콘텐츠 하나가 몇 시간 만에 수천, 수백만 명에게 도달할 수 있고, 거기에 창작자의 평판도 함께 따라간다. 참으로 놀라운 발전이다. 좋은 쪽으로 인식되는 행위에 대해선 평판이 무한히 상승하는 반면, 나쁜 쪽으로 인식되는 행위에 대해선 무한히 하락할 수 있다.

평판은 항상 행동의 은밀한 집행자였다. 과거 소규모 공동체에선 누구도 탐욕스럽다거나 믿지 못할 사람이란 평판으로는 살아가기 어려웠다. 그랬다간 순식간에 사회에서 고립되어 짧고도 슬프게 생을 마감해야 했다. 그러다 사회 규모가 커지고 사람들이 서로 잘 모르는 마을과 도시에 살게 되면서, 어떤 행동은 숨기기가 더 쉬워졌고 어떤 사람은 타인의 인정에 덜 의존하게 되었다. 협잡꾼, 사기꾼, 돌팔이 장사꾼이 아무런 제재도 받지 않고 이 마을 저 마을 떠돌 수 있었다. 때로는 사회적 대가를 치르지 않고 이기적 행위와 범죄에 빠져들 수도 있었다.

하지만 전 세계가 긴밀하게 연결되면서 규칙이 다시 바뀌었다. 수많은 인터넷 서비스가 다양한 방식으로 우리의 평판을 기록하고 감시한다. 우리가 쓰거나 만든 것을 두고 지구 반대편에 사는 사람들이 논평할 수 있다. 투명성이 높아질수록 나쁜 행동에 대한 처벌과 좋은 행동에 대한 보상이 강화된다. 이젠 동네 사람들만 아는 게 아니라 온 세상이 알게 된다.

강연 영상을 공개한 뒤, TED는 인터넷 덕분에 전 지구적 평판을 얻으면서 순식간에 꽃을 피웠다. 2006년까지만 해도 TED

가 뭐 하는 곳인지 아는 사람이 별로 없었는데, 두어 해 만에 수백만 명이 TED에 연결되었다. 그리고 그들은 금세 입소문을 퍼뜨렸다.

선한 행동은 늘 평판을 높이는 형태로 보답받을 가능성이 있다. 게다가 우리는 그 평판이 무한대로 퍼질 수 있는 시대에 살고 있다. 그렇다고 한없이 좋기만 할까? 지구 반대편의 누군가, 또는 강력한 기업이나 정부 기관의 누군가가 우리의 일거수일투족을 볼 수 있다고 생각하면 몹시 불쾌할 것이다. 바로 이런 점이 인터넷의 문제점이라고 생각할 수도 있다. 우리 중 상당수는 평판을 더 퍼뜨리기보다는, 오히려 남들 눈을 피해 **조용히** 살고 싶다.

누군가의 행동에 대한 소문이 전 세계로 퍼지면 분명히 좋은 결과와 나쁜 결과가 모두 초래될 수 있다. 한 가지 친절한 행동이 누군가를 바라보는 관점을 극적으로 바꿀 수도 있다. 억만장자 로버트 스미스Robert Smith가 2019년 모어하우스 칼리지 졸업식 연설에서 전체 졸업생의 학자금 대출을 탕감해 주겠다고 발표했다.[9] 이 이야기는 소셜 미디어에서 폭발적으로 확산하여 전 세계적으로 화제가 되었다. 수백 개의 미디어 게시물이 그의 관대함에 찬사를 보냈고, 스미스는 블룸버그Bloomberg 올해의 인물 50인에 선정되었다. 그가 돈으로 그만한 홍보 효과를 노렸다면,

훨씬 더 큰 비용이 들었을 것이다.

물론 그 반대의 경우도 있다. 2014년, 마케팅 전문가인 저스틴 사코Justine Sacco가 미국에서 남아프리카공화국으로 가는 비행기를 타기 직전에 잘못된 트윗을 하나 올렸다.[10] 그 글은 가십 사이트로 퍼져 나갔고 추하디추한 방식으로 입소문을 탔다. 그녀가 공중에 떠 있는 동안 전 세계에서 수만 건의 비판적 반응이 쏟아졌다. 착륙할 무렵 사코는 이미 해고된 상태였다. 이에 관한 존 론슨Jon Ronson의 TED 강연을 듣다 보면 안타까움과 분노로 가슴이 먹먹해진다. 수년이 흐른 뒤에야 사코는 일상을 회복했다.

더 심한 사례도 많다. 온라인상의 모욕은 누군가를 자살로 내몰 수 있다. 그리고 정부와 기업은 우리를 조종할 목적으로 개인 정보를 악용할 수 있다.

이런 점이 안타깝긴 하지만, 나는 인터넷에서 날로 중요해지는 평판이 선을 위한 힘이라고 주장하고 싶다.

몇 년 전, 나는 마음을 사로잡는 이야기를 들었다. 귀하고 이국적인 물건으로 가득한 멋진 저택에 밤도둑이 들었다. 도둑은 조심스럽게 손전등을 비춰 보면서 감탄을 금치 못했다. 벽엔 거대한 유화가 걸려 있고 세련된 고가구엔 값비싼 비단이 드리워 있었다. 도둑은 물건을 막 집으려고 하다가 머리 위에서 나는 시끄러운 소리에 우뚝 멈췄다.

"지저스Jesus(예수)가 당신을 지켜보고 있습니다."

도둑은 애써 침착함을 유지하면서 손전등을 위로 비췄다가 안도의 한숨을 내쉬었다. "아, 이런! 앵무새였구나. 신의 가호가 함께하길 빈다, 지저스!"

"사실 내 이름은 폴리예요. 지저스는 당신 뒤에 서 있는 로트와일러 경비견이죠."

이 이야기를 들려주는 이유는, 나도 스물다섯 살 때까지 예수님이 나를 실제로 지켜보신다고 믿었기 때문이다. 지금은 딱히 그럴 것 같지 않다고 생각하지만, 그래도 그 믿음 덕분에 내가 더 나은 사람이 되었다고 본다. 가령 거짓말을 하거나 속임수를 쓸까 하다가도 예수님이 지켜본다는 생각에 머뭇거렸다. 때로는 그냥 모른 척했을 법한 상황에서도 남들에게 좀 더 친절하게 대하려 애썼던 것 같다.

인간의 마음은 참으로 야릇하다. 사실 우리는 상당히 연약한 존재여서, 복잡미묘한 세상살이를 순탄하게 영위하기가 쉽지 않다. 타인에게 무엇이 필요한지를 온전히 헤아리기도 어렵다. 외부의 도움과 지도가 수시로 필요하다.

그런 이유로, 종교와 부모는 우리가 옳은 일을 하도록 격려하려고 놀랍도록 창의적인 이야기를 고안했다. 산타클로스를 예로 들어 보자. 듣자 하니, 산타는 목록을 작성할 뿐만 아니라 그 목록을 재차 확인한다. 당신이 착한 사람인지 나쁜 사람인지 제대로 알아보는 것이다. 그렇다, 산타클로스는 당신을 유심히 지켜본다.

그런데 산타클로스만 그러는 게 아니다. 내가 어렸을 때부터 배운 바로는, 전지전능하신 하나님도 우리 행동을 끊임없이 지켜보신다. 그래서 우리의 행동 방식이 바뀌었을까? 그렇다, 확실히 바뀌었다.

무신론자인 알랭 드 보통Alain de Botton은 TED 강연에서, 우리가 종교의 핵심 내용을 더 이상 믿지 않더라도 그 종교의 관행을 다 버리진 말아야 한다고 주장했다.[11] 예를 들면 거의 모든 종교가 신도들에게 종교적, 도덕적 의무를 상기하고자 매주 한 차례 이상 만나라고 한다. 아무래도 인간이 올바로 행동할 가능성을 높이려면 주기적으로 환기해 줘야 하는가 보다.

10년간의 대공황을 견디고 제2차 세계대전을 승리로 이끌고자 '가장 위대한 세대'(톰 브로커의 베스트셀러 《The Greatest Generation》에서 따온 용어로, 1901년에서 1927년 사이에 태어난 미국인을 일컫는다―옮긴이)가 치렀던 희생에 다들 감탄한다. 하지만 그들이 매주 교회나 유대교 회당, 이슬람 사원에 모여 자신들보다 더 큰 대의를 위해 평생 기도했다는 점은 잊어버린 것 같다. 이제 우리는, 특히 대다수 서방 국가에선, 그런 부분을 쉽게 간과하고 있다. 그에 따라 시민의식도 갈수록 떨어진다는 점이 놀랍지 않은가?

아마도 인간은 의사결정 과정에서 나쁜 짓을 저지르다 걸릴까 봐 경계할 때 가장 나은 모습을 보이는 것 같다. 나는 사람들이 올바로 행동하도록 부추기고자 격려와 영감을 주는 도구를 당근처럼 활용하는 데 전적으로 찬성한다. 하지만 긍정적 보상만 활용한다면, 누구나 다 최선의 자아를 유지하겠다고 결심할 것 같지 않다. 가장 힘든 시기일 때, 압박받고 있을 때, 너무 많은 책임이나 요구를 감당하지 못할 땐 특히 그럴 것이다.

거듭 말하지만, 인터넷에 힘입은 평판은 우리의 미래에 의미심장한 역할을 할 수 있다. 예수님은 우리를 지켜보실 수도 있고 아닐 수도 있다. 하지만 인터넷은 확실히 지켜보고 있다.

나는 정부와 기업의 과도한 감시나 검열을 제한하는 데 100퍼센트 찬성한다. 다른 한편으론 과도한 '등돌림 문화cancel culture(유명인이나 공인, 기업이 잘못을 저질렀을 때 지지follow를 취소하고 매도하는 현상—옮긴이)'도 염려스럽다. 전 세계가 한 마을처럼 연결된 지금, 마을 사람들을 죄다 쇠스랑으로 무장시키진 말자. 좀 더 신중하고 사려 깊게 행동하자는 말이다. 평판을 널리 퍼뜨리는 투명성이 전반적으로 선을 위한 힘이긴 하지만 그 힘을 남용하지 않도록 노력해야 한다.

 짐작건대, 앞으론 삶의 점점 더 많은 측면이 추적되고 평가될 것이다. 우리는 그에 맞서 싸울 수도 있고, 그것의 좋은 면을 받아들여 우리의 평판이 더 중요해질 미래에 대비하는 계획을 세울 수도 있다.

 때로는 이런 추적과 평가 덕분에 기분이 좋아지기도 한다. 온라인에서 당신이 한 일에 대해 듣고서 고마움이나 칭찬을 전하는 사람들을 만나면 분명 즐겁다. 하지만 동전의 다른 면, 즉 부정적 반응도 도움이 될 수 있다. 때로는 잠시 멈춰 서서 우리가 하려는 행동이 남들에게 좋은 반응을 얻을지 고민해 보는 것도 괜찮다.

 내 말의 요지는 다음과 같다. 우리는 '모두 다 지켜보는 것처럼 행동하라'라는 계명이 딱 들어맞는 시대에 진입했다. 정말로 다들 지켜보는지도 모르기 때문이다. 물론 불편할 수 있다. 초연결 시대의 이러한 측면을 모두가 환영하지는 않는다. 하지만 발전에는 흔히 불편이 따른다. 최고의 나로 발전하려면 불편한 일에서도 동기를 얻어야 한다. 그리고 어쩌다 훌륭한 일을 행하면, 그 소문이 널리 널리 퍼져서 생각지도 못한 가능성의 문을 활짝 열어 줄 것이다.

* * *

자, 지금까지 말한 세 가지를 종합해 보자.

◆ 비물질적인 것들이 우리 삶에서 점점 더 중요한 역할을 하고 있다.
◆ 비물질적인 것들을 무제한으로 쉽게 나눠 줄 수 있다.
◆ 다들 지켜보고 있다는 말은, 나눠 주는 행위가 우리 시대의 가장 큰 자산인 평판에 무한한 영향을 미친다는 뜻이다.

이러한 원리는 개인과 조직의 미래에 관대함이 어떤 역할을 할 수 있는지 명확하게 보여 준다. 아울러 서로 연결된 현대인들에게 완전히 새로운 방식으로 관대함을 바라볼 기회와 의무를 동시에 제공한다. 이젠 관대함을 단순히 고상한 행위로 여길 것이 아니라, 핵심 전략으로 생각해도 된다.

하지만 우리는 아직 **관대함**과 **전략**을 하나로 묶는 데 주저한다. 관대함은 계산해서 나오는 게 아니라 진심에서 우러난다고 믿기 때문이다. 그렇다면 어떻게 이 둘을 조화시킬 수 있을까?

3장

이기적이지 않은 선행은 없다

요즘엔 선행을 베풀고도 오히려 비난받기 십상이다. 사사건건 꼬투리 잡는 사람들이 많기 때문이다.

새롭고 멋진 프로젝트에 후원금이 들어왔다고?
그 후원금엔 구린 데가 있다니까.
끔찍한 문제를 고발한 영상을 수백만 명이 봤다고?
쳇, 그런다고 뭐가 달라지겠어?
대의를 위해 1년 동안 헌신적으로 봉사했다고?
계속해야지, 왜 1년만 하고 멈춘 거야?

단지 자신들의 게으름을 정당화하려고 온갖 억측을 내놓는 것일까? 나는 그렇게 생각하지 않는다. 흔히 어떤 행동을 관대함으로 간주해야 하는지 판단하기가 진짜로 어렵다. 같은 이야기를 다양한 방식으로 설문 조사했을 때 내 소셜 미디어 팔로워들이 어떤 의견을 표했는지 살펴보자.

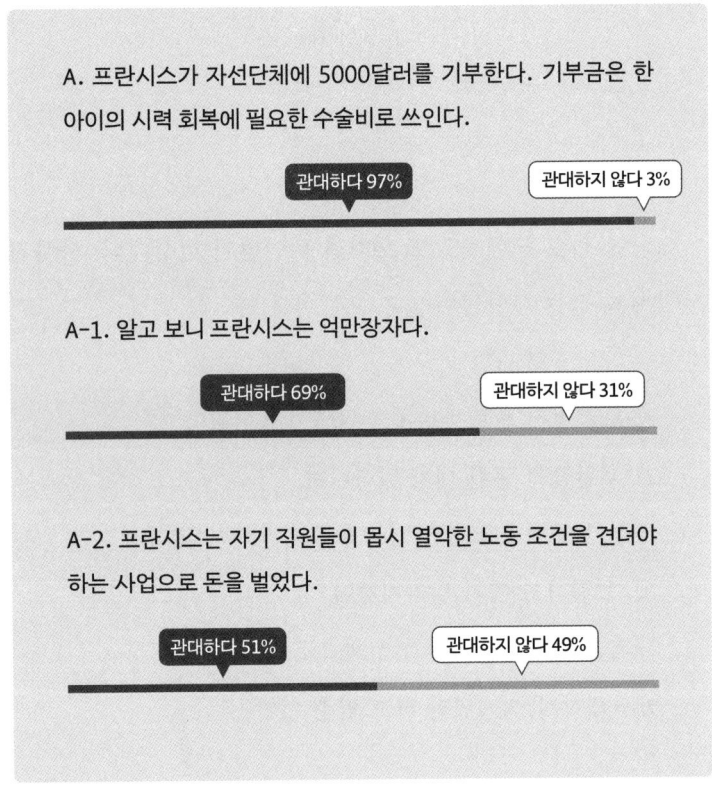

B. (상황 재설정) 프란시스가 자선단체에 5000달러를 기부한다. 기부금은 한 아이의 시력 회복에 필요한 수술비로 쓰인다. 프란시스는 이 이야기를 아무한테도 말하지 않는다.

관대하다 99%   관대하지 않다 1%

B-1. 프란시스는 기부에서 수술과 회복까지 전 과정을 심금을 울리는 방식으로 촬영하여 유튜브 채널에 올린다. 영상은 500만 조회 수를 기록한다.

관대하다 56%   관대하지 않다 44%

B-2. 유튜브 영상을 본 100명 이상이 크게 감동하여 자기들도 아이의 시력 회복을 지원하겠다고 한다.

관대하다 81%   관대하지 않다 19%

C. (상황 재설정) 프란시스가 자선단체에 5000달러를 기부한다. 기부금은 한 아이의 시력 회복에 필요한 수술비로 쓰인다. 안타깝게도, 아이는 수술 도중에 감염되어 일주일 뒤 사망한다.

관대하다 97%   관대하지 않다 3%

C-1. 프란시스는 그 자선단체가 간혹 무자격 의료진을 활용한다고 비난받아 왔다는 사실을 알고 있었다.

관대하다 39%   관대하지 않다 61%

D. (상황 재설정) 프란시스가 자선단체에 5000달러를 기부한다. 기부금은 한 아이의 시력 회복에 필요한 수술비로 쓰인다. 그 아이는 자전거를 타고 방향을 틀다가 프란시스의 차에 치여서 시력을 잃었다.

관대하다 49%   관대하지 않다 51%

D-1. 프란시스는 시속 30마일로 주행해야 하는 주택가에서 시속 60마일로 달리고 있었다.

관대하다 22%   관대하지 않다 78%

그런데 어떤 사람들은 모든 경우에 관대한 행동이라고 대답했다. 설문 참여자 중 한 명인 찰스 스콧Charles Scott은 이렇게 말했다. "당신이 아무 대가도 바라지 않고 곤궁한 사람을 돕겠다고 돈을 내놓는다면, 관대하다고 볼 수 있다. 재산 규모나 그 재산을 벌어들인 방식이 당신의 도덕성을 나타낼지는 모르지만, 그것 때문에 관대한 행동의 가치가 훼손된다고 생각하지는 않는다."

또한 얼핏 선행의 의미를 훼손하는 듯한 맥락도 상황을 더 자세히 알려 주면 다른 반응을 유발한다. 프란시스가 올린 유튜브 영상이 사람들을 감동시켜 또 다른 선행을 이끌어 냈다는 점을 알렸을 때도 그러했다.

전반적으로 내 팔로워들은 누군가의 의도가 불순할지도 모른다는 신호에 가장 크게 영향받는 듯했다. 선행의 실제 결과보다 그 점에 훨씬 신경 썼다. 수술이 실패했더라도 기부자의 명백한 잘못이 없다면, 그 기부는 수술이 성공했을 때와 마찬가지로 관대하다고 여겨졌다. 이는 사람들이 관대함을 평가할 때, 흔히 장기적 결과보다는 기부자의 의도를 중시한다는 점을 암시한다. 가령 기부자가 그렇게 하는 게 어려웠나, 아니면 쉬웠나? 순수한 선의에서 이루어졌나, 아니면 다른 동기가 있었나?

잠시 생각해 보자. 결과보다 의도에 더 관심을 두는 게 정말 옳을까? 관대함을 일종의 도덕성 테스트로 삼고 싶다면 그렇게 해도 무방하다. 하지만 당신도 나처럼 우리의 미래가 관대함을 얼마나 효과적으로 활용하느냐에 달려 있다고 생각한다면, 평가 기준을 다시 설정해야 할 것이다.

칸트도 틀릴 수 있다

관대함이 결국엔 순수한 **의도**의 문제라는 개념은 오랜 종교적, 철학적 사고에서 비롯되었다. 독일 철학자 임마누엘 칸트는 어떤 행위가 의무감에서 행해질 때만 도덕적 가치가 있다고 가르쳤다. 그 행위로 다른 이익을 얻는다면 이기주의의 한 형태라는 것이다.

하지만 오늘날 인간 심리에 대해 밝혀진 바에 따르면 이러한 입장을 선뜻 지지하기 어렵다. 인간은 누구나 어떤 식으로든 자신에게 이익이 되도록 결정한다. 그 이익이 단지 양심의 부름에 응답하는 일이더라도 그렇다. 양심을 따르는 행위는 가려운 데를 긁는 것과 같다. 어떤 식으로든 기분이 좋다. 그게 아니라면 굳이 그렇게 행동하지 않을 것이다. 드라마 〈프렌즈〉에서 조이의 대사를 인용하자면, "이기적이지 않은 선행은 없다."

철학을 공부하던 시절, 나는 이 문제를 놓고 몇 시간씩 고민했다. 당시 고민을 간략히 정리하면 다음과 같다. 선한 행동이 내 기분을 좋게 한다면 어떤 면에서 이기적 행동이 될 수 있지 않을까? 하지만 선한 행동이 어떤 식으로든 만족감을 동반하지 않는다면, 나는 어디서 선하게 행동할 동기를 찾겠는가? 누군들 그럴 수 있겠는가?

칸트에게는 미안한 소리지만, 이런 혼란스러운 제약에서 벗어날 때가 됐다고 본다. 베푸는 행위의 이면에 복합적 동기가 있거나 흐뭇한 기분을 느껴도 괜찮다. 그래야 행위 뒤에 숨겨진 미묘한 동기보다 **효과**에 더 집중할 수 있다. 기부 덕분에 생명을 살리거나 치료하는 결과를 얻는다면 기부자 역시 기쁨을 얻어도 괜찮다. 더 나아가, 그 행위가 자기 평판에 도움이 되기를 은근히 바라더라도 괜찮다. 실제로 나는 그러한 동기를 대놓고 칭찬해도 된다고 생각한다. 그래야 더 많은 사람을 선하게 행동하도록 설득할 문이 열리기 때문이다.

간단히 말해서, 이제는 관대함을 복합적 요인으로 유발된 의식적 **전략**으로 바라볼 수 있어야 한다. '나는 누군가의 어려움을 해결해 주고 싶다.' '나는 옳은 일을 하고서 뿌듯한 기분을 맛보고 싶다.' '나는 사람들이 내 선행을 본받게 하고 싶다.' '나는 이게 다 궁극적으로 내 평판을 높일 수 있어서 신난다.' 이러한 동기를 다 수용한다면, 관대함에 관한 대화에 흔히 따라오는 트집과 위선이 대부분 사라질 것이다.

물론 겉으로 관대해 보이는 행동을 비판적으로 따져 봐야 할 때도 있다. 친환경을 가장해 소비자를 현혹하는 그린워싱 greenwashing(위장 환경주의―옮긴이) 기업, 자선을 베푼다고 과시하면서 자신의 허물을 만회하려는 탐욕스러운 기업가, 앞에서 언급한 프란시스처럼 애초에 난폭 운전으로 문제를 유발한 경우가 그렇다.

위와 같은 사례를 관대한 행위에 포함할 수는 없다. 하지만 어떤 경우에도 섣불리 판단하지 않도록 주의해야 한다. 누구도 타인의 진심을 속속들이 알 수는 없다. 타인의 동기는커녕 우리 자신의 동기조차 확신할 수 없을 때도 있다. 따라서 나는 다음과 같은 원칙을 채택해야 한다고 본다. **미심쩍은 부분이 있더라도 일단은 선의로 해석하라.** 이런 관점을 취하는 것 자체가 의미 있는 관대한 행동이다. 모든 사람이 타인의 동기에 냉소적 시선을 보내는 세상은 금세 암울해진다.

누군가가 지역 학교에 돈을 기부하고 신문에 크게 보도되었다면, 순전히 자기 홍보를 위한 이기적 행동일 수 있다. 하지만 잘 알지도 못한 상태에서 그렇게 단정한다면 우리 스스로 관대하지 않은 것이다. 그 사람의 동기 중 적어도 일부는 아이들이 좋은 교육을 받도록 진정으로 돕고 싶은 욕구라고 상상하는 편이 훨씬 낫다. (장기적으론 평판에 대한 의식적 욕구보다 감사함이 선행의 더 강력한 동기라는 연구 결과가 있다.[1])

이와 마찬가지로, 누군가의 관대함이 충분치 않다는 이유로 비판하는 것은 건설적이지 않다. 어떤 문제를 제도적으로 바꾸거나 그 문제에 중대한 영향을 미치기는 무척 어렵다. 선행의 긍정적 측면보다 불완전함에 초점을 맞출 때, 완벽하지 않으면 다 나쁘다고 보는 함정에 빠지게 된다. 뭐가 됐든 베푸는 일은 쉽지 않다. 그러니 상대를 비판할 꼬투리를 찾는 대신 서로 격려해야 한다. 먼저 격려하고, **그다음에** 어떻게 더 나아질 수 있을지 논의하라. 아울러 당신도 베푸는 일에 동참하라.

요약하자면, 사람들이 다른 꿍꿍이를 품고서 베푼다는 이유로 그들의 관대함을 무시할 필요는 없다. 추가적 동기는 **늘** 존재한다. 관대함을 전략적으로 구사해도 괜찮다. '완벽한' 관대함 따위는 애초에 없다. 어떤 행동이 정말로 위선인지 확실하지 않으면, 일단은 선의로 해석하고 그들의 친절을 칭찬하라.

부자들의 지갑을 여는 세금보다 빠른 방법

엄청난 부자들의 관대해 보이는 행동에도 이런 관점을 적용할 수 있을까? 확실히 더 까다로운 일이다. 자선 기부를 하는 억만장자들은 종종 그저 돈으로 대중의 지지를 사려 한다고, 심지어 그들을 부유하게 만들어 준 잘못된 제도를 강화하려 한다고 비난받는다.

이런 비난이 극단으로 치달을 땐, 사회문제를 해결하려는 노력은 일개 시민의 역할이 아니며 정부가 나서야 한다고 주장한다. 그들이 애초에 억만장자가 되지 못하게 정부가 세금을 왕창 매기도록 캠페인을 벌여야 한다는 것이다.

나는 이러한 주장에 크게 공감한다. 불평등의 심화는 실제로 엄청난 문제다. 미국의 CEO들이 일반 근로자들의 임금 중간값보다 300배나 많이 받는다는 사실은 대단히 잘못된 일이다.[2] (50년 전에는 20배를 벌었다.) 세계적으로 억만장자 2700명의 자산이 120개 빈곤 국가의 자산을 다 합친 것보다 많다는 사실도 충격적이다.[3] 글로벌 시스템을 백지상태에서 설계하려는 사람이라면, 누구도 이런 극단적 빈부 격차를 목표로 삼는다고 주장하지 않을 것이다.

게다가 자선 활동을 꼼수로 활용하는 억만장자들이 분명히 있다. 그렇지 않은 경우라 해도, 변화의 형태를 **그들이** 결정한다는 사실에 분노가 치민다. 번영한 민주 국가라면, 우리 삶에 중요한 결정은 모두가 참여해서 내려야 한다. 아울러 결정된 정책은 대부분 공공 재정을 통해서, 즉 부자들이 훨씬 더 많은 세금을 내는 과세 방식으로 자금을 조달해야 한다.

나는 좀 더 누진적인 과세 정책을 지지한다. 하지만 여기엔 최상의 시나리오를 적용해도 몇 년이 걸린다는 문제가 있다. 그 이유 중 하나는 부자들이 자신들의 부를 활용해 정치적 결정을 좌우할 수 있다는 점이다. 그런데 이보다 더 강력한 이유가 있다. 부자들은 이동성이 있어서 언제든 다른 나라로 옮겨 갈 수 있다. 하지만 세금은 대체로 이동성이 없다. 어느 나라 정부도 가장 부유한 시민들을 겁줘서 쫓아낼 정도로 세금을 인상할 수는 없다.

그 사이에 민간 자본은 계속해서 부를 축적할 것이다. 여기엔 여러 가지 이유가 있다. 프랑스 경제학자 토마스 피케티Thomas Piketty가 입증한 대로, 부유한 사람들은 인플레이션 조정 투자 수익을 매년 5퍼센트 이상 거둘 수 있다.[4] 이는 대다수 국가의 경제 성장률보다 높다. 따라서 평균적으로 그들은 중위 시민보다 더 크게 부를 늘릴 것이다.

그리고 불평등을 심화시키는 훨씬 더 근본적 원인이 있다. 바로 자꾸만 커지는 연결성이다. 50년 전에 사업을 시작했다면, 고객을 백만 명까지 늘리는 데 수십 년이 걸렸을 것이다. 오늘날엔 불과 몇 년 만에 십억 명까지 확보한 기업이 있다. 페이스북과 구글과 아마존이 그 예다. 인터넷을 기반으로 하는 기업은 전 세계 어디서나 클릭 한 번으로 연결된다. 미심쩍은 사업 관행이 없었더라도, 이러한 기업의 설립자들이 얼마나 터무니없이 부유해질 수 있었는지 쉽게 알 수 있다.

그렇다면 우리는 억만장자들에게 뭐라고 말해야 할까? 그들의 재산에 세금을 부과할 방법을 마련하는 동안 그저 자산을 꽉 붙들고 있으라고 할까? 이는 세상에서 가장 큰 자원을 그야말로 낭비하는 꼴이다. 지난 20년 동안 그런 입장을 취했더라면 소아마비, 급성 결막염의 일종인 트라코마, 어린이 사망률을 비롯한 여러 문제를 해결하려는 전지구적인 노력은 제대로 작동하지 못했을 것이다.

경제 전문지 《포브스》는 전 세계 억만장자들의 재산을 합치면 12조 달러가 넘는다고 추산한다.[5] 앞으로 살펴보겠지만, 그만한 돈이면 세계적으로 대단히 심각한 문제의 상당수에 엄청난 영향을 미칠 수 있다. 그런 일을 시도하는 대신에 그 돈이 해마다 5퍼센트에서 10퍼센트씩 더 쌓이면서 제자리에 가만히 있어야 한다고 생각한다면 정말 미친 짓이다.

자, 다른 방법이 있다. 이젠 좀 더 전략적으로 접근하면 어떨까? 언젠가 더 공정한 세상을 이룩할지도 모를 개혁 작업을 진행하면서, 동시에 전 세계 억만장자들에게 자선 활동을 세 배로 늘리되 공익을 극대화하는 방향으로 진행하자고 설득하는 것이다. 문제는 부자들의 자선 활동이 **지나치게 적다**는 데 있다. 《포브스》 집계에 따르면, 대다수 억만장자가 평생 기부한다고 알려진 금액은 현재 순자산의 5퍼센트에도 미치지 못한다.[6] 우리는 그들의 자선 활동이 나쁘다고 말해선 안 된다. 오히려 그들에게 더 많이 기부하라고 촉구하면서, 어떤 식의 지출이 가장 가치 있을지 함께 논의해야 한다.

억만장자들 가운데 상당수가 그렇게 하고 싶어 할 거라고 생각한다. 12장에서 설명하겠지만, 나는 몇 년째 '담대한 프로젝트The Audacious Project'를 주관하고 있다. 이 프로젝트의 목적은 우리 모두에게 이익이 되는 강력한 자선 프로젝트를 발굴한 다음, 기부자들에게 지원하도록 설득하는 것이다. 내가 만나는 많은 기부자가 실제로 억만장자다. 그들과 개인적으로 대화를 나누면서, 올바른 방식으로 자선 활동을 하려는 노력이 그들에게 무척 중요하다는 사실을 알게 되었다.

완벽함이라는 필터를 통해서 관대함을 바라보려는 본능을 내려놓는다면 우리는 더 건전하고 생산적인 대화를 나눌 수 있다. 상대가 부유하든 가난하든 일단은 선의를 가졌다고 해석하고 함께 문제 해결이 가능한지 살펴볼 수 있다. 우리의 목적은 완벽한 미덕을 보여 주는 게 아니라, 당면한 문제를 더 잘 해결하도록 노력하는 것이다. 서로 상대의 노력을 인정하고, 나눔을 실천할 더 나은 방법을 찾자고 격려하면서 한 걸음씩 나아가는 것이다.

그렇지만 선행의 동기를 애초에 어떻게 찾을까? 안 그래도 팍팍한 인생살이에 주변까지 돌아보라고 기대하는 건 너무 지나치지 않은가?

정말 중요한 질문이다. 고맙게도, 나는 TED를 운영하면서 훌륭한 심리학자들과 진화 생물학자들을 두루 알게 되었다. 그들의 강연을 듣고 책을 읽고 직접 만나 이야기하면서 배웠던 점을 다음 장에서 공유하고자 한다. 참으로 흥미진진할 것이다.

4장

우리 안에 숨은 선한 본능

 종교적 믿음이 서서히 식어가던 20대 시절, 한 가지 중요한 의문 때문에 머뭇거렸다. 내 인생에 신이 없다면, 대체 무슨 이유로 옳은 일을 하려고 애쓸 것인가? 무엇 때문에 사람들에게 친절을 베풀고 이기적으로 굴지 않으려 노력할 것인가?
 나는 늘 양심이 가장 중요한 도덕적 나침반으로서 신에 의해 창조되었다고 생각했다. 그런데 신이 존재하지 않는다면, 누군들 무슨 명목으로 때로는 공익을 위해 희생을 감수해야 한다고 주장할 수 있겠는가? 우리는 궁극적으로 자신의 이익만을 위해 존재하지 않나? 속세의 생물학이 그렇게 가르치지 않았나? 그러니까 다른 동물과 마찬가지로 생존 경쟁을 벌이면서 진화한

동물이라고?

하지만 종교 바깥의 뛰어난 사상가들과 교류하면서, 현대의 진화 생물학이 가르쳤던 내용이 다 맞지는 않다는 걸 알게 되었다. 우리는 이기적 성향만 띠도록 타고나는 게 아니라, 이타적으로 행동하려는 강한 욕구를 지닌 생명체로 진화할 수도 있다. 그러한 본능 덕분에 관대함을 베풀 수 있는 것이다.

타인에 대한 거부할 수 없는 연민

2022년 2월 5일 저녁, 서른일곱 살 난 모하메드 메붑Mohammed Mehboob이라는 목수가 인도 보팔의 한 철도 건널목에 서 있었다. 모스크에서 기도회를 마치고 집으로 돌아가는 길이었다. 그를 비롯한 사람들은 화물 열차가 먼저 지나가도록 멈추었다. 빨간 옷을 입은 소녀도 어깨에 배낭을 멘 채 가족과 함께 근처에 서 있었다.

뜻밖에, 쌩쌩 달려오던 열차가 멈추었다. 소녀와 가족은 사람들과 함께 선로를 건너기 시작했다. 그런데 열차가 갑자기 다시 움직이기 시작했다. 사람들은 피하려고 얼른 내달렸지만, 소녀는 선로에 발이 끼는 바람에 넘어지고 말았다. 모하메드가 비명을 듣고 돌아보니, 소녀가 선로에 자빠져 허우적거리고 있었다. 그 와중에도 기차는 빠르게 다가오고 있었다.

소녀는 일어서려 애쓰다 다시 넘어졌고, 겁에 질려 그대로 굳어 버렸다. 모하메드는 재빨리 돌아서서 선로 쪽으로 달렸다. 기차를 피해서 소녀를 끌어내기엔 너무 늦었다는 순간적 판단에, 그는 선로로 엎어져 소녀의 머리를 보호하며 지면에 납작 엎드리게 했다. 순식간에 열차가 굉음을 내며 달려왔고, 끝없이 이어지는 객차가 그들의 머리 위로 닿을 듯 말 듯 스쳐 지나갔다. 고막을 찌르던 덜커덩 소리가 마침내 안도의 흐느낌으로 바뀌었다. 모하메드와 소녀 둘 다 일어나서 걸어 갈 수 있었다.

모하메드는 소녀에게 이름을 묻지도 않고 집으로 가던 걸음을 재촉했다. 목숨을 건 그의 영웅적 행위가 영상으로 널리 퍼졌다.[1] 모하메드는 그저 본능에 따라 행동했을 뿐이라고 겸손하게 대답했다.

도대체 어떤 힘이 그로 하여금 낯선 사람을 향해 이런 식으로 행동하게 했을까? 이는 분명 사람의 가장 깊은 곳에서 나오는 힘이다. 그 힘에서 비롯된 행동은 갑작스럽고 자발적이며 이루 말할 수 없이 이타적이고 용감하다. 행동의 당사자뿐만 아니라 다른 모든 사람에게도 놀라움을 선사한다.

선뜻 동의하기 어려운가? 어쩌면 당신은 절대로 모하메드처럼 행동할 순 없다고 느낄 것이다. 그럴지도 모른다. 하지만 그 자리에 있었다면 당신도 분명히 **무언가**를 느꼈을 것이다. 돌진하는 기차를 보고서 그 가엾은 소녀를 보호하고 싶은 격렬한 충동 말이다. 아마도 그 충동은 목숨을 걸고 싶지는 않다는 강렬한 욕망으로 상쇄되었을 것이다. 그렇더라도 애초에 그런 충동을 느꼈다는 점은 주목할 만하다.

사고실험을 하나 해 보자. 당신이 집으로 걸어가는데 앞서 언급했던 소녀가 길가 벤치에 앉아 있다. 소녀는 두 팔로 머리를 감싼 채 두려움에 떨고 있다. 이유는 알 수 없지만 어쨌든 몹시 괴로워 보인다. 주변에 다른 사람은 없다. 자, 당신은 어떻게 하겠는가?

이번엔 더 많은 사람이 행동에 뛰어들 것이다. 적어도 소녀에게 다가가 괜찮은지 물어볼 수 있다. 물론 이번에도 모두 다 그러지는 않을 것이다. 이타적 본능은 늘 손실 회피 성향loss aversion이라는 다른 본능에 의해 어느 정도 상쇄된다. 현재 수준의 안락함을 포함해 우리가 가진 것을 포기하고 싶지 않기 때문이다. 어쩌면 당신은 중요한 저녁 약속에 늦었을 수도 있다. 또는 소녀 옆에 앉았다가 원치 않는 일에 휘말려 들까 봐 염려할 수도 있다. 소녀를 미끼로 모종의 범죄가 계획되었다고 의심할 수도 있다. 그러나 손실 회피 성향에 굴복하더라도 일단 그 소녀를 돕고 싶다는 강력한 충동을 느낀 것만은 틀림없다. 이는 모든 인간에게 내재된 원초적 욕구다.

그런 감정이 왜 존재해야 할까? 우리는 어떻게든 살아남으려 애쓰는 생물학적 존재다. 그런데도 자신의 이익이 아닌 타인의 이익을 위해 행동하게 만드는 위험한 감정에 도대체 왜 주의를 빼앗겨야 할까?

이기적 유전자는 어떻게 이타적 인간을 만드는가

우리는 간혹 진화의 역사를 피비린내 나는 경쟁 속에서 살아가는 생명체의 혈통으로 생각한다. 알프레드 로드 테니슨Alfred Lord Tennyson은 이 치열한 생존 경쟁을 "이빨과 발톱이 빨갛게 물든 자연"이라고 표현했다. 하지만 경쟁에는 여러 가지 방법이 있다. 한 무리의 동물이 생존하고 번성하는 가장 좋은 방법 가운데 하나는 본능에 따라 **이타적**으로 행동하는 것이라고 밝혀졌다.

그러한 본능을 발달시킨 동물은 많다. 가령 개미, 돌고래, 개, 보노보노가 그렇고, 인간도 마찬가지다. 이타적 본능을 발달시키는 방법도 많다. 인지과학자 스티븐 핑커Steven Pinker가 내게 말했듯이, "현실적으로 어떤 유기체가 자신에게 '적은' 비용으로 다른 유기체에게 '큰' 이익을 줄 수 있고, 그러한 역할이 뒤집힐 수 있으며, 지능적이고 사회적인 종의 구성원들이 이러한 비대칭성을 활용할 수 있으면 된다."

다시 말해서, 다양한 상호작용을 거치면서 각 구성원이 어떻게 행동하는지 기억할 만한 정교한 사고력이 있다면, 그 집단은 호혜적 관대함을 선뜻 채택할 것이다. 이를테면, 나는 지금 음식이 넉넉하게 있어서 당신에게 나눠 줄 수 있다. 이 음식이 나한테는 별것 아닐지라도 당신의 목숨을 구할 수 있다. 당신은 내가 한 일을 기억해서 훗날 당신의 음식을 내게 나눠 줄 것이다. 그러면 우리 모두 이득을 본다.

이러한 방식을 온전히 실현하기 위해, 인류는 오랜 시간에 걸쳐서 몇 가지 핵심적 감정 적응emotional adaptation을 채택해야 했다. 가령 곤궁한 사람을 향한 동정심, 도와 준 사람을 향한 고마움, 속임수를 쓰거나 은혜를 갚지 않은 사람을 향한 분노, 최선을 다하지 못했다는 죄책감 등이 포함된다. 바로 이러한 감정이 연합하여 우리의 이타적 본능을 자극하고, 또 그 본능을 자주, 공정하게, 효과적으로 활용하도록 돕는다. 아울러 이러한 감정을 채택한 유전자는 스스로 생존하고 번성하며 후대로 대물림될 수 있도록 놀라운 전략을 구사한다. 실제로 우리 조상들은 그러한 전략을 우리에게 물려주었다.

 이타적 본능을 불러일으키는 감정들은 인간이 150명 정도의 소집단에서 수렵채집인으로 살아가는 데 적합하도록 미세 조정되었다. 그 결과, 자기네 부족 구성원을 넘어서는 범위까지 반드시 확장되지는 않는다. 심리학 연구에 따르면, 우리 중 대다수는 실제로 사람들을 '내집단'과 '외집단'으로 분류한다. 일반적으로 내집단은 함께 자랐거나 같은 공동체에 속하는 사람들이다. 공감 본능은 내집단에 속한 사람들에게 훨씬 더 강하게 분출된다. 외부인으로 인식되는 사람들에게는 일단 무관심하거나 의심하거나 심지어 잔인하게 대하기도 한다.

 하지만 여기엔 흥미로운 점이 있다. 사회과학 실험을 통해 내집단과 외집단 간의 경계가 유동적이라는 사실이 드러난 것이다. 이러한 경계는 피부색이나 종교, 지리, 말투 같은 특징에 영속적으로 연결되지 않는다. 한 연구에 따르면, 다양한 개인들에게 단일한 팀 이름을 부여하거나 그들을 단순히 함께 앉히기만 해도 내집단 충성심이 빠르게 생겨났다.[2]

 다른 연구에선, 누군가의 이야기를 듣기만 해도 그 사람에 대한 다른 사람들의 생각이 바뀌었다. 어떤 사람이 당신과 똑같은 두려움과 희망과 꿈을 품고 있다는 사실을 알면, 자연스럽게 그 사람을 내집단의 일원처럼 대한다. 소설 읽기가 사람들의 공감

범위를 넓히는 데 기여한다고 알려졌는데, 영화와 TV 프로그램을 보는 것도 비슷한 효과가 있다.[3]

지난 2008년, TED는 영화 제작자 제한 누젬Jehane Noujaim이 '판게아 데이Pangea Day'라는 행사를 개최하도록 도왔다. 전 세계에서 백만 명이 네 시간 동안 함께 영화를 보면서, 여러 나라 사람들이 저마다의 목소리로 들려주는 강력한 이야기를 공유하는 행사였다. 우리가 서로 상대의 입장에서 바라보면 더 가까워질 수 있다는 취지에서 이루어졌는데, 참가자들이 실제로 그렇게 느꼈다고 증언했다.

하와이에서 학급 친구들과 함께 영화를 본 위네트 무라와 Winnet Murahwa는 "화면에서 눈을 뗄 수 없었어요. 나한테는 영적 경험이었습니다"라고 말했고, 같은 반 친구인 에이프릴 산체스 April Sanchez도 그 말에 동의했다. "전 세계에 나와 똑같은 어려움을 겪는 사람들이 있다는 사실을 알고 나니 인류애가 샘솟았습니다."

우리 인간은 내집단 안에서 관대함을 발휘하는 본능을 진화시켰다. 아울러 그 내집단을 무한히 확장할 능력도 갖추었다. 참으로 대단하다. 그렇다면 이번엔 관대함의 범위를 확장하는 데 핵심 역할을 하는 또 다른 본능에 눈을 돌려 보자.

똑같이 반응하려는 충동

인간은 온갖 사회적 행동에 보답하는 것으로 유명하다. 나한테 즐겁게 대해 주면, 나도 너한테 즐겁게 대할게. 나한테 못되게 굴면 조심하는 게 좋을 거야.

받은 대로 돌려주려는 욕구가 관대함 엔진의 핵심이다. 다음 장에서 살펴볼 실험을 포함하여 수많은 사회적 실험이 이를 입증했다. 남들이 우리에게 친절을 베풀면 우리는 본능적으로 그들뿐만 아니라 다른 사람들에게도 같은 방식으로 반응한다. 우리가 이미 그들의 내집단에 속해 있는지 아닌지는 상관없다. 실제로 이러한 반응 충동은 내집단을 확장하는 자연스러운 방식이다.

나는 여러 상황에서 이러한 반응 본능을 시험해 보았고 매번 그 결과에 놀랐다. 한번은 내가 영국 바스에서 다녔던 고등학교의 초청을 받아 강연하러 간 적이 있었다. 강연을 시작하면서 맨 앞줄에 앉은 학생들에게 내 휴대폰을 건네며, 시간도 오래 걸리고 개인 정보도 노출해야 하는 성가신 실험에 참여할 의사가 있으면 이메일 주소를 입력해 달라고 했다. 그들은 대부분 졸업을 앞둔 열일곱에서 열여덟 살 학생들이었다.

열세 명이 용감하게 이메일 주소를 입력했다. 강연을 마칠 즈음, 나는 그들에게 한 명당 1000파운드(약 170만 원)씩 보내 줄 테니 다음 달에 각자 원하는 대로 쓰라고 했다. 다만 어디에 썼는지 나중에 보고해 달라는 단서를 달았다. 그들의 부모들과 교직원들은 깜짝 놀랐다.

마약 파티라도 벌이면 큰일이라는 교장 선생님의 우려는 터무니없는 것으로 드러났다. 거의 모든 학생이 평소 지지하던 단체를 위해 돈을 썼다. 2년이 흐른 뒤에도 그들은 그 경험을 뜻깊은 일로 기억했다. 가령 아치 그리피스Archie Griffiths라는 학생은 선물로 받은 돈을 CALM이라는 자살 예방 단체에 기부했다. 그리고 CALM의 활동을 조사하다가 자기도 위기에 처한 사람들을 돕기로 마음먹었다. 그리피스는 내게 이렇게 말했다. "당시 경험 덕분에 한 사람의 노력이 생명을 구하는 일로 이어질 수 있다는 사실을 알았습니다."

오필리아 펠하우어Ophelia Fellhauer라는 학생은 말라위의 소녀들에게 힘을 실어 주는 단체와 LGBT(성소수자) 단체에 돈을 기부했다. 그녀는 이렇게 보고했다. "돈이 전달될 사람들과 시간을 보내면서 우리의 지원이 그들의 삶에 미치는 영향을 직접 목격했어요. 참으로 놀라운 경험이었고 보람도 많이 느꼈습니다. 학교생활을 통틀어서 가장 감격스럽고 동기부여가 되는 경험이었어요. 평생 잊지 못할 겁니다."

나중에 보고해야 한다는 사실이 돈을 어디에 쓸지 결정하는 데 영향을 미쳤을까? 이게 다 일종의 미덕 과시에 지나지 않았을까? 그런 점도 없잖아 있었을 것이다. 하지만 다음과 같은 두 가지 측면을 생각해 보자.

첫째, 그들은 가령 대학 1학년 때 필요한 경비나 자신의 미래를 위한 투자에 그 돈을 쓸 수도 있었다. 둘째, 그들이 자신의 선택에 대한 평판에 신경 썼을 수 있다는 점은 점점 더 투명해지는 세상에서 거의 모든 사람이 남들에게 뭔가를 베풀 때 맞닥뜨리는 상황과 같다. 평판은 관대함을 장려할 수 있다는 점에서 매우 중요하다. 이런 장기적이고 이해타산적인 동기를 인정해야 한다.

관대함이 자연스럽게 전염될 수 있는 또 다른 방법이 있다. 우리는 자신이 관대함의 수혜자가 되지 않더라도 그냥 누군가가 관대하게 행동하는 모습을 보기만 해도 베풀고 싶은 마음이 들 수 있다. 이는 인간의 공통된 특성이며, 우리는 서로에게 엄청난 영향을 받는다. 니콜라스 크리스타키스Nicholas Christakis를 비롯한 연구자들은 인간 네트워크를 통해 행동이 극적으로 퍼져 나간다는 사실을 보여 주었다. 친구들과 그 친구들의 친구들이 독특한 행동을 보이면, 우리도 으레 그러한 행동을 따라 하게 된다.

그런데 관대함의 경우, 사회심리학자 조너선 하이트Jonathan Haidt가 말하는 '도덕적 고양moral elevation'에 의해 그 효과가 증폭된다.⁴ 누군가가 제삼자에게 선행을 베푸는 모습을 목격하면 실제로 심리적 영향을 받는다. 즉, 따뜻한 감정이 일어서 그 행동을 따르고 싶게 되고 결국 친절의 연쇄반응이 생겨난다.

라이프 베스트 인사이드Life Vest Inside라는 단체가 제작한 〈친절 부메랑Kindness Boomerang〉이라는 유튜브 영상은 이런 식의 연쇄반응을 잘 보여 준다. 길거리에서 벌어진 사소한 사건이 여러 사람에게 연속적으로 영감을 준다는 내용이다. 흥미롭게도, 그 영상을 보기만 해도 사람들은 똑같이 고양된 기분을 맛보는 것 같다. 영상은 3000만 넘는 조회 수를 기록했으며, "학교 가는 길에 차에서 이 영상을 즐겨 봤다. 덕분에 가치 있는 사람으로 살게 된 기분이다. 나도 모르게 친절을 베풀게 되니까"라는 식의 감사 댓글이 수십만 개나 달렸다.

그러니 생각해 보라. 꼭 실제로 선행을 목격하지 않아도 된다. 단순히 영상으로 보기만 해도 도덕적 고양 반응을 충분히 일으킬 수 있다. 게다가 그런 영상을 무수히 많은 사람과 공짜로 공유할 수 있는 세상에 살고 있다는 사실을 기억하자. 정말 끝내주지 않는가.

도마뱀 뇌 VS 성찰적 자아

그러니까 우리는 애초에 관대하게 행동하도록, 또 수혜자든 목격자든 상관없이 관대함에 반응하도록 설계되었다. 너무나 아름답지만, 별로 알려지지 않은 특성이다. 그런데 이러한 본능이 우리 안에 뿌리 깊게 박혀 있긴 해도 항상 우리를 올바른 방향으로 이끌어 주지는 않는다는 점을 염두에 두어야 한다. 이 본능은 애초에 우리가 소규모 공동체로 살아가는 데 적합하도록 만들어졌다. 한 개인이 고통받거나 위험에 처했다고 인지할 때 가장 많이 표출된다. 더 큰 집단의 사람들, 더 나아가 지구 전체를 돕는 가장 좋은 방법을 상상하기엔 훌륭한 안내자라고 할 수 없다.

심리학자 폴 블룸Paul Bloom은 우리가 공감 본능에만 지나치게 의존할 경우, 내집단의 일원으로 생각하는 개인들의 요구에만 초점을 맞추고 사회의 더 넓은 관심사를 무시하게 된다고 주장했다. 또한 더 많은 사람을 돕기보단 개개인에 관심을 기울이게 될 수도 있다. 더 큰 집단을 놓치게 되는 것이다. 수백만 명의 생명을 구하자고 주장하는 단체보다 고통받는 한 아이의 사진을 내세우는 단체가 기부금을 더 쉽게 모을 수 있다는 사실은 결코 우연이 아니다.

이 문제를 해결하려면 본능에만 의존하지 말고 더 깊이 성찰해야 한다. 나는 종교적인 분위기에서 인생이 내면의 악마와 신성 간의 싸움이라고 배우며 자랐다. 세부 사항은 다를 수 있지만, 이 이야기의 현대적 버전이 우리 자신을 이해하는 기본 원리라고 생각한다. 오늘날 우리가 다뤄야 할 중요한 정신적 싸움은 흔히 **본능적 자아**와 **성찰적 자아** 간의 싸움이다. 이 두 가지 정신 체계는 근본적으로 다른데, 심리학자 대니얼 카너먼이 《생각에 관한 생각》에서 그 차이를 멋지게 기술해 놓았다.

우리의 본능적 자아는 카너먼이 '시스템 1 사고'라고 부른 것으로 "성급하게 결론에 이른다."[5] 시스템 1 사고는 너무 빨라서, 흔히 그 작동을 의식하지도 못한다. 순간적으로 근육을 통제하여 위험에서 재빨리 도망가게 해 주는데, 두려움과 욕망, 분노, 탐욕 같은 강렬한 감정을 수반하기도 한다. 나는 이러한 사고를 설명할 때 흔히 '도마뱀 뇌'라는 용어를 사용한다. 우리의 본능적 자아를 강력하게 표현하려는 의도일 뿐, 진짜로 뇌에 도마뱀이 들어 있다는 말은 아니다.

유년기의 악마와 달리, 도마뱀 뇌는 우리에게 여러 가지 중요한 이점을 제공한다. 신속하고 효율적이고 무의식적으로 의사 결정을 내리고, 흥분과 즐거움을 느끼게 한다. 그렇다, 관대함을 유발하는 핵심 본능이다. 하지만 도마뱀 뇌는 우리를 극심한 곤경에 빠트리기도 한다. 폭력, 충동, 잔혹함에 얽힌 이야기는 모두 도마뱀 뇌의 활동과 관련되어 있다. 관대함에 관해서라면, 이 기본적 본능만으로는 한계가 있다.

다행히 우리에겐 다른 사고 체계가 있다. 동물들 사이에서 특이하게도 인간은 거대한 전두엽 피질을 진화시켰다. 그렇다, 뇌의 이 부분은 본능적 활동을 개선하는 역할도 하고 성찰적 자아를 개발하는 역할도 한다. 지혜로운 목소리로 본능을 감독하는데, 이를 두고 카너먼은 '시스템 2 사고'라고 이름 붙였다. 시스템 2 사고는 우리가 누구인지, 또 어떤 사람이 되고 싶은지에 관한 이야기를 들려준다. 자꾸만 미루는 버릇을 고치고, 삶을 체계적으로 정리해서 생산성과 성취감을 높이며, 관대하게 행동하도록 돕는다. '어떻게 하면 최고의 내가 될 수 있을까?'라고 자문해 본 적이 있다면, 당신의 성찰적 자아가 작동한 것이다. 임종을 앞두고 그간의 삶이 자랑스러운지 궁금하다면, 이 역시 성찰적 자아가 판단해 줄 것이다.

우리는 인생의 거의 모든 측면에서 성찰적 자아를 동원하여 본능을 어떻게 최선의 방향으로 이끌지 고민해야 한다. 식이 요법을 예로 들어 보자. 도마뱀 뇌는 틈만 나면 설탕과 지방을 갈망하여 우리를 정크 푸드 지옥에 몰아넣을 수 있다. 그렇게 되지 않으려면 성찰적 자아를 전면에 내세워야 한다. 관대함과 관련해서도, 공감 본능을 제대로 활용할 수 있도록 의식적으로 잘 이끌어야 한다. 관대함의 전염성은 현명하면서도 깊이 공감되는 행동을 퍼뜨릴 때 진가가 드러날 것이다.

관대한 사람이 더 행복하다

널리 알려진다면 관대함의 강력한 동력으로 작용할 만한 또 다른 요소가 있다. 사회과학에서 명확히 밝혀진 사실로, 관대함이 우리를 더 행복하게 해 준다는 점이다.

여론조사 기업인 갤럽은 전 세계 사람을 대상으로 소득, 지출 패턴, 행복 수준을 포함한 삶의 여러 측면을 조사한다. 136개국에서 23만 명의 응답자를 분석한 결과 굉장한 사실이 드러났다. 지난달에 자선단체에 돈을 기부했다고 보고한 사람들이 그렇지 않은 사람들보다 유의미하게 더 행복했다. 이때 행복에 미치는 영향의 크기는 연소득이 두 배로 늘어난 것과 같았다.[6]

잠시 생각해 보자. 사람들은 대부분 소득이 20퍼센트만 늘어도 삶에 엄청난 변화가 오리라고 기대한다. 그런데 갤럽 데이터는 관대한 행위로 그 몇 배 이상의 행복을 누릴 수 있다고 말한다.

이 데이터는 인과관계가 아니라 상관관계를 보여 준다는 점을 명심하라. 행복한 사람들이 불행한 사람들보다 돈을 기부할 가능성이 더 클 수 있다. 하지만 인과관계를 보여 준 연구도 상당히 많다. 일반적인 실험에서, 남들을 위해 돈을 쓰도록 무작위로 권유받은 피험자들이 자신을 위해 돈을 쓴 피험자들보다 더 높은 수준의 행복을 보고한다.

컬럼비아대학교의 엘리자베스 던Elizabeth Dunn 교수가 앞장서서 이 주제를 연구하고 있다. 던은 TED 강연에서 유아들을 대상으로 한 연구를 들려주었는데, 유아들조차도 자신이 간식을 받았을 때보다 그 간식을 나눠 줬을 때 행복 지표가 더 높았다고 한다.[7]

이처럼 과학은 역사상 많은 선각자들이 입증한 지혜, 즉 '관대함은 당신에게 행복을 선사한다'라는 점을 강력히 뒷받침한다. 그런데도 여전히 많은 이들이 그 사실을 진심으로 믿지 못하는 눈치다. 행복에 관한 여러 진리는 이제 누구나 아는 것이 되었다. 가령 사랑은 당신을 행복하게 할 수 있다. 예술에서든 자연에서든 아름다움은 당신을 행복하게 할 수 있다. 의미 있는 일은 당신을 행복하게 할 수 있다. 돈도 어느 정도는 당신을 행복하게 할 수 있다.

우리는 이러한 진리를 인정하고 그렇게 되려고 엄청난 노력을 기울인다. 하지만 베푸는 행위에서 나오는 심오한 행복을 논하는 사람은 별로 없다. 베풂에서 오는 행복은 흔히 미리 알기 어렵기 때문에 이러한 부조화가 발생한다. 사랑이나 물질적 성공은 우리가 평소에 집착하는 것들이다. 그것들이 기쁨을 안겨 주리라 확신하고 몹시 갈망한다. 하지만 관대함에 관한 한, 우리는 손실 회피에 빠지기 쉽다. '이걸 나눠 주면 영원히 잃게 되는 거야. 그러니까 조심해!' 베풂은 행동에 옮기고 나서야 비로소 만족감이 찾아온다.

그래서 얻고자 하는 본능과 주고자 하는 본능 사이에 위험한 비대칭성이 조성된다.[8] 우리는 물질적 이득이 기쁨을 선사하리라 믿고 그것을 추구하지만, 인간의 예측 레이더는 앞으로 닥칠 일을 과대평가한다. 실제로, 물질적 이득은 대부분 단기적 행복만 선사할 뿐이다. 우리는 결국 쾌락 적응hedonic adaptation이라는 굴레에 빠져, 뭘 얻든 금세 익숙해져서 다른 욕망을 좇기 시작한다.

어떻게 보면 우리는 만족을 모르는 욕망덩어리가 되도록 유전자에 의해 조종되고 있다. 그런 유전자가 왜 생겨나고 번성했는지는 짐작할 수 있다. 어쩌면 그 덕에 털도 없는 이상한 유인원종인 인간이 지구상에서 끈질기게 퍼져 나갔는지도 모른다. 하지만 그 덕에 지속적 행복을 얻었다는 의미는 결코 아니다.

반면에 관대함에서 촉발된 행복은 쾌락 적응에 영향을 덜 받는 듯하다. 피험자들이 자신에게 또는 타인에게 정기적으로 돈을 쓸 수 있도록 한 실험에서, 처음에는 두 집단 모두 만족도가 늘어났다. 하지만 타인에게 돈을 쓴 집단만이 시간이 지나도 만족도가 줄어들지 않는다고 응답했다.

우리 인간은 참으로 별난 존재다. 제일 요란하게 떠벌리는 행복은 실망스럽게도 오래가지 못한다. 속삭이듯 부드럽게 다가오는 행복은 평생토록 지속될 수 있다.

우리는 축적하려는 충동과 나눠 주려는 충동 사이에서 한평생 갈등한다. 순 테이커가 될 것인가, 아니면 순 기버가 될 것인가? 다이어트, 분노, 섹스, 미루기 등 인간의 다른 행동 영역에서도 유사한 다툼이 쉴 새 없이 벌어진다. 우리는 본능적 행동을 더 자세히 들여다보고, 성찰적 사고를 동원해서 그러한 행동을 조절해야 한다. 축적하려는 욕구를 다스리고 나눠 주는 행위를 선호하게 된다면 장기적 행복 수준이 치솟게 될 것이다.

아래의 중국 속담은 결혼에 대해 약간 냉소적인 시각만 빼면 행복의 비결을 제대로 포착하고 있다.

"한 시간 동안 행복을 원한다면 낮잠을 자라. 하루 동안 행복을 원한다면 낚시를 해라. 한 달 동안 행복을 원한다면 결혼을 하고, 일 년 동안 행복을 원한다면 재산을 물려받아라. 평생 행복하길 원한다면 남들을 도와라."

우리는 서로 보살피도록 설계되었다

지금까지 설명한 내용을 종합해 보면 관대함의 전염성이 어떻게 강력한 힘을 발휘하는지 쉽게 알 수 있다. 인간의 내면에는 두 가지 본능이 깊숙이 자리 잡고 있다. 첫 번째는 타인을 돕겠다는 본능적 욕구이고, 두 번째는 수혜자로든 목격자로든 타인의 관대함에 똑같이 반응하려는 반사적 충동이다. 이 두 본능은 관대함을 널리 퍼뜨릴 불꽃을 틔울 수 있다. 하지만 그 불이 좋은 일에 최대한 영향을 미치게 하려면 성찰적 지혜로 조절하고 이끌어야 한다. 물론 쉽지 않을 수 있다. 그래도 끈질기게 노력한다면 세상을 위해서만이 아니라 우리 자신에게도 좋을 것이다. 삶을 가치 있게 만드는 깊은 행복감을 선사할 테니까.

이젠 나를 괴롭히던 의문에 답을 찾았다고 본다. 종교적 훈계를 제쳐 두고도 관대해져야 할 이유는 무엇일까? 자기 자신만 돌보려는 사람들에게 뭐라고 말할 것인가? 아마도 다음과 같이 답할 수 있을 것이다.

항상 분명하게 드러나진 않지만, 관대함은 우리가 어떤 존재인지를 보여 주는 핵심 요소다. 신이 빚었든 진화의 산물이든 간에 우리는 서로 보살피도록 설계되었다. 삶이 관대함에 뿌리를 둘 때 비로소 우리는 깊은 만족감을 맛볼 수 있다. 당신이 동료 인간에게 어떤 의무를 지고 있는지는 아무도 말해 줄 수 없다. 그 질문에 대한 답은 스스로 찾아야 한다. 당신의 평판과 장기적 행복은 물론 가까운 이들의 행복까지 전부 거기에 달려 있다.

　인간 본성에 관한 이러한 진리가 가슴에 와닿았을 무렵, 때마침 나는 독특한 사회적 실험에 참여할 기회가 생겼다. 무슨 일이 벌어졌는지 다음 장에서 자세히 들려주겠다.

5장

미스터리 실험

2019년 TED 커뮤니티의 한 부부가 투자로 거금을 벌었다. 부부는 자신들의 행운에 보답하고자 수익의 상당 부분인 200만 달러를 기부하기로 했다. 그런데 TED나 다른 단체를 단순히 지원하기보단 그 돈을 기부할 참신한 방법을 궁리했다. 그들이 도출한 아이디어는 확실히 창의적이었다. 심지어 대담하기까지 했다. 익명으로 낯선 사람들에게 1만 달러씩 나눠 주기로 한 것이다. 그들은 TED와 사회과학자들의 협력을 얻어서 이 선물의 효과를 증폭시킬 수 있는지 알아보고 싶어 했다.

나는 관대함의 놀라운 능력을 이미 목격했던 터라, 이 별난 프로젝트를 선뜻 돕기로 마음먹고, 앞서 모교 졸업생들을 대상으로 진행했던 실험의 확장판을 제안했다. 브리티시컬럼비아대학교의 엘리자베스 던 교수와 그녀의 연구팀도 합류하여 다 같이 미스터리 실험을 기획했다.

행운의 선물 1만 달러

2020년 1월 나는 소셜 미디어에 '흥미롭고 놀라우며 다소 시간이 걸리고 스트레스를 받겠지만 삶을 변화시킬 수 있는' 특이한 연구 프로젝트에 참가할 사람을 모집한다는 공지를 올렸다. 공지 끝에다 #MysteryExperiment(미스터리 실험)라는 태그를 달았다. 돈 이야기는 한마디도 안 했다.

지원자가 2000명 넘게 몰렸는데, 무슨 일을 하게 될지 아는 사람은 하나도 없었다. 인도네시아, 브라질, 영국, 미국, 캐나다, 오스트레일리아, 케냐 등 7개국에서 200명을 선발한 뒤 멋진 소식을 전하는 영상을 보냈다. 참가자마다 'TED 커뮤니티의 익명 부부'에게서 (참가자 이름으로 개설된 페이팔 계정으로) 1만 달러씩 선물 받게 될 예정이고, 그 돈을 **마음대로** 쓸 수 있다는 내용이었다. 다만 다음과 같은 두 가지 규칙을 지키라고 했다. 첫째, 3개월 이내에 다 써야 한다. 둘째, 어디에 썼는지 보고해야 한다.

그리고 조건 하나를 더 붙였다. 참가자 중 절반은 이런 사실을 비밀로 유지하도록 했고, 나머지 절반은 소셜 미디어 팔로워들에게 공유하면서 돈을 쓸 때마다 내역을 게시하도록 했다.

결과는 정말 흥미로웠다. 앞서 13명의 영국 학생들과 마찬가지로, 미스터리 실험 참가자 200명 가운데 대다수가 받은 돈의 상당 금액을 다시 나눠 주는 식으로 반응한 것이다. 평균적으로 3분의 1 정도에 해당하는 액수만 자신의 필요와 욕구를 위해 썼고, 나머지는 친구와 가족과 외부 단체를 위해 썼다. 소득이 매우 낮아서 그 돈으로 삶을 크게 바꿀 수 있었던 사람들조차 받은 돈의 3분의 2를 나눠 주었다.

이는 사람들이 대체로 자기 자신을 위해 돈을 쓴다는, 이른바 합리적 행위자 이론에 반한다. 어쩌면 자기가 직접 번 돈으론 그렇게 할지 모르지만, 남들이 베푼 관대함의 수혜자가 될 때는 그들과 똑같이 반응하려는 욕구를 강하게 느끼는 것으로 보인다. 놀랍게도, 지출 내역을 은밀하게 결정할 수 있었던 사람들과 소셜 미디어에 공유해야 했던 사람들 사이에 유의미한 차이는 없었다. 사람들은 온라인 관객의 사회적 인정을 바라서가 아니라 보답하려는 본능에서 베풀었다.

실험이 끝난 뒤, 나는 몇몇 참가자들이 들려준 이야기에 몹시 압도되고 말았다.

리디아 테리건Lydia Tarigan은 인도네시아에서 활동하는 광고 기획자인데, 선물로 받은 1만 달러를 자신에겐 거의 한 푼도 안 썼다. 그 대신 평소 고마워하던 두 동료에게 1000만 루피아씩 주었고, 잘 알지는 못해도 최근에 암 진단을 받은 동료에게 500만 루피아를 주었다. 세계자연기금, 홍수 피해자들, 반려동물 구조 단체에 수백만 루피아를 기부했다. 그리고 가족들의 건강 검진 비용도 다 지불했다.

"제가 뽑혔다는 이야기를 들었을 때 목청껏 소리를 질렀어요. 관대함은 정말 놀랍기 그지없습니다. 수혜자가 존중받았다고 느끼도록 해 주거든요. 마치 자존감을 선물하는 것과 같습니다. 주는 사람과 받는 사람 사이에 다리를 놓아 주죠. 그래서 다른 사람들도 저처럼 존중받았다고 느끼게 해 주고 싶었어요."

캐나다의 클레어 맥스웰Claire Maxwell은 타인의 관대함에 보답하고 싶은 이러한 즉각적인 열망을 다음과 같이 멋지게 표현했다. "저는 기부자들을 떠올릴 때마다 그분들께 자랑스러운 사람이 되고 싶다는 마음이 들었어요. 그분들이 엄청난 재정적 부담을 감수했으니, 거기에 보답하기 위해 저도 할 수 있는 모든 걸 하고 싶었습니다. 제가 이만한 금액의 복권에 당첨되었다면 아마 다른 식으로 썼을 겁니다. 하지만 이 돈은 나를 위해서 써야 한다는 생각이 전혀 안 들었어요. 자기 이익을 넘어서는 생각을 지닌 분들이 베푼 선물을 다른 사람들과 나눌 수 있어서 영광이었습니다."

영국의 한 테크 기업 임원인 사라 드링크워터Sarah Drinkwater는 1만 달러 전액을 기부하기로 마음먹었다가 바로 다음 날 그 결심을 시험받게 되었다. 그보다 훨씬 더 큰 금액의 세금 청구서가 불쑥 날아들었기 때문이다. 하지만 그녀는 애초 계획을 고수했고, 500달러씩 쪼개서 어느 예술가의 벽화 제작, 자폐아들을 위한 감각 자극용 장난감 구매, 고령 연금 수급자들의 소풍 등을 후원했다.

"날마다 길을 걷다 보면 3D 프린터로 만든 소규모 푸드 뱅크, 학교 앞에 조성된 꽃밭 등 제가 자금을 지원했던 곳들을 지나치게 됩니다. 많은 수혜자가 자신의 작업을 공개적으로 인정받게 되어 큰 힘을 얻었다고 말하더군요. 이 프로젝트는 공동체, 배려, 기쁨, 관대한 행동 등 제가 소중히 여기는 가치들을 다른 이들도 소중히 여긴다는 사실을 깨닫게 해 주었고, 나 자신을 믿어야 한다고 확신하게 해 주었습니다."

또 다른 참가자인 미국의 커크 시트론Kirk Citron은 이렇게 말했다. "저를 위한 장난감을 사겠다는 마음을 접고 바로 결심했죠. 미스터리 실험 후원자가 200만 달러를 기부할 수 있다면, 나도 1만 달러 정도는 기부할 수 있다고요. 제가 선택한 단체인 휴머니티 나우Humanity Now에 기부하면서 주변 사람들에게도 '선행 나눔'에 동참하라고 권했습니다. 여러 사람이 호응해서 2만 7000달러까지 모금할 수 있었어요. 관대함은 또 다른 관대함을 불러옵니다."

기부자들의 관대함에 똑같이 반응하려는 충동을 구체적으로 언급한 사람이 많아서 무척 놀라웠다. (분명히 말하지만, 그렇게 해야 한다는 의무 조항은 전혀 없었다. 그들은 그 돈을 마음대로 쓸 수 있었다. 그리고 익명의 기부자들에게서 다시 연락받을 거라고 생각할 이유도 전혀 없었다.) 이 실험은 사람들이 관대함에 관대함으로 반응하려는 성향이 강하다는 점을 과학적으로 분명하게 보여 준다. 앞선 실험들은 대부분 심리학과 대학생들에게 제공된 적은 금액을 기반으로 이루어졌지만, 이 실험은 훨씬 더 큰 금액으로 여러 나라에서 동시에 진행된 대규모 연구였다. 문화나 소득 수준에 상관없이 사람들은 관대함에 똑같이 반응했다.

행복을 나누면 200배가 된다

과학적으로 확인된 사항이 또 있다. 이는 관대함과 행복 사이의 강력한 상관관계를 보여 주는 증거다. 우리는 참가자들에게

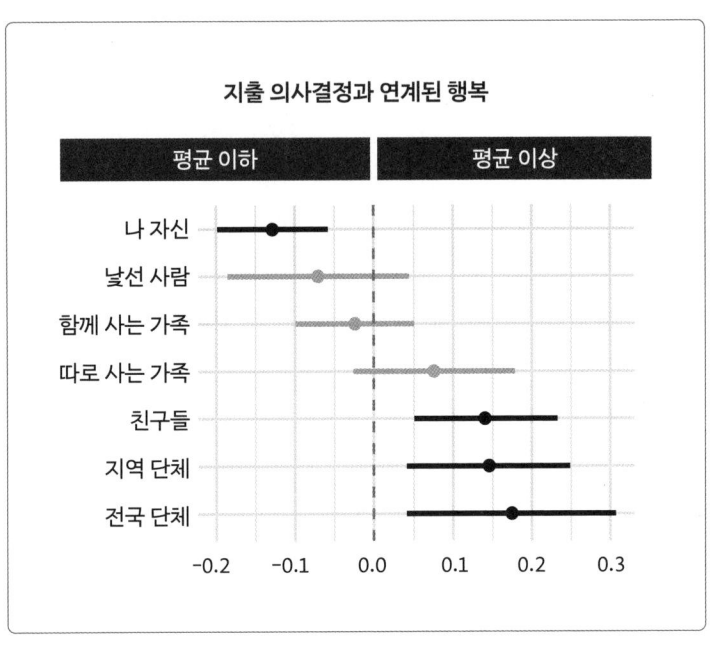

규모가 큰 지출 항목에 대해서 나중에 얼마나 행복하다고 느꼈는지 평가해 달라고 요청했다. 위 그래프가 그 결과를 나타내는데, x축의 0.0은 평균적인 행복을 가리키고 오른쪽은 평균보다 더 큰 행복을 가리킨다. 기부는 개인적 지출보다 유의미하게 더 큰 행복을 선사하는 것으로 나타났다.

미스터리 실험의 가장 놀라운 발견은 2022년 말 미국 국립과학원회보에 게재된 논문에 잘 기술되어 있다. 이 논문은 익명 부부가 200만 달러를 기부한 덕분에 개인적으로 얻을 수 있던 것보다 200배 넘는 행복을 효과적으로 창출했다고 추산한다.[1] 그래서 부자들이 재산을 관대하게 베풀어야 한다는 주장에 대한 대단히 강력한 근거로 인용되고 있다.

만약에 기부자 부부가 실험 자금을 대는 대신에 그 돈을 꽉 쥐고 있었다면 어떻게 됐을까? 그랬다면 부부는 재정 안정성을 추가로 확보했을 것이고, 그 역시 의미 있는 일이다. 두 사람은 물론이요, 직계 가족에게도 몇 년 동안 더 안락한 삶을 제공했을 것이다.

하지만 부부는 실험을 추진하면서 다음과 같은 결과를 가져왔다.

- 200명이 평생토록 기억할 만한 선물을 받았다.
- 200명이 선행 나눔을 한 덕분에 1000명 이상 혜택을 받았다.
- 전 세계 500개 넘는 단체가 기부를 받았다.
- 소셜 미디어에서 백만 명 넘는 사람들이 #MysteryExperiment 해시태그를 달고 공유된 관대함에 관한 사연에 (평균 6회씩) 노출되었다. 그들 중 일부는 똑같이 선행을 베푸는 식으로 반응했다.
- 이전엔 엄두도 내지 못한 규모로 관대함의 연쇄효과를 입증한 과학 논문이 두 건 발표되었다.

- 국립과학원회보 논문에 따르면, 기부자 부부는 그 돈을 자신들을 위해 썼을 때보다 200배 넘는 행복을 얻었다. (실제로도 그들은 행복이 줄어들기는커녕 그 경험으로 크나큰 기쁨을 맛보았다고 털어놓았다.)
- 내가 이 실험을 가까이서 지켜보다 보니 관대함에 관한 책을 써야겠다는 확신이 들었다.

결국 그들의 선물은 인터넷의 힘을 이용해 나눔의 효과를 증폭시켰을 때의 어떤 일이 일어날 수 있는지 보여 주는 의미 있는 사례다. 200만 달러를 나눠 줄 기회가 생기는 사람은 거의 없지만, 액수가 중요한 게 아니다. 친절한 행위는 무엇이든 다 증폭될 수 있다. 더 큰 꿈을 품고서 용감하게 나서면 된다.

우리는 역사상 전례 없는 시대에 살고 있다. 새로운 슈퍼 파워가 우리 손에 들어왔다. 이젠 그 힘을 활용해야 할 때다.

범사에 감사하라

곧 펼쳐질 2부에서는 관대함을 널리 퍼뜨릴 방법을 본격적으로 살펴본다. 다정한 전염의 실제 사례를 수십 가지 들어 보고 우리가 실천할 수 있는 일들을 탐구할 것이다. 하지만 그 전에 잠시 쉬어가도록 하자. 관대함과 관련하여 고려해야 할 측면이 한 가지 더 있다.

관대함은 머릿속에서 벌어지는 일에서 시작된다. 그러니 나누고 베푸는 행위의 핵심인 **관대한 마음가짐**에 이르는 길부터 찾아야 한다. 일상에서 부딪치는 온갖 난관 속에서 우리는 자신의 문제에만 시간을 쏟기 쉽다. 그런 상태에서는 누군가를 위해 뭐라도 해야겠다고 생각하기가 거의 불가능하다. 그렇다면 어떻게 관대한 마음가짐을 갖출 수 있을까?

일단 **자기 자신**에게 관대해져야 한다. 많은 사람이 자신은 가치 없는 존재라는 생각에 사로잡혀 낙담하곤 한다. 그런 기분으로는 외부로 눈길을 돌리기 어렵다. 댄 해리스Dan Harris는 TED 강연에서 자신을 향한 연민을 기르는 방법을 아주 멋지고 재미있게 들려주었다.

가족과 친구들과 동료들로부터 받은 다면 평가에서 자기중심적이고 극단적이며 부하 직원에게 심술궂다는 굴욕적인 이야기를 들은 뒤, 해리스는 변화를 모색하기로 마음먹었다.[1] 명상가를 자처했던 (그러나 '여전히 얼간이'임을 깨달은) 그는 "밸런타인데이 때 머리에 총을 겨누는 심정으로" 9일짜리 자애 수련회 loving-kindness retreat에 등록했다. 수련회 강사가 그에게 내면의 악마를 보게 되면 "자기야, 괜찮아. 내가 있잖아"라고 말해 주라고 했지만 별 감흥을 느끼지 못했다.

해리스는 5일째 날까지 분노와 자기중심성에서 벗어나지 못했다고 털어놓았다. 그러다 6일째에 마침내 항복했다. 자신을 '자기야'라고 부르지는 않았지만 어쨌든 가슴에 손을 얹고 스스로에게 말했다. "진짜 짜증 나지만 그래도 내가 널 도와줄게." 그 순간 이런 생각이 퍼뜩 스쳤다. "다른 사람들을 덜 까칠하게 대하려면 일단 나 자신에게 덜 까칠해야지."

이 원리를 바탕으로 우리는 최선의 자아를 확립하는 데 가장 중요한 도구를 동원해야 한다. 바로 **감사**다. 미스터리 실험에서 여실히 드러났듯이, 우리는 생각지도 못한 선물을 받으면 혼자 누리지 않는다. 그 선물을 나누는 것이 당연하고도 즐거운 일이라고 생각한다. 아울러 감사할 만한 일이 넘친다는 사실에 감탄한다.

TED 신규 직원들은 자신을 소개할 때 살면서 고마움을 느끼는 것들을 들려주곤 했다. 한 엔지니어는 다른 대다수 직원처럼 이렇게 시작했다. "부모님, 여동생, 친구들, 그간 받은 교육, 자연······." 그는 잠시 숨을 돌리더니 이렇게 덧붙였다. "전력망. 어디를 가든 플러그만 꽂으면 전력을 무제한으로 이용할 수 있다니, 놀랍지 않나요?"

참으로 멋진 대답이었다. 당신의 감사 목록은 어떠한가? 나는 사랑하는 사람들을 나열한 뒤에 다음과 같은 것들을 포함했다. 과학, 배관 설비, 중앙난방, 나를 성장하도록 이끌어 준 책들, (온갖 단점에도 불구하고) 인터넷, 나무, 밤하늘, 스쿠버 다이빙, 미래를 새롭게 상상하고 재구성하는 인간의 놀라운 능력 등등. 결국 삶의 거의 모든 측면을 감사해야 할 일들로 바라볼 수 있다. 우리 조상들은 대부분 굶주림이나 질병, 온갖 위험, 불안, 폭력에 늘 시달리며 살았다. 이 책을 읽는 대다수 독자는 그렇게 살지 않는다.

감사해야 할 일을 한 가지씩 떠올리면서 하루를 멋지게 시작해 보자. 한 달 동안, 일 년 동안, 십 년 동안 매일 새롭게 감사해야 할 일을 찾아보자. 그러다 보면 자연스럽게 좋은 것들을 남들과 나누고 싶어질 것이다.

앞으로 닥칠 일에 대비하기 위해, 오스트리아계 미국인 베네딕트회 수도사 데이비드 슈타인들라스트David Steindl-Rast의 묵상을 함께 음미해 보자. 그는 수십 년 동안 여러 신념 체계에 속한 사람들과 어울리며 공통점을 찾으려 애썼다. 영화 제작자 루이 슈워츠버그Louie Schwartzberg의 TED 영상에 슈타인들라스트의 말씀이 놀랍고도 아름다운 장면과 함께 제시된다. 나는 풀이 죽거나 움츠러들 때면 이 영상을 보면서 위로받는다.

먼저 눈을 뜨고서 당신에게 뜰 수 있는 눈이 있다는 사실에, 찬란한 색들이 순전히 우리의 즐거움을 위해 끊임없이 존재한다는 사실에 놀라워하라. 하늘을 보라. 우리는 좀체 하늘을 보지 않는다. 흘러가는 구름과 함께 하늘이 순간순간 얼마나 다르게 보이는지 알아차리지 못한다. 그저 날씨만 생각한다. 그마저도 날씨의 온갖 미묘한 차이에 대해서는 생각하지 않고, 그저 '좋은 날씨'와 '궂은 날씨'만 생각한다. 오늘, 바로 지금의 날씨는 유일무이하며 똑같은 형태로는 두 번 다시 찾아오지 않는다. 하늘의 구름도 지금 모습 그대로 우리 앞에 두 번 다시 펼쳐지지 않는다. 눈을 뜨고 그 모습을 보라.

당신이 만나는 사람들의 얼굴을 보라. 다들 그 얼굴 이면에 놀라운 사연을 간직하고 있다. 그들 자신의 이야기뿐만 아니라 조상들의 이야기까지 그 숱한 사연을 당신은 결코 온전히 헤아릴 수 없다. 그만큼 오랜 역사를 지니고서 바로 오늘, 이 순간, 그간에 만난 모든 사람이, 세상 곳곳에서 세대를 이어 온 온갖 생명이 함께 흘러 이곳에서 당신을 만난다. 마음을 열고 마시기만 한다면 그것은 생명수와 같다.

문명이 우리에게 준 놀라운 선물에 마음을 열라. 스위치를 켜면 불이 들어온다. 수도꼭지를 틀면 온수와 냉수와 음용수가 나온다.

감사의 축복이 당신 주변으로 넘쳐흐르게 하라. 그러면 아주 멋진 날이 될 것이다.[2]

2부

당신도 기버가 될 수 있다

6장

누구나 줄 수 있는 여섯 가지 선물

먼저 아주 기쁜 소식으로 시작하자. 관대함은 기부금을 입금하는 일에만 국한되지 않는다. 전혀 그렇지 않다. 가장 감동적이고 효과적인 관대함의 사례 가운데 상당수는 특정한 필요에 맞춰 재능과 사랑을 듬뿍 담아 시간과 에너지를 쏟은 선물이다. 이러한 선물은 누구나 줄 수 있고, 다양한 형태가 있다. 자원봉사, 사소한 친절, 길 가다 마주친 사람에게 건네는 가벼운 미소……. 다 중요하지만, 이 장에서 우리는 파급효과를 불러일으킬 잠재력이 큰 여섯 가지 선물에 집중할 것이다.

타인을 향한 관심

틱낫한Thich Nhat Hanh 선사는 타인에게 줄 수 있는 가장 귀중한 선물이 관심이라고 가르쳤다. 나 자신에게만 집중하던 것을 멈추고 다른 사람들과 그들이 필요한 것에 관심을 기울이는 태도. 확실히, 모든 관대함은 바로 여기에서 시작된다. 그렇게 타인과 연결되는 과정에서 무슨 일이든 생겨날 수 있다.

2015년, 조슈아 쿰스Joshua Coombes는 런던의 한 미용실에서 미용사로 일하고 있었다. 어느 날 일을 마치고 길을 걷는데 낯익은 노숙자가 눈에 들어왔다. 런던 사람들은 대부분 날마다 길가에서 마주치는 노숙자를 모른 체하고 지나친다. 하지만 조슈아는 그러지 않았다. 그 노숙자에게 다가가 어떻게 지내냐며 인사를 건넸다. 그러다 문득 좋은 생각이 떠올랐다. 바리캉과 가위가 있으니, 그 자리에서 초췌한 노숙자에게 공짜로 머리를 깎아 주겠다고 제안했다.

《대가를 바라지 말고 뭐든 하라》라는 책에서, 조슈아는 이렇게 쓰고 있다. "머리를 깎는 동안 그가 내게 살아온 이야기를 들려주었다. 우리는 마음이 통했고 금세 친해졌다."[1] 그날의 경험에 고무된 조슈아는 틈만 나면 런던 거리로 나가서 노숙자들에게 머리를 깎아 주겠다고 제안했다. 급기야 거리에서 시간을 더 보내기 위해 미용실 업무를 파트타임으로 돌렸다.

조슈아는 이 새로운 소명에서 엄청난 보람을 느꼈다. 즉석에서 신뢰감이 생기자 사람들은 그간에 살아온 이야기를 선뜻 들려주었다. 노숙자 고객들의 놀라우면서 때로는 비참한 이야기를 듣는 것 자체가 보상이었다. 그는 그들의 회복력과 용기에 감동했고, 함께 시간을 보낼 수 있어서 감사했다. 또한 그들의 이야기를 널리 알려서 노숙자들이 게으르다는 오해를 풀어 주기로 마음먹고 인스타그램을 시작했다. 노숙자 고객들의 '헤어컷 전후' 사진을 올리고 그들의 사연을 (그들의 말로) 들려주면서 '대가를 바라지 말고 뭐든 하라'는 뜻으로 #DoSomethingForNothing이라는 해시태그를 달았다.

더 나아가 그는 미국, 유럽, 인도, 오스트레일리아 등 해외 14개 도시에 흩어져 있는 친구들과 지인들 집에 머물면서 그 도시에 사는 노숙자들에게 시간을 내주었고, 그들의 사연을 소셜 미디어에 소개했다. 얼마 안 가서 그의 인스타그램은 엄청난 인기를 끌었으며 각종 브랜드와 NGO 단체들이 협업을 제안했다. 조슈아의 이야기에 감동한 인스타그램 팔로워는 15만 명을 넘어섰다.[2] 그가 노숙자 친구들의 임시 숙소를 고치기 위해 크라우드 펀딩 글을 게시하자 현금 지원이 쏟아져 들어왔다.[3] #DoSomethingForNothing이 하나의 사회운동으로 자리 잡으면서 그의 메일 수신함에는 도와주겠다는 메시지가 쇄도했다.

조슈아는 주변 사람들과 소통하는 방법을 아는 것이 대단히 중요하다고 강조한다. "그렇지 않다고 입증될 때까지는 일단 사람들을 믿어 줍시다. (…) 그저 인사 한마디 건네는 게 뭐 그리 어려운가요?"[4]

실은 **어려울 수 있다**. 우리는 대부분 시간을 자기 세계에 빠져 지낸다. 다른 사람들이 겪는 문제에 끼어들고 싶어 하지 않는다. 공연히 내 삶이 더 복잡해질 뿐이니까. 그래서 보호막을 친다. 그 말인즉슨 우리의 관심을 받아야 할 사람들이 시야에서 가려진다는 뜻이다. 관심이라는 관대함은 조금 불편하더라도 그런 보호막을 거두고, 시간을 들여 다른 사람에게 마음을 쓰는 데서 오는 리스크를 기꺼이 감수하는 것이다.

이런 유형의 관대함이 내향적인 사람들에게는 훨씬 더 어렵다. 내가 그런 사람이라 잘 안다. 우리에게 내부 세계는 안락한 공간인 반면, 밖으로 나가 사람들과 소통하려면 추가로 에너지가 들어간다. 하지만 막상 나가서 사람들과 관계를 맺다 보면 특별한 기분을 맛볼 수 있다. 일대일로 오가는 내밀한 대화가 모임 자리에서 예의상 나누는 한담보다 훨씬 더 쉬울지도 모른다. 내향적인 사람이라도 이런 유형의 관심 전환으로 보람을 느낄 수 있다.

다만 한 가지 주의할 점이 있다. 때에 따라서 낯선 사람과 관계를 맺는 일이 위험할 수 있으며, 여성이라면 더욱 그렇다. 당신의 신변을 위험에 빠뜨리자는 게 아니다. 친절해지려 노력하되, 언제나 현명하게 행동하자.

조슈아가 아무리 노력한들 애초에 노숙자가 생기는 제도적 문제는 전혀 해소하지 못한다는 비판의 목소리도 들린다. 하지만 나는 제도적 결함 속에서도 타인을 위해 뭐라도 하려고 애쓰는 사람들에게 기꺼이 영웅의 지위를 부여할 것이다. 개개인의 친절한 행위가 제도적 문제를 해결할 대안이라고 주장하는 사람은 아무도 없다. 그들은 그저 그렇게 되도록 도울 뿐이다. 우리가 서로 관대함을 실천하지 않으면 제도가 바뀔 가능성은 전혀 없다. 아무리 사소하더라도 관대한 행동 하나하나가 엄청난 결과를 초래하는 기폭제가 될 수 있다. 그러한 사례를 하나 더 살펴보자.

* * *

존 스위니John Sweeney는 아일랜드에서 자랐다. 어렸을 때부터 존은 존재감이 없었다. 줄곧 다른 아이들에게 괴롭힘을 당했고, 심지어 교사들도 그를 힘들게 했다. "세상에 나보다 더 외로운 아이는 없다고 생각했어요. 가진 것도 없고, 돌봐 줄 사람도 없었으니까요"

어른이 된 뒤, 존은 관심의 가치를 깨닫는 소중한 경험을 하게 된다. 코크 거리를 걸어가다 마주친 젊은 노숙자 여성을 그냥 지나치지 못한 그는 따뜻한 음식을 사 주면서 이런저런 대화를 나누었다. 그 여성은 가난과 고질병에 시달리면서도 어린 자녀 셋을 돌보려고 고군분투하고 있었다. 하지만 그녀 역시 스스로 존재 가치가 전혀 없다고 느꼈다.

존은 그녀에게 이렇게 말했다. "제가 당신을 잘 알지는 못하지만 그래도 신경 쓴다는 사실을 알아 주셨으면 해요. 당신은 참 중요한 사람이에요. 제가 그 사실을 잘 알고 있어요."

그렇게 말한 존도, 그 말을 들은 여성도 눈물을 흘렸다. 한참 만에 그녀가 말했다. "당신이 걸음을 멈추고 내게 말을 걸어 준 것이 나한테는 엄청난 의미가 있어요."

나중에 존이 자녀들에게 그 여성과 있었던 일을 들려줬고, 그들이 또 다른 사람들에게 말을 옮겼다. 그 이야기를 전해 들은 친구들 가운데 이삭이라는 소년이 크리스마스 쇼핑을 하러 나갔다가 우연히 그 노숙자 여성을 만났다. 이삭은 수중에 있던 50유로를 여성에게 주면서 세 자녀를 위해 크리스마스 선물을 사라고 했다. 그 덕분에 그녀와 아이들은 크리스마스를 기념할 수 있게 되었다. 이 사연은 입소문을 타다가 결국 전국 방송까지 탔다.

존은 낯선 사람에게 잠시 기울였던 관심이 친절을 전파할 강력한 방법임을 깨닫고, 다른 사람들도 쉽사리 실천할 만한 방법을 찾아냈다. 바로 '카페 소스페소caffè sospeso'였다. 이탈리아의 전통으로 '맡겨 둔 커피'라는 뜻이다.

아이디어는 간단하다. 카페 고객들이 다른 사람의 커피값을 한 잔 더 계산해서 누구든 마실 수 있게 하는 것이다. 보통은 가난한 사람이나 노숙자가 이용하지만, 때로는 힘든 하루를 보낸 사람이 요청할 수도 있다. 낯선 사람의 작은 친절은 그들이 중요한 사람임을 일깨워 주고 고달픈 삶을 견디도록, 심지어 아름답게 느끼도록 해 준다. 호의를 베푸는 데 엄청난 비용과 시간이 들지도 않는다. 그저 당신이 막 음미하려는 작은 사치를 다른 누군가도 간절히 원한다는 사실을 기억하면 된다. 그러면 그들에게 선뜻 그 선물을 줄 수 있다.

존은 카페 소스페소를 전 세계로 확산시키는 일을 자신의 사명으로 삼았다. 마침 이 아이디어가 먹힐 만한 시대가 도래했다. 2년 만에 34개국 2000여 곳에 달하는 곳에서 카페 소스페소를 도입해 적극적으로 홍보했다. 이 운동은 현재 페이스북에서 50만 명의 팔로워를 보유하고 있다.

존은 카페 운영자들과 카페 소스페소 참가자들의 감사 메시지를 날마다 받는다. 필라델피아에 사는 한 남성은 그에게 이런 메일을 보냈다. "당신은 나를 모를 테지만, 당신의 메시지가 내 삶에 미친 영향은 실로 엄청나답니다."

그는 존의 이야기를 듣고 마약에 중독된 한 노숙자와 친구가 되기로 마음먹었다. 노숙자 친구에게 두 달 동안 매일 커피를 사는 과정에서 정이 많이 들었다. 그래서 그를 위해 두 달 치 숙박비와 중독 치료 비용을 대 주고 "열심히 노력해서 새 삶을 찾겠다"라는 약속을 받았다. 노숙자 친구는 정말로 열심히 노력했으며 필라델피아대학교에 들어가 새 인생을 펼치고 있다. 수년 전 수 마일 떨어진 곳에서 시작된 작은 친절이 일으킨 파급효과였다.

미국 콜로라도주 덴버의 '관대한 커피숍Generous Coffee Shop'은 이 아이디어를 한 단계 더 끌어올렸다. 카페에 들어선 손님들은 커다란 게시판을 마주하게 되는데, 거기엔 다음 페이지에 나온 것과 같은 손글씨 문구가 수백 개 적혀 있다.

낯선 사람이 베푼 공짜 커피와 케이크는 달콤하다. 더구나 당신이 겪는 일에 공감하고 당신을 아끼며 당신이 이겨 내는 모습을 보고 싶어 하는 사람에게서 받은 커피와 케이크는 훨씬 더 달콤하고 맛있다.

> To: 새로 싱글맘이 된 분. 당신은 해낼 수 있어요!
>
> From: 싱글맘($10)
>
> To: 변호사 시험을 준비하는 분
>
> From: 같은 일을 하는 사람($5)
>
> To: 실연의 아픔을 겪는 분
>
> From: 소렌과 엘리($6)
>
> To: 사업을 시작하고 일 년째 고군분투하는 분. 점점 좋아질 거예요!
>
> From: 그 시기를 무사히 넘긴 사람($6)

이런 종류의 관대함을 실천하기 위해 글로벌 조직을 구성할 필요는 없다. 그저 다른 사람들과 그들의 이야기에 관심을 기울이기만 하면 된다. 곤경에 처한 사람을 지나치지 않고 다가가 손을 내밀거나, 중요하다고 생각하는 대의를 조사하는 데 30분 정도만 시간을 낸다면, 이미 관대함의 여정에 들어선 것이다. 당신은 기꺼이 관심이라는 선물을 나눠 주었다. 이 여정에 계속 동참하겠다고 마음먹는다면, 상상치도 못한 효과를 거둘지도 모른다.

다름을 포용하는 다리 놓기

지금처럼 연결된 시대에 더욱더 중요한 관대함의 유형이 있다. 바로 갈등 관계에 있는 사람에게 먼저 손을 내미는 것이다. 요즘엔 갈등이 온라인에서 공개적으로 벌어지는 경우가 흔해서, 수많은 관객이 불화에 가세할 수 있다. 만약 이러한 갈등에 흡족한 해결책을 제시할 수 있다면 어떨까?

나를 혹평하는 상대에게 손을 내밀기는 어렵다. 너그러운 마음가짐을 갖췄더라도 확실히 쉽지 않다. 분열된 사람들을 하나로 모은다는 더 큰 명분을 위해 개인적 안락함을 포기해야만 한다. 하지만 성공하면 강력한 연쇄반응이 일어난다. 공론의 분위기가 바뀌면서 결국 우리 모두에게 혜택이 돌아온다.

딜런 마론Dylan Marron은 인터넷 악플러에게 이골이 났다. 진보적 콘텐츠 제작자로서, 딜런은 경찰의 만행과 성전환자의 화장실 경험 등 사회정의를 다루는 영상을 주로 만들었다. '알고리즘을 타고 급상승하는 비결'은 비판과 냉소를 잔뜩 가미하여 세상을 흑백으로 칠하는 것임을 금세 깨우쳤다.[5] 그런데 영상 조회 수가 치솟을수록 낯선 이들의 공격적 댓글도 덩달아 치솟았다. "당신은 쓰레기야!" "산소 그만 낭비해라." 심지어 죽여 버리겠다는 댓글도 있었다.[6]

쏟아지는 악플에 휘청이던 딜런은 뜻밖의 대응 방법을 개발했다. 일부 악플러들에게 메시지를 보내 자기와 전화 통화를 하고 싶은지 물었다. 그들 역시 인간임을 직접 확인하고 싶었던 것이다.

딜런은 TED 강연에서, 그에게 악플을 단 사람과 처음으로 통화했던 이야기를 들려주었다.[7] 조시라는 이름의 열여덟 살 난 미국인 소년이었는데, 딜런을 머저리라고 부르면서 게이로 사는 건 죄악이라고 했었다. 두 사람은 종교 문제에선 의견이 갈렸으나, 고등학교 시절 괴롭힘을 당하고 〈도리를 찾아서Finding Dory〉라는 영화를 좋아한다는 공통점 덕분에 유대감을 느낄 수 있었다.

"전화 한 통으로 정치적 분열과 제도적 불평등을 해결할 수 있었을까요? 천만에요. 그럴 리가 있겠습니까?" 딜런이 말했다. "하지만 프로필 사진과 게시글로 할 수 있는 것보다는 서로를 더 인간적으로 대했느냐고 묻는다면, 그야 물론입니다."

딜런은 조시와의 통화에 무척 고무되어 〈나를 미워하는 사람들과 나눈 대화Conversations with People Who Hate Me〉라는 팟캐스트 시리즈를 제작했다. 인터넷에서 사회정의를 부르짖는 전사를 자처했지만, 실은 그동안 자신이 반향실echo chamber에 갇혀 있었다는 사실을 깨달았다. 즉 의견이 같은 사람들하고만 어울리고 다른 사람들을 배척했던 것이다. 어쩌면 딜런의 말처럼 "당신이 할 수 있는 가장 체제 전복적 행위는 의견이 다른 사람들을 상대로 혼자 떠드는 게 아니라 그들과 실제로 대화를 나누는 것이다."[8] 그 과정에서 상처받게 되더라도 말이다.

딜런이 몸소 보여 주었듯, 다리 놓기의 핵심은 당신의 적과 말로 대화를 나누는 것이다. 때로는 얼굴을 마주하고 대화하는 것도 좋다.

크레이그 와츠Craig Watts는 22년 동안 캘리포니아에서 도급계약으로 양계 농장을 운영했다. 공장식 농장에서 해마다 70만 마리에 달하는 구이용 닭을 길러 거대 식품 기업인 퍼듀 팜스Perdue Farms에 공급했다. 그런데 2014년, 와츠는 퍼듀 팜스의 부정한 마케팅과 자기 같은 농부들을 상대로 벌이는 부당한 착취에 신물이 났다. 아울러 닭들이 겪는 고통에도 마음이 아팠다. 그래서 아주 대담한 행동에 나섰다. 자신을 미워할 만한 이유가 다분한, 엄격한 채식주의자이자 동물권 운동가인 레아 가르세스Leah Garcés에게 연락을 취했던 것이다. 크레이그는 자기네 농장에 와서 사육 환경을 촬영하라고 레아를 초대했다. 까딱하면 생계가 곤란해질 수도 있는 조치였다.

나중에 레아는 〈마음을 바꿨습니다Changed My Mind〉라는 팟캐스트에서 이렇게 말했다. "크레이그를 만나기 전까진 이런 농가에 눈곱만큼도 동조하지 않았습니다. 그때까지만 해도 그는 내가 반대하고 싸워 온 것을 대변하는 사람이었죠. 그런데 그의 거실에 앉아 각종 서류를 살피고 그의 사연과 그간의 고초에 귀를 기울이다 보니 엄청난 충격에 휩싸였습니다."⁹

두 사람은 합심하여 충격적인 농장 환경을 영상에 담았다. 대규모 육계 농장이 카메라를 든 사람에게 농장 문을 선뜻 열어 준 최초의 사례였을 것이다. 그 영상은 24시간 만에 1백만 조회 수를 달성했고, 《뉴욕타임스》《워싱턴포스트》《와이어드Wired》《바이스Vice》같은 언론에도 보도되었다. 아울러 심층 다큐멘터리 제작으로 이어졌다. 레아는 이 경험에서 크게 영감을 받았다. '내가 이렇게 불편한 상황에 처한다면, 또 누구를 파트너로 삼을 수 있을까?'

레아는 고민 끝에 퍼듀 팜스의 CEO이자 그녀의 다큐멘터리에서 악당으로 나오는 짐 퍼듀Jim Perdue를 직접 만났다. 그리고 어떻게든 합의점을 찾으려 애썼고 실제로 찾았다. 2년쯤 뒤, 퍼듀는 동물 복지 정책을 처음으로 내놨다. 레아는 퍼듀와 협상하려 한다고 소셜 미디어에서 비판을 받기도 했지만, 결과는 긴 설명이 필요 없었다. 레아는 현재 공장식 사육 환경을 개선하도록 강력하게 촉구하는 단체인 '머시 포 애니멀스Mercy for Animals'를 이끌고 있다.

요즘 시대에는 이런 식의 다리 놓기가 그 어느 때보다 절실하다. 최근 몇 년 사이 정치적 견해와 문화 차이가 우려스러울 정도로 커지면서, 다들 반대편에 대한 혐오감을 부추기는 반향실에서 사는 것 같다. 실제로 소셜 미디어에서 목소리를 크게 내는 사람들은 상대 진영을 전혀 존중하고 싶어 하지 않는다.

그렇다 보니 우정의 손길을 내밀기가 대단히 어려워졌다. 관대하게 행동하는 데 엄청난 용기가 필요한 이유다. 브릿지USA BridgeUSA라는 단체의 웹사이트에는 이런 문구가 적혀 있다. "제기랄, 얘기 좀 합시다!Let's f*cking talk to each other." 다리 놓기는 그 자체로 놀랍고도 고무적인 파급효과를 일으킬 수 있다.

키아란 오코너Ciaran O'Connor는 뉴욕 맨해튼에서 자랐다. 부모는 둘 다 진보적 저널리스트였는데, 아버지는 최루탄을 맞으며 리처드 닉슨 대통령의 정책에 항의하던 이야기를 즐겨 들려주었다. 다양한 인종과 여러 사회경제적 계층으로 구성된 친구들 속에서 지내다 보니, 키아란은 항상 자신이 다양성을 중요하게 여긴다고 생각했다. 진보적 가치를 포용했기에, 버락 오바마와 힐러리 클린턴의 선거 운동원으로 활동했다. 그러다 양극화된 정치 지형에 다리를 놓는 단체인 브레이버 엔젤스Braver Angels를 위해 일하게 되면서 생각지도 못했던 사람과 친구가 되었다. 그 친구는 공화당원인 존 우드 주니어John Wood, Jr.였다.

존도 캘리포니아주 컬버 시티에서 자랄 때는 진보주의자였다. 하지만 군인과 결혼해 군인 마을로 이주하고, 종교에 귀의하고, 에인 랜드의 소설 《아틀라스》를 읽으면서 생각이 달라졌다. 존은 로스앤젤레스 카운티의 공화당 부의장이 되었다. 하지만 키아란처럼 존도 상대 진영과 공감대를 형성하는 것이 나라의 미래를 위해 꼭 필요하다고 확신하여 브레이버 엔젤스에 합류했다.

"사람들은 서로 동의하지 않더라도 상대방의 이야기에서 자기 모습을 볼 수 있습니다. 개개인에게 독특한 사연이지만, 그 안에 공통된 감정과 가치가 숨어 있거든요." 키아란이 말했다.

키아란이 보기에 존은 "친절하고 똑똑하며 자신감이 넘치면서도 겸손한 친구"다. 존이 보기에 키아란은 "정치색에 상관없이 사람들을 아끼고, 이 나라를 더 나은 곳으로 만들기 위해 몸을 사리지 않는 친구"다. 두 사람은 요즘 여러 대학을 순회하면서 그들의 우정이 어떻게 정치적 간극을 메워 주었는지 알리고, 〈해밀턴Hamilton〉이라는 뮤지컬에서 듀엣으로 노래도 부른다.

물론 항상 상대의 의도가 좋으리라고 추정하라는 말은 아니다. 때로는 정말로 경계해야 할 이유가 있을 수 있다. 하지만 상대가 나쁜 의도를 품었을 거라고 지레짐작해선 안 된다. 일단은 귀를 기울이고 이해해 보려고 애써야 한다. 우리 어머니가 줄잡아 천 번은 말했을 법한 표현이 있다. "그들의 사연을 알기 전까진 판단하지 마라." 나는 이 말이 소셜 미디어 플랫폼들에도 두루 적용되길 바란다. 그게 바로 다리 놓기의 핵심이기 때문이다. 모든 사람을 독특한 사연을 지닌 동료 인간으로 생각하라. 직감적으로 안 맞는 사람에게도 진심으로 귀를 기울여 보라.

못마땅해도 매사에 억지로 타협하라는 뜻은 아니다. 브레이버 엔젤스는 조직의 목표가 '어정쩡한 합의'에 도달하는 게 아님을 분명히 밝히고 있다. 그들은 선언문에서 다음 두 가지를 포용하도록 촉구한다. "우리는 의견을 아무 걱정 없이 자유롭게 충분히 피력한다." "우리는 의견이 다른 사람들을 진솔하고 정중하게 대한다." 이러한 기본에 충실하면 많은 것이 달라질 수 있다.

대만에서 도입한 온라인 토론장은 다리 놓기가 대규모로 시행된 사례를 보여 준다. 대만 행정원의 디지털 담담 정무위원인 오드리 탕Audrey Tang은 '브이타이완vTaiwan'이라는 프로그램을 만들어, 차이점보단 합의점을 찾겠다는 목표로 시민들을 온라인상에 불러 모았다.[10] 여론 수집 플랫폼인 폴리스Polis를 바탕으로, 브이타이완은 여러 쟁점 사안에 다리를 놓고자 널리 활용되고 있다. 가령 우버를 규제할지 말지에 관한 격론 과정에서, 안전에 대한 욕구가 모두를 하나로 묶는다는 점을 찾아냈다. 그 덕에 양쪽 모두 만족하는 간소한 규제를 도입하게 되었다.

인터넷에선 누구나 중요한 가교 역할을 할 수 있다. 불쾌한 댓글에 친절하게 답변하는 행위만으로도 다른 사람의 대응 방식에 영향을 미칠 수 있다. 다리를 놓아 주는 당신의 친절한 댓글이 순식간에 입소문을 타거나, 팟캐스트로 이어지거나,《뉴욕 타임스》에 언급되지는 않을지도 모른다. 하지만 단 한 사람이라도 같은 방식으로 다리를 놓도록 영감을 줄 수 있다면, 당신이 상상하지 못한 파동을 일으킬 수 있다. 나는 이러한 형태의 관대함이 세상에 필요한 공유 자원을 구축하는 데 핵심이 되리라고 믿는다.

지식의 공유

진부하게 들리겠지만, 누군가에게 낚시하는 방법을 알려 주면 평생 먹고 살길을 열어 주는 것과 같다. 수 세기에 걸쳐 인간이 습득한 지식에는 무한한 가치가 있다. 게다가 사람과 사람 사이에 자유롭게 전달될 수 있으니, 인류의 슈퍼 파워로 꼽을 만하다. 셀 수 없이 많은 상황에서 우리가 줄 수 있는 유일하면서도 가장 큰 선물은 바로 지식이다. 지식 덕분에 우리는 문제를 풀거나 필요를 충족하거나 앞으로 나아갈 길을 열 수 있다.

교사들은 이러한 형태의 관대함에 평생 헌신한다. 하지만 요즘 시대에는 누구나 서로에게 교사가 될 수 있다. 유튜브와 틱톡은 지식 전달을 증폭시킬 방대한 플랫폼을 새롭게 창조했다.

2004년, 살 칸Sal Khan이라는 이름의 한 헤지펀드 분석가가 사촌인 나디아에게 수학을 가르치기 시작했다. 단위 환산에 어려움을 느끼던 나디아의 수학 실력이 일취월장하면서 곧 친척들 사이에 입소문이 퍼졌다. 살에게 개인 지도를 해 달라는 요구가 쇄도했고, 2년쯤 지나자 시간표 짜기가 어려울 지경이었다. 그런데 때마침 유튜브라는 새로운 도구가 출시되었다. 살은 친척들이 알아서 공부할 수 있게 수업 내용을 녹화하여 유튜브에 올렸다. 놀랍게도, 친척들은 실제로 영상 수업을 선호했다. 여러 번 재생하면서 자기 속도에 맞춰 배울 수 있었기 때문이다. 게다가 영상은 항상 그 자리에 있어서 언제든 다시 볼 수 있었다. 점점 더 많은 사람이 영상을 보기 시작했다.

얼마 안 가서 살 칸은 다니던 회사를 그만두고 '칸 아카데미'를 설립했다. 칸 아카데미는 전 세계 누구에게나 무료로 온라인 교육을 제공한다. 지금껏 제공한 각종 수업은 20억 회가 넘는 조회 수를 기록하고 있다.[11] 그런데 거기서 멈추지 않고 칸 아카데미는 2023년에 일찌감치 AI를 채택했다. 미래엔 아이들이 AI

에 기반한 개인 교사를 두고 학습의 모든 측면에서 개인 맞춤형 지도를 받게 될 거라고 삶은 예견한다.

지식 공유를 관대함의 한 형태로 생각한다면 공유가 훨씬 더 강력해질 수 있다. TED 무대에 오르는 사람들에게, 우리는 강연을 단지 (사업이나 대의 등) 뭔가를 홍보할 기회가 아닌 **선물**로 생각하라고 조언한다. 귀중한 아이디어를 청중과 무료로 공유할 기회로 보라는 것이다. 그러한 아이디어는 청중의 미래에 영향을 미칠 잠재력이 있다. 강연자가 그 점에 초점을 맞추면 청중은 그들의 말을 수용하고 가슴에 새길 가능성이 훨씬 커진다.

지식 공유의 멋진 점은, 당신이 지식을 남들과 공유한 뒤에도 여전히 그 지식을 소유한다는 사실이다. 토머스 제퍼슨Thomas Jefferson은 그 점을 이렇게 묘사했다. "내 초에 대고 자기 초에 불을 붙인 사람은 나를 어둡게 하지 않으면서 빛을 얻는다."

베푸는 사람은 분명히 그 지식을 독점적으로 사용할 권리를 포기한다. 아울러 공유하는 데 시간과 노력도 들여야 한다. 하지만 수혜자들이 누리는 상대적 이득은 그러한 희생을 월등히 능가한다. 그리고 청중에게 전달된 지식은 쉽게 전파되어 무한한 영향력이라는 멋진 연쇄반응을 일으킬 수 있다.

남들을 이롭게 할 지식이 있다면, 그 지식을 어떻게 공유하여 파급효과를 일으킬지 생각해 보라. 준비하고 행동에 옮기는 데 몇 시간만 들이면 누군가의 삶을 밝혀 줄 수 있다. 게다가 그것은 단지 시작에 불과하다. 민권 지도자 엘라 베이커Ella Baker는 이렇게 말했다.

"빛을 주면 사람들이 알아서 길을 찾아갈 것이다."

인적 네트워크

초연결 시대에는 네트워킹이 어느 때보다 중요하다. 따라서 관대함의 가장 중요한 형태 가운데 하나는 사람들이 서로 연결되도록 돕는 것이다.

이를 실천할 가장 간단하면서도 흔히 간과되는 방법은 소개하기다. 심리학자이자 TED 강연자인 애덤 그랜트Adam Grant는 소개를 두고 매우 쉽게 줄 수 있으나 받는 사람에겐 대단히 귀중하다고 주장한다. 소개하기는 몇 분밖에 걸리지 않지만 제대로 한다면 누군가의 인생을 바꿔 줄 수도 있기 때문이다. 사람들한테 파트너를 어떻게 만났는지, 꿈꾸던 직장에 어떻게 들어갔는지, 색다른 프로젝트를 진행할 완벽한 협력자를 어떻게 찾았는지 물어보면 다들 비슷한 답변을 내놓을 것이다. 친구, 이웃, 동료 등 누군가가 그 일의 적임자를 소개해 주었다고. 방법도 아주 쉬워서, 당신의 인적 네트워크에 다른 사람들이 접근할 수 있게만 하면 된다. 이러한 소개는 엄청난 결과를 가져올 수 있다.

엘리자베스 던은 친구들과 합심하여 시리아 난민 가족이 밴쿠버에 오도록 도왔던 일을 TED 강연에서 들려주었다.[12] 집을 구해 주고 식료품과 옷가지를 마련해 주는 등 물리적 선물도 제공했지만, 그들이 공동체에 순조롭게 편입되어 일상생활을 영위하도록 도와 준 것도 똑같이 중요했다. 난민 가족은 훗날 던과 그 친구들이 대가족의 일원처럼 느껴진다고 말했다.

와카스 알리Waqas Ali와 시드라 카심Sidra Qasim은 파키스탄의 한 시골 마을에서 자라며 세상에 의미 있는 일을 하겠다고 꿈꾸었다. 그 마을이 구두 제작으로 유명한 곳이라 두 사람은 구두 장인들의 기술을 활용해 사업을 시작했다. 하지만 사업체를 꾸리는 일은 쉽지 않았다. 어느 날 울리케 라인하르트Ulrike Reinhard라는 독일 여성이 그들의 작업장을 방문했다가 훗날 엄청난 혁신으로 입증된 관대한 행동을 펼쳤다. 울리케는 도움이 될 만한 친구들의 연락망을 와카스와 시드라에게 알려 주었다. 그녀의 소개로 두 사람은 미국에 초대받고 필요한 비자 지원도 받을 수 있었다.

"그때까지 시드라도 저도 비행기를 타 본 적이 없었습니다. 호텔 숙박료가 얼마나 비싼지도 몰랐고요." 와카스가 말했다.

하지만 또 다른 일련의 소개 덕분에 그 문제를 해결했다. 기업 투자로 빈곤을 해결하는 글로벌 비영리 단체인 어큐먼Acumen에서 와카스에게 연구비를 지원했고, 어큐먼의 샌프란시스코 네트워크에서 첫 번째 투자자를 비롯한 새로운 연락망과 무료 숙박을 제공했다. "그 여행으로 우리 삶이 완전히 바뀌었습니다."

파키스탄으로 돌아온 뒤, 두 사람은 획기적인 신발 디자인을 위한 첫 번째 킥스타터Kickstarter 크라우드 펀딩 캠페인을 시작했다. 종자금으로 최소 1만 5000달러가 필요했다. 나는 그 뒤로 벌어진 일의 내막을 잘 알고 있다. 내 배우자이자 어큐먼의 수장인 재클린Jacqueline이 자신의 네트워크에 연락을 취했는데, 거기엔 마케팅 구루인 세스 고딘Seth Godin이 포함되어 있었다. 그는 자신의 블로그에 이 캠페인을 소개했다. 결국 와카스와 시드라는 애초 목표액을 훨씬 넘겨서 10만 달러를 모았다. 당시 파키스탄에서 시작된 킥스타터 캠페인 가운데 가장 높은 액수였다.

그 뒤로, 와카스와 시드라는 거침없이 진격했다. 미국으로 이주하여 브루클린에 아톰스Atoms라는 신발 공장을 세웠다. 아톰스는 급속히 성장해서 20만 명 넘는 고객을 확보했다. 밀려드는 주문을 감당하기도 벅찼지만, 두 사람은 파키스탄에 있을 시절에 일련의 프로젝트에 자금을 대 주며 사업을 시작하도록 도와준 관대한 정신을 본받기로 마음먹었다. 팬데믹 기간에 멋진 디자인의 마스크를 직접 제작하여 지역사회에 40만 개나 기부했다. 최근에는 전도유망한 창작가들을 위해 '인트로듀싱 Introducing'이라는 프로그램을 출범했다. 이 프로그램은 재능 있는 예술가를 발굴하여 작품을 처음으로 구매해 주고 사업 요령도 알려 준다. 아울러 급속히 확장하는 인플루언서 네트워크에 그들을 소개해 준다.

"우리가 지나온 여정에서 사람들이 이런저런 형태의 관대함을 보여 주지 않은 때가 없었습니다. 그동안 받았던 도움을 돌려드리는 게 너무나 당연한 일입니다. 물론 약간의 수고가 필요하지만, 그런 노력을 기울이는 게 무척 즐겁습니다." 와카스가 말했다.

이 이야기에서 모두가 이익을 얻었다는 점에 주목해야 한다. 와카스와 시드라의 험난한 여정을 도왔던 사람들은 두 사람의 성공에 무척 고무되었다. 그간에 이루어진 온갖 관대한 행동은 지금까지도 상당한 파급효과를 일으키고 있다.

사람들이 연락망을 선뜻 알려 주기 어려운 이유는, 새로운 책임을 부과해서 친구들을 성가시게 할까 봐 두렵기 때문이다. 그래서 누군가를 소개할 때는 신중하게 해야 한다. 단순히 이메일 주소를 공유하는 식으로 끝나면 안 된다. 일단 왜 소개하고 싶은지 설명하고 허락을 구해야 한다. 그런 과정을 거쳐서 네트워크에 새로운 사람이 추가되면 **모두 다** 혜택을 누리는 경우가 많다.

때로는 엄청난 규모로 사람들을 연결할 수도 있다. 나이지리아의 생물학도인 에이다 엔두카 오이옴Ada Nduka Oyom이 나이지리아대학교에서 구글 개발자 그룹을 이끌겠다고 지원했을 때 그녀의 수중에는 노트북도 없었다. 그저 투박한 중고 휴대폰뿐이었는데, 그마저도 자꾸 고장 났다.

당시 개발자 그룹에는 기술 분야에서 경력을 쌓으려는 여성이 거의 없었다. 프로그래머들을 위한 2016년 글로벌 이벤트에서, 에이다는 아프리카 여성 개발자를 향한 관심 부족에 크게 실망했다. "왠지 불공평하다는 생각이 들더군요. 놀라운 성과를 내는 여성들이 아주 많거든요."[13]

에이다는 뭐라도 해야겠다고 마음먹고 2016년에 쉬 코드 아프리카She Code Africa, SCA라는 비영리 단체를 설립했다. 설립 당시 SCA의 주요 목표는 '놀라운 일을 해내는 아프리카 여성 소프트웨어 엔지니어들의 이야기'를 널리 알리는 것이었다. 그래서 페이스북에 가입하고 여성 개발자 친구들을 인터뷰하기 시작했다. 그들의 이야기가 화제를 일으키자, 에이다는 IT 관련 웹사이트인 미디엄Medium을 비롯해 여러 채널로 발을 넓혔다. 나중엔 인터뷰 대상자들과 그들을 고용하고 싶어 하는 사람들 간에 중계자로 나섰다. 아울러 훈련 캠프와 각종 모임을 주최하는 역할도 맡았다. 2023년 현재, 쉬 코드 아프리카는 아프리카 15개국에 걸쳐 만 명 넘는 회원을 두고서 연결의 힘을 사방에 알리고 있다.[14]

관대한 연결자들이 세상에 미치는 영향력은 아무리 강조해도 지나치지 않다. 내가 몸소 겪어 봤다. 나는 1993년에 미국 이주를 알아보다가 한 출판 학회에서 서니 베이츠Sunny Bates라는 여성을 만났다. 그녀는 내가 만났던 누구와도 비교할 수 없을 만큼 사람들을 척척 연결해 준다. 그 덕분에 미국에서 출판업을 시작하기가 훨씬 수월했다. 몇 년 뒤 나더러 TED 콘퍼런스를 알아보라고 강력히 권한 사람도 그녀였다. 그러니 TED의 인과적 역사 어딘가에는 서니 베이츠가 있다.

소개하고 연결하고 한데 모으는 것. 이게 바로 우리의 인적 네트워크를 넓히는 방법이다. 네트워크가 풍성할수록 공유된 아이디어와 자원과 영감을 통해 파급효과가 더 크게, 더 멀리 뻗어 갈 수 있다.

사소하고도 특별한 환대

나는 어렸을 때 운 좋게도 아프가니스탄에서 몇 년 살았다.

그때만 해도 아프가니스탄이 전쟁으로 시달리지 않던 시절이라, 우리 가족은 숨 막히게 아름다운 곳들을 두루 여행할 수 있었다. 그런데 장엄한 바미안 계곡이나 푸르른 반디 아미르 호수보다 훨씬 더 기억에 남는 것은 그곳 사람들의 따뜻한 환대였다. 생판 모르는 사람들이 허름한 집으로 우리를 들여서 달콤한 차를 대접하곤 했다. 그들은 따스한 정을 베풀 뿐, 따로 뭔가를 요구하지 않았다. 차 한 잔이라는 선물이 별거 아닌 것 같지만 오랜 세월이 흐른 지금도 내 기억에 생생하게 남아 있다. 격렬한 뉴스 보도를 수십 년이나 접한 후에도 여전히 내 마음속에선 이런 목소리가 울린다. "아프가니스탄 사람들은 세상에서 가장 친절하다니까."

나만 그런 게 아니다. 9·11 테러 이후, 갓 부임한 영국 외교관 로리 스튜어트Rory Stewart는 20개월 동안 이라크와 아프가니스탄 전역을 돌아다녔다. 그는 길에서 만난 사람들 집에 머물며 낯선 이들의 친절에 무척 감동했다고 적었다. 실제로 그 덕에 목숨을 구하기도 했다.[15]

아프간에서 살았던 경험상, 환대는 여행자들이 마주하는 위험에 대한 대응책이 아닐까 싶다. 지형이 험난할수록 사람들이 더 따뜻하게 대접하는 게 아닐까. 실제로 중동의 험난한 산과 드넓은 사막에서 환대는 가장 깊이 간직된 가치 가운데 하나다.

아울러 이슬람의 핵심 가치이기도 하다.

환대를 표현하는 방식은 지역마다 다르지만, 사람들은 대체로 환대를 당연한 도리이자 즐거움으로 여긴다. 2016년, 덴마크 사람들의 휘게hygge가 세계적 현상으로 자리 잡았다. 휘게는 아늑하고 편안하고 행복한 상태를 상징하는데, 흔히 친구들이나 이웃 사람들과 모닥불을 피워 놓고 정겹게 휴식을 취하는 모습을 떠올리면 된다. 휘게를 지지하는 사람들은 이것을 인생에서 가장 심오하고도 단순한 즐거움으로 여긴다. 오늘날 휘게는 덴마크인들뿐만 아니라 누구나 알고 또 즐길 수 있는 환대의 한 형태다.

《인간의 보편성Human Universals》이라는 탁월한 책에서, 인류학자 도널드 브라운Donald Brown은 환대를 지금껏 연구했던 모든 문화에서 공통으로 관측된 수백 가지 인간 행동 중 하나로 기록하고 있다.[16] 어디서나 관측되고 또 그토록 즐겁다면, 환대를 관대함의 한 형태로 볼 수 있지 않을까? 물론이다. 환대에 필요한 비용은 차치하고라도, 친구들이나 향후 친구로 발전할 수 있는 사람들을 초대하려면 수고를 들여야 한다. 그보다는 평소 즐기는 TV 시리즈의 다음 에피소드를 보는 게 훨씬 편하다.

실제로 시간과 관심에 대한 요구가 점점 늘어나는 시대에 환대를 베풀고 싶은 욕구가 줄어드는 게 아닌가 우려스럽다. 10년 전에도 가이 트레베이Guy Trebay는 《뉴욕타임스》 기사에서, 바쁜 일정과 휴대용 기기의 보편화로 전통적인 만찬 모임이 위협받는다고 적었다.[17] 참으로 안타깝다. 환대는 관대함과 인간애를 표출할 핵심 수단이다. 이런저런 이유로 환대가 위축되면 삶이 더 서글퍼지고 초라해진다.

그렇다면 환대는 관대함을 퍼뜨리는 데 어떻게 기여할 수 있을까? 이번엔 인터넷이 필요하지 않다. 환대는 서로 연결되고 싶어 하는 우리의 깊은 본능을 이용한다. 그리고 환대를 경험할 때마다 보답하고 싶은 욕구가 생긴다. '멋진 만찬을 베풀어 주셔서 감사합니다. 다음엔 우리 집에 모실게요.'

그런데 우리의 만남을 훨씬 더 강력하게 만들 방법이 있다. 사람들은 모이면 흔히 최신 정치 쟁점을 놓고 열띤 대화를 나누거나 가족과 집안 이야기로 가볍게 수다를 떤다. 그것도 좋다. 하지만 어느 시점에서 대화가 각자의 주장이나 실없는 농담에서 벗어나 더 깊은 연결로 전환된다면, 완전히 새로운 단계로 나아갈 수 있다. 재클린과 나는 단일한 대화 주제를 놓고 만나는 저녁 모임을 즐겨 연다. 이른바 제퍼슨식 만찬Jeffersonian Dinners으로, 모든 테이블을 하나로 연결해서 빙 둘러앉아 한 가지 주제를 놓고 이야기꽃을 피운다.

모임을 효과적으로 주최할 방법에 관해서는 제프리 워커

Jeffrey Walker의 TED 강연을 포함해 다양한 자료가 있다. 아내와 나는 일단 사람들이 마음을 열게 한 뒤, 자기주장을 내세우기보다 감정을 나누도록 돕는다. 십여 명이 저녁 내내 주고받을 수 있는 대화 주제로는 가령 다음과 같은 것들이 있다.

- 최근에 경험한 일 가운데 희망을 느꼈던 일은 무엇인가?
- 남들은 신경 안 쓰지만 당신이 보기엔 지금 몹시 염려스러운 일은 무엇인가? 우리가 거기에 어떻게 대응할 수 있을까?
- 미처 생각하지 못했던 무언가 또는 누군가에게 고마움을 느꼈던 적이 있는가?
- 당신 자신을 위해서, 가족을 위해서, 지역사회를 위해서, 온 세상을 위해서 당신이 꿈꾸는 일은 무엇인가?
- 더 많이 지원해야 한다고 보는 분야는 무엇인가?

이러한 모임은 사람들을 깊이 연결해 주고 새로운 인맥을 쌓게 해 주며 새로운 계획을 도출할 수 있게 해 준다. 물론 직장에서도 회의를 소집해 이러한 질문을 안건으로 올릴 수 있다. 하지만 누군가의 집에 모여 식사하면서 이야기할 때는 완전히 다른 느낌이 든다. 이는 고대로부터 내려오는 의식으로, 우리를 하나로 묶어 주고 서로를 위해 그 자리에 있고 싶게 한다.

만찬 모임은 놀라운 파급력으로 이어질 수도 있다. 가령 제임스 메디슨James Madison 대통령은 전임인 토머스 제퍼슨 대통령의 단일 대화 모델single-conversation model을 본받아 1787년 여러 주의 대표단과 일련의 만찬을 주최했다. 여기서 중요한 통찰력을 얻고 인맥을 쌓아서 결국 미국 헌법 초안까지 완성하게 되었다.

파급효과를 일으킬 인상적인 모임을 주최하고 싶으면, 통찰력이 풍부한 프리야 파커Priya Parker의 TED 강연에서 아이디어를 얻어 보라. 손님을 초대해 차 한 잔 대접하는 것으로 그치더라도 당신의 관대한 행동은 오랫동안 그들의 기억에 남을 것이다.

예술적 재능

자, 드디어 음악가, 화가, 사진작가, 연예인, 작가 같은 예술가들과 남다른 창의성을 지닌 사람들이 실력을 발휘할 차례다.

선구적 예술가 릴리 예Lily Yeh는 아쉬운 것 없이 다 누리며 살고 있었다. 미대 교수로 명성을 떨쳤고 유명한 갤러리에서 전시회도 여러 차례 열었다. 어린 아들을 키우며 화목한 가정도 꾸렸다. 그런데도 무언가가 빠진 것 같았다. 그녀는 코넬대학교에서 열렸던 TEDx 강연에서 "마음 한쪽이 늘 공허했어요"라고 말

했다.[18]

그러던 차에 인생을 바꿔 줄 만한 사람을 만났다. 무용가이자 안무가인 아서 L. 홀Arthur L. Hall이 그녀에게 다가와 필라델피아의 버려진 땅에서 지역 예술 프로젝트를 진행하자고 제안했던 것이다. 릴리는 당시 심정을 이렇게 회상했다. "흥미를 느끼긴 했지만 두려운 마음이 앞섰습니다. 별다른 자원도 없었고 지역 사회를 위해 야외에서 작업해 본 경험도 전혀 없었거든요. 슬며시 발을 뺄까 했지만, 거울 앞에서 겁쟁이를 마주하고 싶지 않았습니다. 그래서 참여하기로 했죠."

지역 예술 프로젝트는 '예술과 인문학이 꽃피는 마을'을 조성하자는 목표로, 마을 어른들과 아이들이 릴리와 합심하여 나무를 심고 다채로운 조각품과 모자이크 조형물을 세워서 멋진 예술 공원을 완성했다. "아이들과 함께 작업하면서 어른들의 신뢰를 얻었습니다. 도중에 이런저런 실수도 저질렀지만, 제대로 완성했을 땐 우리의 목소리를 낼 수 있었죠. 신선하고 진정성이 느껴졌어요."

버려졌던 땅이 마법처럼 예술 공원으로 바뀌자 다른 동네에서 구경 오는 사람들이 많았다. 릴리는 곧 공공 미술에 전념하게 되었다. 빈곤과 억압과 오염된 환경에 찌든 사람들을 돕고자 미술 작품을 함께 만들며 지역 건축 환경에 아름다움을 부여했다. 이러한 활동 덕분에 케냐에서 갤러리를 운영하는 엘리모 엔자우Elimo Njau, 필다 엔자우Philda Njau 부부와 창의적 협력 관계를 맺고, 케냐 나이로비 외곽의 거대한 쓰레기장 옆 빈민가인 코로고초에서 새로운 작업을 시작했다. "밝게 채색된 작품들이 하나 둘 생겨나면서 마을 분위기가 바뀌더군요. 이 마을을 지키고 또 축복하기 위해 버려진 채석장 꼭대기에 천사 조각상을 세워 놓자, 사람들은 기운이 넘쳤습니다."

릴리 예는 엔자우 부부와 10년 넘게 파트너십을 유지하면서 공공 미술 프로젝트를 꾸준히 진행했다. 그리고 그간의 작업을 통해 깊은 깨달음을 얻었다. 공공장소를 아름답게 꾸미는 과정에서 공동체가 치유되고 변화된다는 것이다. "그것은 모닥불처럼 빛과 온기와 희망을 선사하며, 주변 사람들에게 동참하라고 손짓합니다."

릴리 예의 여러 작품은 관대함의 마법을 멋지게 구현한 사례다. 사람들은 당연히 기본적인 의식주를 해결할 돈과 보건 서비스가 필요하다. 하지만 그게 다가 아니다. 우리는 아름다움과 경이로움, 웃음과 초월성도 갈망한다. 예술적 재능을 지닌 사람들은 이러한 가치를 타인에게 선물할 수 있다. 릴리 예는 성공한 예술가로서 명성과 금전적 보상을 마음껏 누릴 수도 있었으나, 그런 것들에 얽매이지 않고 낙후된 공동체에 아름다움을 선사하고자 헌신하는 길을 택했다. 그러한 노력으로 무엇을 이룰 수 있는지 거듭 확인한 그녀는 이렇게 말했다. "우리 시대의 폭력적 에너지를 친절의 문화로 바꿀 수 있습니다."

전 세계적으로 이러한 형태의 관대함을 보여 주는 사례들이 있다. 2020년 영국 글로스터의 세인트 마크 스트리트에는 우중충한 연립주택이 늘어서 있었다. 팬데믹 초기에 지역 예술가 타쉬 프루트코Tash Frootko가 집들을 청록색, 레몬색, 에메랄드그린 등 다채로운 색으로 칠해서 거리 전체를 다시 디자인하자고 제안했다.[19] 집주인들과 임차인들이 그 아이디어를 반기면서 거리는 극적으로 바뀌었다. 입소문이 퍼지자 주변 동네들도 변화를 모색했다. 타쉬는 인접한 세 개 거리의 외벽을 채색해 글로스터에 '무지개 거리'를 조성했다.

다른 예술가들도 방치된 공간을 아름다운 예술품으로 탈바꿈시켜서 지역사회를 넘어 수많은 사람을 매료시키고 있다. 프랑스 리옹에서 에메멤Ememem이라는 예술가는 도로의 움푹 팬 곳과 벽의 갈라진 틈 등 '도시 구조에 생긴 상처들'을 섬세하고 화려한 모자이크로 메우는 작업을 조용히 수행하고 있다.[20] 그녀의 작품은 도시 환경과 완벽하게 조화를 이루는 동시에 생생한 색상과 패턴으로 사람들의 눈길을 사로잡는다. '파손된 부분을 수선하고, 그것을 밟고 지나는 사람들의 마음을 치료하겠다'

라는 에메멤의 목적은 이루어졌다.

뉴욕에 있는 싱 포 호프Sing for Hope라는 NGO 단체는 누구나 연주할 수 있도록 뉴욕을 비롯한 세계 여러 도시의 공원과 길모퉁이, 지하도에 화려하게 꾸민 피아노 수백 대를 설치했다.[21] 뉴요커들은 거리 한복판에서 뜬금없이 시작되는 피아노 연주에 바쁜 걸음을 멈추곤 한다. 한 행인은 이렇게 말했다. "누군가가 앉아서 연주를 시작하자마자 사람들은 걸음을 멈추고 빙 둘러섭니다. 그 순간 공동체 의식이 싹트게 되죠."

팬데믹 기간은 많은 음악가에게 고달픈 시기였다. 그래도 사람들을 매혹하고 이어 주는 음악의 힘을 알기에, 아마추어와 프로에 상관없이 음악가들은 가장 고립되고 외로운 사람들에게 시간과 재능을 기부했다. 피렌체가 코로나19로 철저하게 봉쇄되었을 때, 오페라 테너인 마우리치오 마르치니Maurizio Marchini는 자기 집 발코니에서 시민들을 위해 세레나데를 불렀다. 그의 공연은 트위터에서 450만 조회 수를 기록했다.[22] 또한 영국 루이섬에서 색소폰 연주자 클로이 에드워즈우드Chloe Edwards-Wood와 기브 어 송Give a Song이라는 음악가 집단은 격리된 주민들이 창문 너머로 지켜볼 수 있도록 길거리 공연을 펼쳤다. 그들이 연주한 밥 말리Bob Marley의 〈쓰리 리틀 버즈Three Little Birds〉, 마사 앤 더 반델라스Martha & the Vandellas의 〈댄싱 인 더 스트리트Dancing in the

Street〉는 일부 주민들을 눈물짓게 할 만큼 인기가 많았다고 한다.

음악가는 아니지만 남들의 음악을 널리 퍼뜨려 세상을 감동시킨 사람들도 있다. 파키스탄 남부 와지리스탄에서 음악은 늘 사람들을 연결해 주고 갈등을 해결하는 유용한 도구였고, '아탄attan'이라는 민속춤은 단결을 기반으로 사람들을 하나로 모아 주었다. 그런데 2005년 파키스탄 탈레반이 이 지역을 장악하면서 음악 공연이 금지되었다. 와지리스탄의 가수 막수드 레만Maqsood Rehman은 알자지라 방송과 한 인터뷰에서 이렇게 말했다. "그러자 그 문화가 서서히 사라지고 달dhol(드럼) 소리도 잦아들게 되었습니다."[23]

탈레반이 축출된 2016년 이후에도 음악을 공연하고 문화를 되살리는 것은 여전히 어려운 일이었다. 그런데 스물두 살 난 와히드 나단Waheed Nadan이 이런 보수적 분위기에 반기를 들었다. 휴대폰 가게를 운영하는 와히드는 페이스북과 유튜브에 음악을 올리는 단순한 행위로 와지리스탄 음악가들과 청중을 연결해 주었다. 그의 유튜브 영상 중 일부는 수십만 조회 수를 기록했다. 와지리스탄의 한 음악가는 알자지라 방송에서 이렇게 말했다. "와히드의 가게인 '아만 모바일 존'은 남부 와지리스탄 출신 음악가들을 위해 엄청난 일을 해 주었습니다. 남부 와지리스탄을 위해 노래를 부른 것은 우리지만, 그 음악을 사람들에게 전해 준 것은 바로 와히드입니다."

관심을 기울이고, 다리를 놓고, 지식을 공유하고, 사람들을 소개하고, 모임을 주최하고, 예술적 재능을 펼치는 것. 이 여섯 가지 유형의 기부는 돈을 들이지 않고도 친절한 행동으로 멋진 연쇄반응을 일으킬 잠재력이 있다. 당신이 제공할 수 있는 시간과 에너지에는 한계가 있을 테지만, 관대함의 전염성에 불을 붙이는 데는 그리 많은 시간과 에너지가 필요하지 않다. 기회의 순간이 왔을 때 당신은 선뜻 그 불을 당길 것인가?

7장

친절에 날개를 다는 법

관대한 행동 가운데 영향력이 거의 없는 것과 전 세계에 파장이 미치는 것 간에 차이점은 무엇일까? 모든 게 이 점에 달려 있다! 관대함을 퍼뜨리려면, 일단 사람들이 알아차리게 해야 한다. 안타깝게도 우리는 관심사가 편향되어 있다는 심리적 결함을 안고 산다. 온갖 종류의 위협과 미심쩍은 행동처럼 우리 자신이나 가족에게 해를 끼칠 만한 것들에만 촉각을 곤두세운다. 반면에 선한 이야기는 흐뭇하긴 하지만, 알다시피 딱히 급하진 않다.

미디어 업계 출신으로서 나는 이 산업이 직면한 딜레마를 줄곧 지켜보았다. 중요한 쟁점은 흔히 복잡하고 대단히 위협적이다. 대학의 혁신을 촉진하는 정책에 관한 1면 기사는 "이민자들이 몰려온다!"라고 외치는 타블로이드판 헤드라인보다 관심을 덜 받고, 당연히 그 기사를 실은 신문은 덜 팔리게 된다.

소셜 미디어 알고리즘은 미디어 거물인 루퍼트 머독Rupert Murdoch 같은 타블로이드 신문 소유자들이 주도한다. 즉 공격적으로 의견을 피력하는 사람들, 자기와 다르게 생각하는 이들을 끔찍한 위험으로 묘사하는 사람들을 내세워 대중의 관심을 사로잡는 게 그들의 기본 원리다. 위협, 분노, 혐오는 사람들의 이목을 확 끌만큼 흥미진진한 반면, 진지하고 선량한 이야기는 지루하다.

그렇다면 선한 이야기를 지루하지 않게 만들면 어떨까? 관대한 행동으로도 사람들을 소름 돋게 하고, 그 이야기를 널리 공유하는 동시에 똑같이 행동하고 싶게 만드는 것이다. 어떻게? 여기엔 딱히 정해진 규칙은 없다. 독특하면서도 진정성 넘치는 친절한 행위는 어떤 것이든 사람들의 상상력을 사로잡을 잠재력이 있다. 하지만 그 힘을 활용해 파급효과가 일어나도록 하려면 조금 다른 접근 방식이 필요하다.

가령 사람들이 입소문을 내고 싶어 할 만한 친절한 행동이 있다고 하자. 그 행동을 전해 들은 10명이 평균 9명에게 전달한다면, 그 뉴스는 서서히 사라질 것이다. 하지만 그 소문이 조금 더 전염성을 띠게 되어 10명이 평균 11명에게 전파한다면, 곧 바이러스처럼 퍼져 나갈 것이다. 어딘가에서 자비의 나비가 날개를 퍼덕이면 저 멀리에서 친절의 허리케인이 몰아칠 수 있다.

당신의 행동이 단순한 친절에서 전염성 강한 관대함으로 도약하도록 도와줄 다섯 가지 실천 방안을 살펴보자.

감정에 말을 걸라

인터넷 입소문의 상당 부분은 분노와 두려움이 주도한다. 그렇긴 하지만 강력한 감정은 뭐든 퍼지기 마련이다. 그러니 놀라움, 흥분, 호기심, 경이로움, 연민, 영감에도 문을 열어 주면 어떨까? 파급력을 지닌 관대함의 멋진 사례 가운데 상당수는 사람들에게 깊은 감동을 선사하는 행동이다.

미스터비스트MrBeast로 통하는 지미 도널드슨Jimmy Donaldson은 이 기술에 통달한 사람이다. 그의 유튜브 채널은 구독자가 3억 명을 넘어섰고, 그는 유튜브에서 가장 막강한 인플루언서 중 한 명으로 등극했다. 도대체 어떻게 했기에 이런 경지에 올랐을까? 물론 수년간 피나는 노력을 기울였다. 십 대 시절 그와 친구들은 유행하는 동영상을 몇 시간씩 보면서 편집 스타일, 자막,

섬네일 이미지 등을 꼼꼼히 분석했다. 그 과정에서 얻었던 가장 큰 통찰은 감정을 불러일으키라는 점이었다.

지미는 이러한 통찰을 이용해서 새로운 영상 제작 아이디어를 고안했다. 즉 낯선 사람들에게 무작위로 깜짝 놀랄 만큼 관대한 행동을 베푸는 것이다. 그는 자동차, 집, 10만 달러짜리 수표, 심지어 개인 섬까지 선물로 제공하면서 사람들의 놀라워하는 표정을 영상에 담는다. 〈시각 장애인 1000명이 난생처음 앞을 보게 되다1000 Blind People See for the First Time〉라는 영상에는 미스터비스트의 후원으로 백내장 수술을 받은 시각 장애인들이 나온다. 그들이 눈을 떠 사랑하는 사람을 처음 보고서 놀라고 기뻐하는 모습은 참으로 흐뭇하고 감동적이다.

하지만 이런 식의 성공은 비판을 불러오기도 했다. 백내장 수술 영상을 본 일부 시청자들은 그런 방법으로 불평등한 공공 의료 서비스의 근본 문제를 해결하지 못한다고 분노했다. 또 미스터비스트가 홍보를 위해 출연자들의 고통을 이용한다고 비난하기도 했다.

물론 자선 행위가 신중하게 이루어지지 않으면 선을 넘어갈 수 있다고 본다. 최근에 카메라가 돌아가는 동안 갑자기 나타나서 얼핏 관대해 보이는 행동을 하려 드는 사람들의 이른바 '친절 동영상'이 잇따라 등장했다. 예를 들어 2022년 마리Maree라는 이름의 오스트레일리아 여성이 낯선 사람에게 꽃다발을 받고서 눈물을 글썽이는 모습이 영상에 찍혔다.[1] 꽃다발을 준 사람은 그 모습을 고스란히 촬영하고 나서야 자리를 떴다. 이후에 그 영상은 틱톡에서 6000만 조회 수를 넘어섰다.

마리는 그 일로 이용당했다는 느낌을 받았고, 지역 라디오 방송국과 한 인터뷰에서 이렇게 말했다. "그는 내 조용한 시간을 방해했고, 나한테 양해를 구하지도 않고 영상을 촬영해서 올렸습니다. 별것도 아닌 일을 대단하게 포장해서요. 아마 그걸로 엄청난 돈을 벌고 있을 겁니다."

감정은 확실히 설득력이 있어서 착취적인 방식으로 이용될 수도 있다. 하지만 미스터비스트의 경우에는 다음과 같은 몇 가지 이유로 이러한 비판이 타당하지 않다고 생각한다.

- 그가 유튜브에서 번 돈은 모두 또 다른 관대한 행동에 재사용된다. 그는 수익을 전부 나눠 주겠다고 약속했다.[2]
- 위 친절 동영상 사례와 달리, 그는 수혜자들을 존중하는 방식으로 영상을 만든다.
- 그가 베푼 호의는 진짜다. 가령 그의 후원 덕분에 시각 장애인 1000명이 실제로 시력을 회복했다. 이는 앞으로 제도적 변화를 통해 더 많은 장애인이 눈을 뜰 수 있는 계기가 될 것이

다. 일례로 인도의 아라빈드안과병원은 백내장 수술을 대규모로 시행할 방법을 찾아내, 도움이 필요한 수백만 환자를 무료로 치료해 주고 있다. 미스터비스트의 영상은 저비용 수술로 누군가의 삶을 바꿀 수 있다는 사실을 널리 알림으로써 제도적 변화를 촉진하는 데 영향을 미칠 수 있다. 관대한 행동을 더 나은 방식으로 할 수 있었다는 이유로 그 행동이 이룬 좋은 성과를 무시해서는 안 된다.

- 그의 채널에 대한 반응으로 볼 때, 미스터비스트는 그야말로 수백만 명에게 삶에서 관대함이 차지하는 역할에 대해 영감을 주었다. 이 점이 가장 중요하다. 그렇다면 그도 구독자 수를 늘리려고 사람들을 즐겁게 하고 감정을 자극하는 방법을 활용했을까? 물론이다. 하지만 그런 점은 칭찬받아야 할 일이다. 그는 관대함이 어떻게 전염될 수 있는지 제대로 보여주었다. 다만 앞으로 좀 더 신중한 목적을 갖고 관대한 행동을 펼쳐 나간다면 더할 나위 없이 좋을 것이다.

실제로 그는 조 로건Joe Rogan의 팟캐스트에서 이렇게 말했다. "사람들을 돕는 일을 좋아합니다! 너무나 즐겁거든요! (…) 나는 입소문을 퍼뜨리고 조회 수를 올리는 재주가 있고, 그 재주를 제대로 활용해서 나중에 자선단체를 세우고 싶습니다."

감정에 호소하는 콘텐츠가 강력하게 활용되는 사례는 수없이 많다. 저널리스트가 운영하는 인스타그램 계정인 '굿 뉴스 운동Good News Movement'은 선의에서 나온 감동적인 행동을 소개해 500만 팔로워들을 기쁘게 한다. 2023년 2월 터키와 시리아 지진 당시, 시리아의 한 소녀가 오빠를 감싸고 있는 모습을 담은 사진이 계정에 올라왔다. 아동 생존자들을 돕기 위한 '세이브 더 칠드런 긴급 구호 기금'을 안내하는 이 게시물은 24시간 만에 '좋아요'를 30만 개 가까이 받았다. 이 외에도 겁에 질린 승객의 손을 잡아 주는 승무원이나 야생동물을 돕겠다고 나선 어린 소녀 등 일상의 영웅들을 보여 주는 동영상도 다수 게시되어 있다. 이런 작은 선행들이 전 세계 사람에게 순식간에 퍼질 수 있는 것은 참으로 아름다운 일이다. 이를 통해 우리가 동료 인간을 대하는 방식이 달라질 수 있다.

물론 관대함이 감정에만 얽혀 있지는 않다. 앞서 논의했듯이, 감정에 호소하는 이타심은 우리를 잘못된 방향으로 이끌 수도 있기 때문에, 성찰적 사고로 지혜롭게 풀어 나가야 한다. 그렇다 해도 감정적 화력이 뒷받침되지 않으면 관대한 행동은 마땅히 받아야 할 관심을 못 받게 된다.

상상을 뛰어넘는 창의성을 발휘하라

익숙한 행동은 눈에 잘 띄지 않는다. 남다른 상상력과 재주를 부려야 사람들의 이목을 끈다.

도쿄 거리의 쓰레기 문제로 골치 아파하던 일단의 친구들이 기발한 아이디어를 냈다.[3] 그들은 단순히 거리로 나가서 쓰레기를 치우는 대신에 어떻게든 눈에 띄는 방식으로 그 일을 하기로 했다. 그래서 사무라이 전사 복장을 하고 연기력을 발휘해 쓰레기 줍는 모습을 극적으로 표현했다. 빈 병에 검을 푹 찔러 넣는가 하면, 등에 짊어진 바구니에 쓰레기를 휙 던져 넣었다. 그 모습을 담은 영상이 유튜브와 틱톡에서 수백만 조회 수를 기록하고, 또 일본 전역에서 그들의 행동을 모방해 '쓰레기 줍는 사무라이'를 뜻하는 '고미 히로이 사무라이Gomi Hiroi Samurai'에 많은 사람이 합류했다. 창의성을 가미하자 쓰레기를 줍는 평범한 행동이 멋진 공연으로 바뀐 것이다.

이는 거리 예술가 겸 활동가이자 TED 펠로우인 문다노Mundano 에겐 익숙한 주제다. 브라질에 기반을 둔 문다노는 스프레이 페인트로 상파울루 거리를 칠하면서 마주친 '이름 모를 영웅들'에게 관심을 기울였다.[4] 포르투갈어로 넝마장수를 뜻하는 카타도르catador는 생계를 꾸리고자 카로사carroça, 즉 수레를 끌고 다니며 재활용품을 수거한다. 그들이 쓰레기 수거로 받는 보수는 극히 미미하지만, 브라질에서 이루어지는 재활용의 90퍼센트를 책임지고 있다.

문다노는 카타도르의 노고를 존중해야 한다고 생각했다. 여기에 자신의 예술적 재주를 활용하기로 다짐하고서, 그들의 카로사를 멋진 디자인으로 화려하게 색칠한 뒤 대담한 문구까지 적어 넣었다. "나는 재활용에 앞장선다! 내 카로사는 환경을 오염시키지 않는다!"

몇 년 만에 문다노는 여러 도시에서 200개나 되는 카로사를 멋지게 꾸며 주었다. 그런데 여기서 멈추지 않고 자신의 프로젝트를 더 밀어붙이기로 했다. 전 세계 2000만 명에 달하는 넝마장수들을 격려하고 지원하고자 '핌프 마이 카로사Pimp My Carroça', 즉 '내 카로사를 개조하라'라는 뜻의 크라우드 펀딩 캠페인을 시작했다. 1000명 넘는 펀딩 참여자들과 800명에 달하는 자원봉사자들의 도움을 받아 이 캠페인은 브라질의 세 도시에서 출범했다. 카타도르들은 안마, 치과 치료, 이발을 포함한 의료 서비스와 보호 장비를 지원받았다. 그들의 카로사는 화려하게 채색되었고 경적과 백미러도 갖추었다.

얼마 지나지 않아서 핌프 마이 카로사 프로젝트는 다른 나라로 퍼져 나갔다. 문다노는 이렇게 말했다.

"좋은 취지에 예술과 유머를 가미했더니 사람들의 관심이 확 쏠리더군요. 카타도르들은 이제 길거리뿐만 아니라 소셜 미디어와 대중매체에서도 유명해졌습니다. (…) 그들은 편견에 맞서 싸울 수 있고, 소득도 늘어났으며, 사회와 더 활발하게 교류합니다."

기존에 있던 것을 새롭게 재구성하는 능력도 창의성이라 할 수 있다. 가족 중에서 가장 어린아이들이 가장 창의적이라는 사실은 전혀 놀랍지 않다. 주목받기 위해서 그들에겐 선택의 여지가 없다. 그와 마찬가지로, 우리가 제작해서 파는 제품이나 오락 프로그램도 가장 창의적인 것들이 가장 성공한다. 심지어 정치 지도자들도 창의성을 조금 더 발휘하면 막강한 추진력을 얻을 수 있다.

1995년, 안타나스 모쿠스Antanas Mockus가 콜롬비아 보고타의 시장으로 당선되었을 당시에 보고타는 굉장히 어려운 시기를 보내고 있었다. 살인율과 교통사고 사망률이 치솟았고 수도 시설과 위생 서비스가 망가졌으며 부정부패가 만연했다. 모쿠스 시장은 강력한 법을 제정하고 무장 경찰력을 동원하여 대응할 수도 있었다. 하지만 예술가 기질이 다분한 그는 다른 방식을 택했다.[5]

모쿠스는 친사회적 행동을 장려하고자 기발한 아이디어로 사회적 실험을 감행했다. 교통사고 사망률을 줄이려고 400명에 달하는 무언극 배우를 고용해서 교통법규 위반자들을 조롱하는가 하면, 법규를 준수하는 택시 운전사들에게 '얼룩말 기사단Knights of the Zebra'이라는 특별 클럽에 가입하라고 권했다. 보행자가 차에 치여 사망한 장소엔 커다란 별을 그려 놨다. 살인율을 낮추기 위해, 시민들에게 풍선을 터뜨려 분노를 표출해 달라고 요청했더니 5만여 명이 호응했다. 물 부족 문제를 해결하려고, 짧은 시간에 샤워를 끝내는 영상에 직접 출연하기도 했다. 그는 슈퍼맨 스타일의 망토를 입고서 자신을 '슈퍼 시민'이라고 불렀다.

그의 대담한 조치는 다소 엉뚱해 보이긴 해도 확실히 효과가 있었다. 모쿠스가 시장으로 재임하는 동안 물 사용량이 40퍼센트나 감소했다. 살인율은 70퍼센트나 떨어졌고 교통사고 사망률도 50퍼센트 이상 감소했다. 그가 시민 참여를 주창한 결과, 6만 3000명이 자발적으로 세금을 10퍼센트씩 추가 납부했다.[6] 모쿠스는 집단적 리더십과 '생명 존중'에 헌신하는 슈퍼 시민을 자처함으로써 보고타에 이러한 가치를 심어 주었다. 그의 말을 인용하자면, "수백만 시민이 합심하여 이러한 성과를 거둘 수 있었다."

공공 정책은 관대함과 마찬가지로 흥미를 불러일으키기 어려운 주제지만, 모쿠스 덕분에 사람들의 관심을 사로잡았다. 그의 행동은 도시의 화젯거리였다. 착한 일을 지루하지 않게 만들고 싶다면, 우리도 이와 비슷한 수준의 상상력을 발휘할 수 있어야 한다.

가장 강력한 형태의 창의성을 한 가지 꼽으라면 유머가 아닐까 싶다. 사람들을 웃게 하면, 그들의 관심을 끌 수 있을 뿐만 아니라 냉소적 태도를 누그러뜨릴 수 있다. 2014년 ALS(루게릭병) 아이스 버킷 챌린지가 입소문을 타고 성공할 수 있었던 가장 큰 이유도 유머일 것이다. 유명인들이 이 캠페인에 지지를 표하는 영상은 확실히 마음을 따뜻하게 했다. 하지만 캠페인이 널리 퍼진 이유는, 얼음물을 뒤집어쓰면서 캠페인에 동참하라고 친구들 이름을 부르는 모습이 재미있었기 때문이다. (뭔가 아쉬운 점이 있다고? 일부 비평가는 이 캠페인이 요란하게 짖기만 했지 제대로 물어뜯지 못했다고 생각한다.[7] 하지만 이 캠페인으로 결국 1억 달러 이상 모금했고 ALS 환자들의 고충을 널리 알렸다. 나는 뻔한 인터넷 밈보다 전염성을 지닌 '덜 완벽한' 관대함에 한 표를 주겠다.)

11월November엔 콧수염mustache을 기르자는 뜻으로 이름 붙인 '모벰버 운동Movember movement'은 더 많은 참여를 끌어냈다. 다소 별나긴 하지만 남성 건강에 관한 대화를 촉발하고자 해마다 11월엔 콧수염을 기르라고 권장한다. 유머가 가미된 이 운동은 입소문을 타고 순식간에 퍼졌고, 전립선암과 고환암 같은 남성 질

환 예방을 위해 18개월 만에 10억 달러 이상 모금했다.⁸

유머와 창의성은 누구나 활용할 수 있는 도구다. 한 시간 정도 할애해서 멋진 아이디어를 짜낸다면 관대함을 단발성 행사에서 흥미진진한 파급효과를 일으킬 창의적 프로젝트로 탈바꿈시킬 수 있다.

뼛속까지 용기를 내라

행운의 여신은 용감한 자를 총애한다. 관대함의 세계에서는 더더욱 그렇다.

음악가 대릴 데이비스Daryl Davis는 아프리카계 미국인으로, 어렸을 때부터 단지 피부색 때문에 자기를 싫어하는 사람들이 있다는 게 의아했다. 그러다 문득 그 이유를 직접 알아보기로 마음먹고 로저 켈리Roger Kelly라는 남자에게 연락했다. 큐 클럭스 클랜Ku Klux Klan, 일명 KKK단의 메릴랜드주 지부를 운영하는 사람이었다. 데이비스는 켈리에게 한 모텔 방에서 만나자고 청했다. 데이비스가 비서와 함께 그곳에 도착하자 켈리가 자신의 경호원과 함께 나타났다. 켈리는 자신이 만나려던 사람이 흑인인지 몰랐다.

말할 필요도 없이 엄청난 긴장감이 흘렀다. 어느 시점엔 누군가가 총을 장전하는 줄로 확신하고 다들 벌떡 일어났다. 하지만 그 소리는 쿨러에서 얼음이 부딪히는 소리였다. 인종은 반드시 분리되어야 한다는 켈리의 확신에 데이비스는 몸서리를 쳤지만, 그래도 두 사람은 또 만나기로 하고 헤어졌다. 다음엔 데이비스의 집에서 만나기로 했다. 두 사람의 만남은 계속 이어졌다. 데이비스는 심지어 KKK단 집회에 참여하겠다는 약속까지 했다.

이들의 묘한 관계는 CNN이 관심을 보이고 관련 내용을 보도하면서 널리 알려졌다.[9] 그렇다면 두 사람을 이어 준 것은 무엇일까? 그 고리는 바로 누구도 감히 하지 못했던 일을 선뜻 감행한 데이비스의 용기였다. 그가 용기를 내 준 덕분에 켈리는 마침내 KKK단을 떠났고 데이비스와 평생 친구가 되었다. 그리고 도저히 메울 수 없는 간격에도 굴하지 않고 다가간 데이비스의 사례에 그야말로 수백만 명이 영감을 받았다. 1200만 이상 조회수를 기록한 TEDx 강연에서, 데이비스는 이렇게 말했다.

"무지는 두려움을 초래합니다. 우리는 잘 모르는 것들을 두려워하죠. 그 두려움을 이겨 내지 못하면, 두려움은 결국 증오를 낳습니다. 우리를 위협하는 것들을 미워하기 때문이죠. 그 증오를 억제하지 못하면, 증오는 결국 파멸을 초래합니다."[10]

이 이야기는 6장에서 언급했던 '다리 놓기'에 해당한다. 데이비스는 마음 깊은 곳에서 용기를 냈기에 수많은 사람에게 영감을 줄 수 있었다.

용기는 다양한 형태로 나타난다. 순식간에 확 타오를 수도 있고 느리지만 꾸준히 타오를 수도 있다. 일례로 말리 출신의 한 남자는 4층 발코니에 대롱대롱 매달려 있는 아기를 구하겠다고 건물 외벽을 타고 올라갔다.[11] 그 모습을 담은 동영상은 소셜 미디어를 순식간에 달구었다. 한편 영국 그림즈비의 한 교사는 코로나19 첫 봉쇄 기간에 불우한 학생들에게 1만 5000끼의 식사를 배달하려고 1500킬로미터를 걸었다.[12]

힘에 부친 일을 꾸준히 하려면 관대함에 도전 정신까지 곁들여야 한다. 코로나19가 영국을 강타했을 때 톰 무어Tom Moore 대위는 아흔아홉 살로, 몹시 노쇠해서 지팡이 없이는 걷기도 힘들었다. 그런데도 NHS(국민보건서비스)를 어떻게든 돕고 싶었다. 큰돈을 기부할 여유는 없었으나 시간과 기운은 남아 있었다. 그래서 독특한 모금 행사를 기획하여 100번째 생일 전까지 자신의 정원을 100바퀴 돌겠다고 선언했다.[13] 며칠에 걸쳐서 치열하게 노력해야 가능한 일이었다. 진정한 용기가 필요했고 그 일을 해낼 수 있을지 확신이 서지 않았다. 하지만 얼빠진 노인네 소리는 듣고 싶지 않았다.

이 계획이 지역 신문에 소개되자 금세 소셜 미디어에서 입소문을 탔다. 궁지에 몰린 NHS 의사들과 간호사들을 돕겠다는 일념으로 느리지만 꿋꿋하게 정원을 걷는 나이 든 참전 용사의 모습에 사람들은 깊이 감동했다. 그의 캐치프레이즈 '내일은 좋은 일이 생길 거야'는 인터넷 밈이 되었고, 그는 〈당신은 결코 혼자 걷지 않을 것이다You'll Never Walk Alone〉라는 응원가의 녹음 작업에 초대받았다. 100번째 생일날, 무어는 정원 100바퀴 돌기에 성공했을 뿐만 아니라 16만 장에 달하는 축하 카드를 받았으며 싱글 차트 1위에 오른 최고령자가 되었다. 곧이어 기사 작위도 받았다.

그의 원래 목표는 1000파운드, 한화로 170만 원 정도를 모금하는 것이었다. 그런데 관대함이 전염성을 띠게 되면 상황이 어떻게 흘러갈지 아무도 알 수 없는 법이다. 총 모금액은 자그마치 3200만 파운드(한화로 540억 원)로 늘어났다.

무어 대위는 애초에 모금을 시작한 계기가 되었던 질병으로 세상을 떠났다. 하지만 많은 사람을 구하는 데 힘을 보탠 뒤 인생의 마지막 장을 마감했다. 그의 용기와 투지는 가장 어두웠던 시기에 수백만 명에게 희망을 불어넣었다.

관대한 행동은 뭐가 됐든 의미가 있다. 하지만 용기를 내서 감행한 행동은 훨씬 더 큰 영향을 미칠 수 있다. 용기는 두렵지 않다는 뜻이 아니다. 사실 두렵지 않으면 용기를 낼 필요도 없다. 용기는 결국 두려움을 극복한다는 뜻이다. 용기를 낼 수 있다면, 당신도 세상을 바꿀 파급효과를 일으킬 수 있다.

창의성과 용기를 결합하면 어떤 일이 벌어질까? 이를 묘사할 멋진 단어가 있다. 바로 **담대함**audacity이다. 담대한 꿈은 관대함을 끌어당기고, 담대하고도 관대한 행동은 전염될 수 있다. 12장에서 이 개념을 자세히 살펴볼 것이다.

협업을 도모하라

협력은 쉬운 일이 아니다. 하지만 누군가가 협력할 방법을 알아내면 인간의 의도를 엄청나게 증폭시킬 수 있다. 1에 1을 자꾸 더하다 보면 수백만까지 늘어날 수 있다.

전 세계 여느 도시와 마찬가지로, 로스앤젤레스에서도 코로나19 팬데믹으로 봉쇄되었을 때 색다른 의식이 생겨났다. 날마다 저녁 8시만 되면 사람들이 현관으로 나가거나 창밖으로 몸을 내밀고서, 일선에서 고생하는 의료진에게 감사를 표하고자 프라이팬을 두드리며 소리를 질렀다.

그래미상을 받은 록밴드 오케이고OK Go는 그 광경에서 영감을 얻었다.[14] 밴드 맴버들이 각자 원격으로 공연하면서 〈이젠 다 함께All Together Now〉라는 뮤직비디오를 제작했다. 이 노래로 얻은 수익은 모두 글로벌 자선 의료 단체인 파트너스 인 헬스Partners In Health에 기부했다. 오케이고의 리드 보컬인 다미안 쿨라시Damian Kulash는 이렇게 말했다.

"끔찍한 비극을 겪는 와중에도 좋은 일이 생길 수 있다는 생각이야말로 지금 우리에게 어둠 속의 한 줄기 빛입니다. 불안과 씨름할 때는 한 가닥 희망도 소중합니다. 우리는 그 희망을 키우고 나누고 싶습니다."

가사는 세상 모든 사람이 연결될 수 있다고 노래한다.

겉으로 보기엔 그대로인데
모든 게 영원히 변해 버렸어.

지구상 모든 곳에서
한 사람 한 사람
존재하는 모든 이들이
이젠 다 함께

이 노래에 깊이 감동한 어느 고등학교 교사가 쿨라시에게 연락해 자기네 학교 합창단을 위해 악보를 보내 줄 수 있는지 물었다.[15] 그러면 격리된 상태에서도 함께 공연할 수 있을 테니까. 그녀의 요청을 받고 쿨라시는 멋진 아이디어를 떠올렸다. 그는 전 세계 음악가들과 집단 참여 영상을 제작할 목적으로 음악을 무료로 공개하기로 했다. 그리고 세인트토머스대학교의 놀이학습연구소와 파트너십을 맺고 현악 오케스트라, 성가대, 관악단 및 온갖 종류의 합주단을 위한 편곡을 완성했다. 예술가들과 애니메이터들은 누구든 색칠할 수 있는 애니메이션 프레임을 제작했다. 그런 다음 영상에 들어갈 아트 콘텐츠를 만들고 싶은 예술가들과 학생들을 모집했다.

반응은 폭발적이었다. 1만 5000개에 달하는 작품이 모였다. 그것들을 애니메이션으로 제작하고 편집하고 믹싱하느라 엄청난 노력을 기울여야 했지만, 마침내 참으로 감동적인 여섯 편의 뮤직비디오, #ArtTogetherNow 시리즈가 탄생했다. 쿨라시는 이렇게 말했다. "이것은 우리의 버전이 아닙니다. 그들의 버전입니다."

이 프로젝트를 살펴보면 모든 단계에 관대함이 깃들어 있다. 먼저 오케이고는 자기 음악을 선뜻 제공했고, 또 프로젝트를 기획하고 조직하는 데 엄청난 시간을 투자했다. 각 단계마다 여러 파트너가 힘을 보탰다. 그리고 멋진 프로젝트에 동참하겠다고 신청한 1만 5000명의 시간과 창의성도 어우러졌다.

물론 인터넷이 없었다면 그 어떤 것도 가능하지 않았을 것이다. 콘텐츠가 출중하면, 웹은 진한 감동을 일으킬 수 있다. 12개국 185명의 가수가 등장하는, 에릭 휘태커Eric Whitacre의 첫 번째 가상 합창 영상을 보고 나는 결국 눈물을 훔치고 말았다. 이것이야말로 인터넷이 발명된 이유라 할 수 있다.

인터넷은 전혀 예상치 못한 곳에서도 협력을 가능케 한다. 케이팝 보이 밴드 BTS는 2013년에 활동을 시작하여 일약 스타덤에 올랐다. 2020년 무렵엔 세계에서 가장 많이 팔리는 아티스트가 되었고 2년 연속 IFPI 올해의 글로벌 음반 아티스트 상을 받았다.[16] 빌보드 핫 100에서 1위를 차지한 최초의 한국 밴드이기도 하다. 그들의 글로벌 팔로워는 실로 어마어마해서, 세계적으로 1억 명에 달하는 팬이 소셜 미디어에서 활동하고 있다.

아미ARMY라고 알려진 이 팬층은 참으로 놀랍다. 주로 Z세대인 아미는 소셜 미디어 알고리즘을 능숙하게 활용해서 BTS 해시태그와 영상을 홍보한다. 그게 다가 아니다. 엄청난 규모를 자랑하고 경쟁을 좋아하는 특성상, 아미는 소셜 미디어의 위력을 이용해 온라인과 오프라인 세상을 더 좋은 곳으로 만들고 있다.

BTS의 매력 가운데 하나는 고통을 덜어 주겠다는 확고한 약속과 실천이다. 그들은 청소년들의 정신 건강과 행복을 노래하고, 유니세프와 협력하여 아동 폭력에 맞서 싸우는 것으로도 유명하다. BTS는 팬들과 역동적이면서도 공생적 관계를 맺고서 서로 영감을 불어넣는다. BTS가 흑인의 목숨도 소중하다는 뜻의 '블랙 라이브즈 매터Black Lives Matter' 운동에 100만 달러를 기부하자, 아미도 '100만 달러를 맞추자'라는 뜻의 #MatchAMillion 해시태그를 사용하여 약 24시간 만에 그만한 금액을 모아서 기부했다. BTS와 UNICEF가 취약한 젊은이들에게 희망과 자기 돌봄의 메시지를 퍼뜨리고자 #LoveYourselfBTS 라는 해시태그를 내놓자, 아미는 그걸 1100만 번 리트윗했다.

이 팬들은 오프라인에서도 활발하게 활동한다. 환경보호에 앞장선다고 알려진 정국과 RM의 생일을 축하하고자 세계적으로 나무 심기 운동을 펼쳤다.[17] 그리하여 수천 그루의 자생 수목이 필리핀, 한국, 브라질에 심어지면서 밴드 멤버들의 이름을 딴 새로운 숲이 조성되었다.[18]

이전엔 불가능했던 협업이 인터넷 덕분에 가능해졌다. 대규모 오픈 소스open source(소스 프로그램이 공개되어 자유롭게 수정하고 재배포할 수 있는 프로그램—옮긴이) 소프트웨어들은 이러한 현상을 보여 주는 훌륭한 사례다. 지미 웨일즈Jimmy Wales는 정보 분야에서 그 같은 일을 해냈는데, 자원봉사자 수천 명이 백과사전 항목 수백만 개를 편집하는 위키피디아Wikipedia의 놀라운 성공을 이끌었다. 내가 위키피디아를 전염성 강한 관대함의 사례로 생각하는 게 옳은지 물었을 때 지미는 이렇게 대답했다.

"그야 당연하죠! 만약 당신이 위키피디아에서 어떤 모호한 문서를 개선하느라 네 시간을 할애한다면, 훗날 우연히 당신의 소소한 선물을 마주하고 미소 지으며 누가 애써서 이렇게 멋지게 다듬어 놨을지 궁금해할 호기심 어린 독자를 떠올릴 겁니다. 게다가 이 일 자체가 재미있습니다. 다른 똑똑하고 흥미로운 사람들을 만나서 관심 분야를 놓고 함께 작업하니까요."

이러한 정신은 인터넷에서 두루 찾아볼 수 있다. 국제 위기 지도 제작자 네트워크International Network of Crisis Mappers는 160개국 이상에서 협력하고 데이터를 공유하는 9600명의 전문가로 구성된 자원봉사 단체다.[19] 그들의 목표는 재난을 예측하고 관련 데이터를 크라우드 소싱crowd sourcing(대중의 참여를 통해 해결책을 얻는 방법—옮긴이)하여 민간인을 보호하는 것이다. 주로 정책 입안자, 기술자, 연구자, 기자, 해커 등이 활동한다. 다들 자기 시간을 조금씩 할애해 헤아릴 수 없을 정도로 가치 있는 자원을 만들어 낸다. 아울러 이 커뮤니티에 속한 개개인의 노력은 또 다른 이들의 동참을 자극한다.

관대한 행동을 떠올릴 때마다 다른 사람들을 어떻게 끌어들일지 생각해 볼 필요가 있다. 크라우드 펀딩 캠페인은 모두 이러한 사례다. 최근 몇 년 사이에 페이스북 그룹이나 유튜브 채널에서 자연스럽게 생겨난 수많은 기부 모임도 마찬가지다.

협업이 항상 쉽지는 않으며, 때로는 역효과를 초래할 수도 있다. 당신이 수년에 걸쳐 신중하게 구축한 조직을 운영한다면, 다른 조직과 쉽게 협업하기 어려울 수 있다. 누가 무엇을 책임질 것인가? 역할을 분명히 하지 않으면 금세 혼란스러워져서 의도와 다르게 흘러갈 수 있다. 어떻게 분담해서 처리할지 처음부터 명확히 정하고 시작해야 한다. 그게 핵심이다.

하지만 협업을 이끌어 낼 현명한 방법을 찾기만 한다면 당신의 영향력은 크게 늘어날 것이다. 혼자 애쓰다 소리소문없이 사라지는 것보다 훨씬 생산적일 수 있고, 협업하는 과정에서 더 큰 성취감을 맛볼 수도 있다. 일이 힘들 땐 다른 사람들과 짐을 나눠서 지고, 술술 풀릴 땐 함께 기뻐할 수 있다.

그러니 관대함을 전염시킬 협업 방법을 고민해 보자. 앞 장에서 말했듯이 어떤 주제를 놓고 저녁 모임을 주최하는 식으로 시작할 수도 있다. 이번엔 지역사회 현안이나 글로벌 문제 등 손님들이 각자 논의하고 싶은 주제를 꺼내 놓도록 해 보라. 그런 다음 그룹 전체가 관심을 둘 만한 사안이 무엇인지 모두에게 물어보라. 적어도 한 가지 이슈가 사람들의 상상력을 자극할 가능성이 크다. 그 이슈를 해결하기 위해 다 같이 할 수 있는 일이 무엇인지 브레인스토밍하라. 가령 지역 비영리 단체에서 함께 자원봉사를 하자고 결정할 수도 있다. 각자 특정 분야를 맡아서 한 이슈를 더 깊이 조사하자고 계획할 수도 있다. 다들 얼마씩 모아서 공동 기부를 기획할 수도 있고, 세상에 유익한 밈이나 이야기를 온라인에서 널리 퍼뜨리는 일에 함께 참여하자고 합의할 수도 있다. 또는 지역사회의 결핍 가정을 돕는 일에 협력할 수도 있다.

그 과정에서 진정한 변화를 일으키고 유대감을 키울 아이디어를 도출하게 될지도 모른다. 우정을 돈독하게 하는 데엔 공통된 대의만큼 좋은 게 없다. 관대한 협업은 독서 모임처럼 멋진 사교 활동이 될 수 있다! 시간이 지나면서 사람들을 더 받아들여 기부 모임으로 발전시킬 수도 있다. 사라 로멜린Sara Lomelin은 TED 강연에서 활발하게 활동하는 기부 모임들을 소개하며 그런 모임을 기획하고 운영하는 팁을 자세히 알려 주었다. 그리고 다음과 같은 도전 과제를 제시했다.

"동네마다 이슈마다 커뮤니티마다 열정적인 자선가들로 이루어진 기부 모임이 있다면 얼마나 좋을까요? 답답한 세상에서 함께 자선 활동을 펼쳐 보세요. 더 나은 미래를 향한 희망이 차오를 겁니다."

증폭기를 활용하라

앞서 살펴봤듯이, 초기 노력을 증폭시키기 위해 초연결 시대의 도구를 활용하면 엄청난 파장이 일어난다. 존 스위니는 커피 한 잔을 선물했다가 전 세계에 커피 선물 운동을 일으켰다. 살칸은 개인 교습 영상을 올렸다가 교육 나눔에 헌신하는 조직을 설립했다. 에이다 엔두카 오이옴은 기술 분야에서 아프리카 여성들을 연결하는 데 그치지 않고 이런 일을 대규모로 실현할 플랫폼을 구축했다. 이러한 증폭기를 만들 수 있다면 당신의 영향력을 완전히 새로운 차원으로 끌어올릴 수 있다. 가령 다음과 같은 사례를 참고하라.

- 타인을 돕는 구체적 방식에 초점을 맞춘 소셜 미디어 그룹
- 특정 이슈에 관심 있는 사람들을 연결하는 웹사이트
- 도움 요청이나 조언 제공을 쉽게 할 수 있게 만든 앱
- 크라우드 펀딩 캠페인
- 당신이 관심을 둔 대의에 앞장서는 조직

이 같은 노력은 대다수 사람이 가진 자원을 넘어서는 일일 수 있다. 우리가 모두 엔지니어나 기획자나 사업가는 아니지만, 이

런 가능성을 열어 둔다고 해가 되지는 않는다. 나와 가까운 곳에서 시작해 얼마나 크고 넓게 뻗어 갈 수 있는지 살펴보라. 이러한 움직임을 구축하는 도구는 점점 더 좋아지고 있다. AI는 지식과 창의성을 선별하고 창출할 새로운 가능성을 제공한다. 때로는 적절한 때에 적절한 곳에 가서, 도움을 주고 싶어 하는 동지 몇 명만 찾으면 된다. 나는 infectiousgenerosity.org라는 웹사이트에서 이러한 가능성을 꿈꾸는 사람들을 위한 자료를 모으고 있다.

별것 아닌 선의가 누군가를 구한다

감정, 창의성, 용기, 협업, 증폭기는 각각 그 자체로 강력하지만, 이 모든 게 합쳐지면 실로 엄청난 힘을 발휘할 수 있다. 친절한 행동이 주목을 받고 전 세계에 영감의 물결을 퍼뜨리는 데 필요한 연료를 공급할 수 있다. 에이미 울프Amy Wolff의 이야기는 여기에 딱 맞는 사례다. 아울러 전문 지식이 없어도 한 개인이 어떻게 강력한 캠페인을 벌일 수 있는지 보여 준다.

2017년 봄, 대중 연설 코치인 울프는 오리건주 뉴버그에서 청소년 자살률을 접하고 큰 충격을 받았다.[20] 통계치를 보니 정말

기가 막혔다. 하지만 그녀는 정신과 의사나 심리치료사가 아니었다. 고통스러운 현실 앞에서 도대체 무엇을 할 수 있었을까? 울프는 나중에 〈사운즈 굿Sounds Good〉이라는 팟캐스트에서, 자신이 아무 자격도 없다고 느꼈지만, "그저 누군가 나서 주길 기다리는 대신 직접 뭔가를 하기로 굳게 다짐했다"라고 말했다.

그보다 몇 년 전, 울프는 엉뚱한 생각을 했다. "이혼 절차를 밟고 있거나 중독을 이겨 내고 있는 사람을 응원하기 위해 '포기하지 마세요'라는 문구가 적힌 표지판을 떠올렸습니다. (…) 만약 내가 혼란을 겪거나 트라우마나 번민에 사로잡혀 있는데, 출근길 어딘가에서 나를 격려해 주는 표지판을 마주친다면 어떨까?!"

뉴버그의 자살 통계치는 울프가 떠올렸던 아이디어를 행동에 옮기는 데 필요한 촉매제였다. 그녀는 브레네 브라운에게 영감을 받아서 '당신은 할 수 있어요' '당신은 사랑받기에 충분한 사람입니다' 같은 사랑과 희망과 용기의 메시지를 담은 표지판 스무 개를 주문했다. 그런 다음 이 표지판을 차에 싣고 남편과 두 딸을 데리고 집을 나섰다. 뉴버그 주민들에게 표지판을 마당에 세워 달라고 부탁할 작정이었다. 울프는 차를 몰면서도 '이건 정말 말도 안 되는 아이디어야'라고 생각했다.

하지만 그 생각은 틀렸다. 울프네 가족이 만난 낯선 사람들은 모두 그 표지판을 원했다. 몇 시간 뒤 지역 소셜 미디어 채널이 폭발했고, 다른 사람들도 자기네 마당에 표지판을 세우고 싶다고 했다. 울프는 표지판 제작자로 변신해 웹사이트를 만들고 새로운 표지판 주문을 받았다. 이는 금세 글로벌 운동으로 발전하여 미국의 모든 주와 전 세계 24개국에서 주문이 쏟아졌고, 지금도 이어지고 있다.

표지판이 끼친 긍정적 영향에 관한 메시지가 울프의 편지함에 쏟아져 들어왔다. 한 남자는 실제로 자살을 시도할 장소로 가던 길에 '포기하지 마세요'라고 쓰인 표지판을 보았다. 그는 그길로 집에 돌아가 가족에게 우울증을 앓고 있다는 사실을 토로했다. 한 마약 중독자는 운전하고 가다가 '하얗게 빛나는 물체'를 보았다. 가까이 다가가서 보니, '당신의 실수가 당신을 정의하지 않는다'라고 쓰인 표지판이었다. 그는 바로 재활 시설을 예약했다.

울프는 이 운동을 주도하면서 한 푼도 벌지 못했다.[21] 그 표지판은 대가를 바라지 않고 베푼 친절로, '세상 모든 이들을 위한 구호'였다. 이러한 조건 없는 친절은 베푼 사람과 받은 사람 모두에게 깊고도 보편적인 욕구를 채워 주는 듯하다.

이 프로젝트를 시작하는 데엔 감성 지능과 용기, 창의성과 협력, 영향력을 확대하기 위한 굳센 노력이 필요했다. 그것들을 촉매제 삼아서 참으로 멋진 글로벌 운동이 생겨났다. 이 책을 읽는 모든 독자가 참여할 수 있는 또 다른 멋진 촉매제가 있다. 이에 관해 다음 장에서 설명하겠다.

8장

착한 뉴스를 전파하라

앞 장에서 나는 사람들이 어떻게 관대함을 일으키고 또 퍼뜨리는지에 관한 사례를 두루 소개했다. 그런데도 당신은 여전히 의구심을 품고 있을지 모른다. 날마다 접하는 뉴스는 세상이 도무지 올바른 방향으로 흘러가지 않는다는 회의감을 강화시킨다. 현재 주류 미디어와 소셜 미디어에서 묘사되는 세계는 대체로 암울하다. 정치, 기술, 범죄, 문화, 그리고 무엇보다도 무섭고 위험한 미래까지 모든 것이 위협적으로 보인다.

물론 세상이 진짜로 비참하고 잔인한 곳이라면 실상을 알고 살아가는 게 더 나을지 모른다. 하지만 세상이 정말로 이렇게 돌아가고 있을까? 실제 데이터를 살펴본 사람 중 상당수는 그렇게 생각하지 않는다.

스티븐 핑커의 2018년 걸작 《지금 다시 계몽》은 전쟁 감소, 범죄 감소, 빈곤 감소, 대규모 사회 발전, 수명 연장 등 측정 가능한 삶의 거의 모든 측면에서 인류가 이뤄 낸 진보를 공들여 기록하고 있다. 2023년 초, 나는 그에게 최근 상황 때문에 그러한 주장을 철회하고 싶은지 물어봤다. 그는 그렇지 않다면서 다음과 같은 글을 보내 왔다.

"인간의 진보는 단순한 주장이 아니라 사실입니다. 최근 코로나19와 푸틴의 전쟁 도발로 차질이 생기긴 했지만, 그 기조는 여전히 이어지고 있습니다. 좌절은 일시적이며, 그간에 이루어진 진보의 흐름을 거스르지 못합니다. 가령 수십 개 국가에서 질병을 뿌리 뽑거나 감소시켰고, 사형제도와 아동 결혼과 동성애 금지를 폐지했습니다. 또 생태적으로 민감한 지역을 보호하거나 복원하고, 대기오염과 수질오염을 줄이고, 여성과 성전환자의 권리를 보호하고, 전기와 깨끗한 물과 학교에 대한 접근성을 확대하고, 화석 연료 사용을 크게 줄였습니다. 게다가 일시적 좌절은 우리에게 진보가 무엇인지 다시금 상기시켜 줍니다. 개선의 동력이 약해지는 곳은 어디든 진보가 중단되거나 역전되기 때문에, 우리는 현실을 파악하고 개선해 나가도록 더 노력해야 합니다."[1]

나는 핑커의 말에 동의하지만, 날마다 보고 듣는 이야기는 자꾸 그렇지 않다고 외쳐 댄다. 그렇다면 오늘날 미디어 환경이 왜 이렇게 어둡고 비관적인지 잠시 살펴보도록 하자.

미디어 스토리텔링의 불편한 진실

저널리스트로 일하던 시절, 나는 주요 언론사의 뉴스 피드를 바탕으로 세계 뉴스를 요약했다. 각 기사는 언론사가 추정한 중요도에 따라 라벨로 표시되었다. 예를 들어 연합통신은 그날의 가장 큰 뉴스로 생각되는 항목에 '속보' 라벨을 붙였다. 문득 언론사가 어떻게 그런 결정을 내리는지 의문이 들었다. 한 나라의 중요한 정치적 사건과 다른 나라 유명 인사의 행동을 어떻게 비교할 수 있겠는가? 그래서 나는 이러한 기사들을 계속 추적했고, 얼마 지나지 않아서 일정한 패턴을 찾아냈다.

아주 개략적으로 말해서, 세계 주요 뉴스로 꼽히려면 폭탄 투하나 비행기 추락처럼 극적이거나 폭력적인 방식으로 100명 넘게 사망해야 한다. 그런데 여기엔 몇 가지 미묘한 지점이 있었다. 아이들이 연루되면 사망자 수가 그보다 적어도 주목받았다. 반면에 멀리 떨어진 나라의 홍수 같은 자연재해가 세계적 관심을 끌려면 훨씬 더 많은 사람이 죽어야 했다.

얼핏 보면 꽤 합리적으로 들릴 수 있다. 어쨌든 비행기가 추락해서 100명 넘는 사람이 죽었다면 충격적인 일이니까. 슬퍼하는 가족들을 보면 우리의 가슴도 미어진다. 그와 같은 사건은 며칠 동안 주요 뉴스로 오르내릴 수 있다.

하지만 여기엔 더 넓은 맥락이 배제되어 있다. 당신은 내가 지금 무슨 말을 하려는지 잘 모를 것이다. 모든 원인을 고려할 때 지구상에서 날마다 17만 명 넘는 사람이 사망한다.[2] 비행기 추락 사고는 그중 1퍼센트에서도 17분의 1을 차지한다. 아마 당신은 질병이나 자연적 원인에 따른 죽음이 그다지 흥미롭지 않다고 말할지도 모른다. 그럴 수도 있다. 하지만 17만 명에 달하는 죽음의 거의 모든 경우, 어딘가에는 슬픔에 잠긴 가족이 있다. 당신이 엄마라면 비행기 추락으로 자식을 잃든 일반적인 질병으로 자식을 잃든 슬픔의 크기는 똑같지 않겠는가?

그렇다면 인간의 고통을 줄이려는 노력이야말로 주요 뉴스가 되어야 마땅하다. 한 가지 예를 들어 보자. 1990년, 수십 년간 이어진 개발원조와 의료 발전에도 불구하고 날마다 3만 5000명 넘는 아이들이 사망했다. 영양실조를 막고 예방 가능한 아동 질병을 퇴치하는 데 일생을 바친 사람들의 영웅적 노력 덕분에 지금은 그 수가 1만 4000명 이하로 줄었다.[3]

나는 묻고 싶다. 당신이 세상에 대해 알아야 할 더 중요한 사실은 무엇인가? 어제 비행기 추락 사고로 100명이 사망한 뉴스인가, 아니면 세상이 예전과 똑같이 돌아갔다면 어제 죽었을 뻔한 아이들 2만 1000명이 여전히 살아 있다는 뉴스인가?

우리가 스스로 판단할 데이터조차 제대로 제공하지 않는다는 점에서 주류 언론을 비난하지 않을 수 없다. 물론 그들에게 악의적 의도는 없다. 오히려 그 반대다. 뉴스 편집자들은 흥미로운 방식으로 소음 속에서 신호를 감별하는 자신들의 능력에 자부심을 느낀다. 그들은 사람들의 상상력을 사로잡을 수 있는 놀라운 본능을 갖고 있다. 하지만 그와 동시에 다음의 두 가지 강력한 왜곡 요인에 영향을 받는다.

- **인지 편향: 나쁜 것이 좋은 것보다 더 강하다**

인간은 누구나 기회보다 위험에 더 주의를 기울이도록 설계되어 있다. 우리는 복잡하고 별난 존재다. 극적으로 나아지기보단 심하게 나빠지기가 훨씬 쉽다. 담벼락에 앉은 험프티덤프티Humpty-Dumpty(영국 전래 동요에 나오는 달걀 모양의 주인공으로, 담벼락에서 떨어져 깨진다—옮긴이)는 시야를 개선할 기회가 수없이 많겠지만, 그보다는 단 한 번의 추락 위험에 주의를 기울이는 편이 더 현명할 것이다. 한때 우리를 위협했던 위험 중 상당수는 사라졌지만, 위험에 민감한 태도는 인간의 기본 심리로 자리 잡았다.

로이 바우마이스터Roy Baumeister와 동료들이 2001년에 발표한 사회심리학 논문의 제목은 〈나쁜 것이 좋은 것보다 더 강하다〉였다.[4] 이는 여러 심리학 분야에서 삶의 어두운 면이 좋은 면보다 더 강하고 오래 영향을 미친다는 점을 보여 주었다. 정성껏 키워 준 공은 흔히 잊히지만 어린 시절의 상처는 평생에 걸쳐 남을 수 있다. 이익은 환영받지만 손실은 그 이상으로 우리를 갉아먹는다(그런 점에서 손실 회피는 우리의 관대함을 방해하는 강력한 요소다). 우리의 주의를 사로잡는 문제에 관한 한, 무섭고 위험하고 불쾌한 것이 대체로 고귀하고 희망적이고 친절한 것을 능가하기 마련이다.

심리학자 릭 핸슨Rick Hanson은 이렇게 말한다. "뇌는 부정적 경험에는 벨크로 접착제와 같고 긍정적 경험에는 테플론 코팅제와 같다." 그 점이 무척 성가시지만, 일단 알고 나면 어떻게든 떨쳐 내려고 시도할 수 있다.

- **시간 편향: 좋은 일은 천천히 일어나고 나쁜 일은 빨리 일어난다**
인간 본성의 복잡성은 세상에도 똑같이 적용되며, 좋은 것과 나쁜 것 사이의 또 다른 묘한 비대칭으로 이어진다. 우주의 본래 상태는 혼돈이다. 좋은 일이 일어나게 하려면 시간이 걸린다. 일반적으로 좋은 일은 여러 사람의 노력이 합쳐져서 만들어진다. 이를테면, 한 발명가가 중요한 문제를 해결할 아이디어를 떠올리고 흥분한다. 그는 기업가와 팀을 이뤄서 선견지명이 있는 투자자들에게 자금을 조달하고 함께 일할 팀원을 모집한다. 10년 뒤, 수많은 사람의 삶이 개선된다. 하지만 그 과정에서 뉴스 편집자가 "특종이다!"라고 소리치는 순간은 단 한 번도 없다.

휴대폰을 예로 들어 보자. 이 작은 기기는 수십억 명의 삶에 이익을 가져다주고 (때로는 해를 끼치면서) 세상을 완전히 바꿔 놓았다. 하지만 1973년 4월 4일, 세계 최초로 '무선' 전화기가 공개되었을 때 《뉴욕타임스》는 그 기사를 57쪽 하단에 실었다.

세상을 바꿔 놓은 또 다른 예로 페니실린이 있다. 페니실린은 알렉산더 플레밍Alexander Fleming이 1928년에 발견했다. 《뉴욕타임스》는 12년이 흐르고 나서야 처음으로 〈지금까지 발견된 가장 강력한 살균제로 알려진 새로운 비독성 약물〉이라는 조그마한 표제를 붙이고서 다시 57쪽에 조그맣게 실었다. 물론 제2차 세계대전이 한창일 때라 편집자들의 관심이 다른 곳에 쏠렸을 수 있다. 하지만 페니실린은 그 전쟁에서 승리하는 데 의미 있는 역할을 했고, 훗날 1억 명 이상의 목숨을 구했을 것으로 추정된다.[5] 이는 전쟁으로 목숨을 잃은 수보다 두 배나 많다. 하지만 거기까지 이르기 위해 수많은 시행착오를 거치면서 개발하고 검사하고 실험해야 했고, 세계 보건 시스템에서 표준 관행으로 인정받아야 했다. 참으로 지루한 과정이다. 하지만 그게 결국 세상을 바꿔 놓았다.

반면에 나쁜 일은 순식간에 벌어질 수 있고 또 순식간에 알려질 수 있다. 설계해서 건설하는 데 10년 걸린 건물이 하루아침에 폭파될 수 있다. 평생 리더십을 발휘한 정치인이 단 한 차례 경솔한 행동으로 파멸할 수 있다. 2000년 동안 축적된 기술의 집약체인 비행기가 번개 한 방에 나락으로 떨어질 수도 있다.

위 두 가지를 종합해 보면 우리에게 커다란 문제가 있음을 알 수 있다. 뉴스 매체들은 주로 '지난 몇 시간 동안 벌어진 가장 극적인 사건은 무엇인가?'라는 질문에 답하는 데 집중한다. 자연스레 세상을 깜짝 놀라게 할 이야기로 관심이 쏠린다.

소셜 미디어는 이를 더 극단으로 밀어붙인다. 이유는 똑같다. 관심을 사로잡는 게시글과 팔로워를 끌어들이는 계정은 흔히 도발적이고 비판적인 내용을 가장 효과적으로 전달하는 곳들이다. 그 결과, 우리는 세상이 적대적으로 돌아간다고 느끼고, 우리와 반대편에 선 집단을 향해 똑같이 적대감을 품게 된다.

물론 불공정, 권력 남용, 미래에 대한 진정한 위협 등 우리가 꼭 알아야 할 나쁜 뉴스가 아주 많다. 하지만 현재의 뉴스 시스템은 온갖 나쁜 소식을 엄청나게 증폭시킬 뿐, 제대로 돌아가는 일도 상기시킴으로써 이를 상쇄하지는 못하고 있다.

참으로 골치 아픈 문제다. 우리의 정체성은 우리 자신에게 들려주는 이야기에 따라 형성된다. 즉 듣는 대로 믿고, 믿는 대로 우리가 누구인지를 결정하게 된다. 그런데 우리는 세상을 실제보다 더 나쁜 곳이라고 믿도록 스스로 속이고 있다. 그것도 아주 효과적으로. 이런 잘못된 믿음 때문에 우리는 덜 신뢰하고 덜 희망적이며, 이 문제를 해결할 수 있다는 생각조차 못 하는 것이다. 본의 아니게 분열과 불신과 역기능으로 우리 자신을 몰아 간다.

우리는 기필코 이 문제를 바로잡아야 한다. 그러한 시도가 이미 진행되고 있다.

더 나은 세상을 전하는 뉴스

점점 더 많은 온라인 소식통이 데이터와 장기적 관점에 기반을 둔 다른 식의 스토리텔링에 전념하고 있다. 그들이 보여 주는 세상은, 여전히 심각한 문제가 있긴 해도 상당한 진전을 이루고 있다.

"21세기 인류의 서사를 바꾸고 싶다면 우리가 들려주는 이야기를 바꿔야 한다"라고 외치는 퓨처 크런치Future Crunch와 "두려움이 아닌 꿈으로 미래를 창조하자"라고 외치는 프로그레스 네트워크Progress Network를 살펴보라. 아울러 굿 뉴스 네트워크Good News Network는 과학과 환경의 발전에 대한 심도 있는 기사와 개인의 따뜻한 사연을 함께 다루고, 솔루션 저널리즘 네트워크Solutions Journalism Network는 문제를 해결하려 애쓰는 사람들에게 관심을 기울인다. 록 밴드 토킹 헤즈Talking Heads의 데이비드 번David Byrne은 '행복할 이유Reasons to Be Cheerful'라는 고무적인 사이트를 개설했다. 여기에 실린 〈우리는 분열되지 않았다We Are Not Divided〉라는 시리즈 기사를 살펴보라. 또한 업워시Upworthy는 '오늘의 가장 멋진 선행'을 공유한다. 이외에도 더 느리고 더 중요하고 더 희망적인 그날의 뉴스를 제공하려 노력하는 신생 미디어가 많이 있다.

이 책이 출간되면, 나는 영향력 있는 100대 뉴스 기관의 편집자들에게 한 권씩 보내서 이 장을 읽고 공개적으로 반응해 달라고 청하고 싶다. 아마도 상당수는 바로 이런 문제로 걱정했다고 말하면서도 결국 팔리는 뉴스는 극적인 사건이라 어쩔 수 없다고 대답할 것이다. 그런 뉴스를 놓치면 그들은 결국 문을 닫게 된다. 하지만 그렇게 되지 않도록 매체들이 취할 수 있는 작은 조치가 수십 가지나 있다. 가령 아래와 같은 방법을 적용한다면 그들의 출판물과 프로그램이 한결 흥미로워질 거라고 본다.

- 날마다 중요한 이슈의 장기적 동향을 보여 주는 데이터 기반의 뉴스를 다루되, 그 데이터의 최종 결과를 알기 전에 내보낸다.
- 전도유망한 발명, 혁신, 아이디어를 소개하는 기사를 발굴하려는 노력을 강화한다.
- 나쁜 뉴스마다 그 맥락을 알 수 있는 데이터를 추가한다. 가령 비행기가 추락했다면, 올해 항공 사고로 사망한 수는 이전 해와 비교해 늘었는가, 아니면 줄었는가? 아이가 실종되었다면, 실종 아동 가운데 몇 퍼센트가 안전하게 발견되는가? 그 추세가 점점 더 좋아지고 있는가, 아니면 나빠지고 있는가?
- 공동체를 위해 좋은 일을 하는 숨은 영웅들의 이야기를 들려

주는 고정 코너를 개설한다.
- '나의 혁신적 아이디어'라는 제목의 정기 칼럼을 추가한다.
- 독자들이 선행 사례를 공유할 수 있는 고정 코너를 추가한다.
- 지난 10년간 벌어진 일 가운데 최근에야 그 중요성이 알려진 사건을 소개하는 '느린 뉴스' 코너를 신설한다.
- 솔루션 저널리즘 네트워크에 일간 소식을 제공해 달라고 요청한다.
- 회사의 강령을 '진정으로 중요한 뉴스'로 재정립하는 것을 고려한다.

오른손이 한 일을 왼손이 알게 하라

위 목록을 보고 나서 '그런 일은 절대로 일어나지 않을 거야. 그들은 바뀌지 않을 거야'라고 생각한다면, **당신이** 나서서 도와줄 수 있다. 이 일엔 누구나 참여할 수 있기 때문이다. 우리 한 명 한 명이 모두 미디어다. 전 세계에서 날마다 관대한 행동이 수백만 건씩 일어나지만, 대부분 눈에 잘 띄지 않는다. 우리가 이러한 행동에 주목하고 그 이야기를 공유한다면, 우리 자신과 동료 시민들에 대한 생각을 바꿀 수 있다.

그런데 한 가지 걸림돌이 있다. 관대한 사람들은 흔히 자기 자랑을 늘어놓고 싶어 하지 않는다. 평소에 오른손이 한 일을 왼손이 모르게 하라고 배웠기 때문이다. 실제로 우리는 선행을 과시하는 듯한 사람을 비난한다. 그러다 보니 관대함을 퍼뜨릴 수 있는 이야기가 화제에 오르지 못한다. 결국 공개적인 대화의 장을 우리의 어두운 본성에 넘겨주게 된다.

이젠 그런 걸림돌을 치워 버리자. 사람들의 관대함, 창의성, 담대함, 협력을 찾아 나서고 적극적으로 알려야 한다. 여기엔 우리가 다른 누구보다 더 잘 아는, 우리 자신의 이야기도 포함된다. 오늘날 격렬한 관심 전쟁 속에서, 우리는 겸손하게 감추기보단 그러한 이야기를 공유할 도덕적 책임이 있다.

공유를 자랑처럼 보이지 않게 할 방법이 있다고 생각한다. 나는 이미 그러한 몇 가지 방법을 공유했다. 무엇보다, 내가 행한 온갖 친절한 행동은 인생의 거의 모든 단계에서 누렸던 행운의 결과였다. 따라서 특별히 자랑할 게 없다. 그저 사람들을 격려할 수 있기를 바라며 전달했을 뿐이다. 이와 같은 마음가짐으로, 당신도 살면서 당신 자신과 주변 사람을 기쁘게 했던 일들을 기꺼이 들려주길 바란다. 그래야 세상을 어둡게 하는 서사의 방향을 바꿀 수 있다.

맥켄지 스콧MacKenzie Scott은 실제로 그렇게 하고 있다. 2019년,

그녀는 아마존 창업자 제프 베조스Jeff Bezos와 이혼하면서 600억 달러에 달하는 재산이 생겼다. 그 직후, "내 부를 창출하는 데 도움을 준 사회에 재산 대부분을 환원하겠습니다. 이 일을 신중하게 실행하고, 곧바로 시작하여 금고가 다 비워질 때까지 계속하겠습니다"라고 약속했다.⁶ 그때부터 해마다 수십억 달러에 달하는 액수를 수십 개 단체에 기부하고 있다. 아울러 각 단체가 반대하지 않으면 기부 내역을 스스럼없이 공개한다. 스콧의 발표는 자기 자랑이 아니다. 오히려 그 반대다. 그녀가 영웅이라고 일컫는 사람들, 즉 변화를 이끌고자 애쓰는 사람들을 축하하는 것이다.

자선 활동을 지켜본 사람들은 스콧의 대담함에 한 번 놀라고, 사회적 기업가들을 기꺼이 신뢰하는 그녀의 태도에 또 한 번 놀란다. 스콧은 돈을 어떻게 쓰는지 끊임없이 실사하거나 수시로 보고하라고 요구하지 않는다. 떠벌리지 않으면서 공개적으로 기부하는 방법이 궁금하다면 스콧의 웹사이트 yieldgiving.com을 살펴보라. 자선 활동에 관한 사려 깊은 에세이도 여러 편 실려 있다. 그중에 그녀가 자신의 나눔에 영감을 준 이들에 대해 들려준 멋진 구절을 소개한다.

대학 시절에 내가 부러진 치아를 의치용 접착제로 고정해

둔 것을 보고 동네 치과 의사가 무료로 치료해 주었다. 새 학기 등록금이 없어 쩔쩔맬 때는 룸메이트가 선뜻 1000달러를 빌려주었다. 그 일로 내 삶에 일어난 변화를 지켜본 그녀가 20년 후에 무슨 일을 하기로 결심했을까? 저소득층 학생들에게 연대 보증인 없이 대출해 주는 회사를 차렸다. 예전에 나를 도와주었듯 그녀가 앞으로 더 많은 학생을 도와주겠다는 꿈을 이루도록 나는 또 얼마나 빨리 나섰을까? 그렇게 학자금 대출로 학업을 마친 수많은 학생은 또 누구를 돕게 될까? 아무도 알 수 없다. 관대함을 표현하는 저마다의 행동이 지닌 가치는 우리가 상상하거나 살면서 확인할 수 있는 수준을 훨씬 뛰어넘는다.[7]

관대함에서 비롯된 선물은 그저 한 개의 선물이 아니다. 그것은 복제라는 잠재력이 있다. 다만 세상이 알아차릴 때만 그 능력이 발휘된다. 그렇다고 익명으로 돕지 말라는 뜻은 아니다. 당신의 역할은 눈에 띄지 않게 하더라도 관대한 행동 자체는 널리 알릴 방법을 찾아보기 바란다.

모든 사람이 훌륭한 예술가나 교사, 활동가, 자선가, 자선단체 설립자가 될 수는 없다. 하지만 누구나 그런 사람들을 알아보고 세상에 알릴 수는 있다. 선행은 우리 주변에서 수시로 일어난다. 우리는 그걸 알아차리고 지루하지 않은 방식으로 공유하기만 하면 된다! 다시 말해, 인간의 친절과 창의성과 용기에, 그리고 우리가 무엇을 할 수 있는지 보여 주는 진정한 인간적 유대에 주의를 기울이면 된다. 어떤 행동이 당신의 관심을 끈다면 틀림없이 다른 사람들도 관심을 보일 것이다.

소셜 미디어는 귀중한 지식을 공유하거나 경이와 지혜와 영감을 퍼뜨리는 계정으로 가득하다. 하지만 그들 중 상당수는 마땅히 받아야 할 관심을 제대로 못 받고 있다. 많은 사람이 그러한 계정을 발굴하고 홍보하는 일에 뛰어든다면 흐름을 바꾸는 데 일조할 수 있다.

예를 들어 매일 온라인에 접속할 때마다 이 장에서 소개한 웹사이트와 infectiousgenerosity.org 중 한 군데 이상 방문하여, 당신의 소셜 미디어에 공유할 만한 긍정적 이야기를 한 가지 이상 골라 보자. 딱히 관대함에 관한 이야기가 아니라도 세상의 긍정적 측면을 다룬 이야기면 된다. 그러면 그 이야기 속 당사자들뿐만 아니라 당신과 연결된 모든 이들에게 선물을 주는 것과 같다. 아울러 세상에 존재하는 서사의 불균형을 바로잡고 우리 자신에 관해 잊어 버릴 뻔한 진실, 즉 인류는 소수가 범하는 악행이 아니라 다수가 행하는 선행으로 정의된다는 사실을 널리 알리게 된다.

관대함을 증폭시킬 때마다 당신은 세상을 더 공정하게 그려 나가는 일을 돕는 것이다. 그러다 보면 우리는 결국 두려움을 떨쳐 내고 더 희망적인 미래로 가는 길이 있다는 사실을 깨달을 것이다.

9장

효율적 이타주의자 되기

지금까지 살펴봤듯이, 가장 감동적인 형태의 관대함 가운데 상당 부분은 사실 돈과 관련이 없다. 만약 당신이 관심을 갖는 형태가 주로 그쪽이라면, 이 장은 건너뛰거나 주머니가 두둑해졌을 때 펼쳐보면 된다.

만약 여전히 이 장을 읽고 있다면, 나는 당신이 현재 안락하게 살아갈 여유가 있고, 또 당신의 관대함을 금전적으로 표출하고 싶어 한다고 가정할 것이다. 어쩌면 당신은 나처럼 현재 자선이 이뤄지는 방식에 썩 만족하지 못할 수도 있다. 한순간 충동적인 결정으로 기부하는 경우가 많기 때문이다. 세상 어딘가에서 재난이 발생하면 끔찍한 장면이 언론을 도배한다. 그러면 우리는 무턱대고 지갑을 연다. 또는 돈이 제대로 쓰일지 잘 따져 보지도 않고 지역사회의 요청에만 집중한다.

티베트 불교에서는 잠시 멈춰서 분석하거나 통찰하지 않고 베푸는 것을 '멍청한 자비'라고 부른다.[1] 멍청하게 자비를 베풀고 싶지 않다면 다음과 같은 현명한 질문을 던져야 한다. 기부를 통해서 무엇을 얻고 싶은가? 그리고 그것을 어떻게 얻을 것인가? 진정한 레버리지, 즉 지렛대 효과를 얻을 길이 있을까? 어떻게 하면 기부를 전염성 강한 관대함으로 바꿔 줄 연쇄효과를 일으킬 수 있을까?

간단히 말해서, 우리에겐 자선 **전략**이 필요하다. 이 장은 그런 전략을 수립하도록 돕기 위해 마련되었다.

선의를 방해하는 의혹들

근본적인 문제는 인간의 상호작용이 대단히 복잡하다는 데 있다. 간단한 거래 경제에서는 모든 게 단순하다. 내가 5달러를 내면 당신은 내게 카푸치노를 준다. 구매자와 판매자 모두 자신이 무엇을 얻을지 안다.

그런데 인간의 고통을 완화하는 문제에서는 상황이 금세 복잡해진다. 거리를 걷다가 노숙자를 마주쳤다고 하자. 그들은 당신이 5달러를 주길 바랄 것이다. 하지만 꼭 그래야 할까? 물론 같은 5달러라도 당신이 카푸치노에서 얻는 즐거움보다 그들에게 훨씬 더 가치 있을 것이다. 하지만 문득 의심이 싹트기 시작한다. 그들은 그 돈을 어디에 쓸까? 내가 괜히 망가진 시스템에 보조금을 주는 꼴이 아닐까? 존엄성을 지켜 주는 게 아니라 의존성을 부추기는 게 아닐까?

그렇다면 돈을 주기 전에 잠시 멈춰서 대화를 나누며 그들의 사연을 들어 보면 어떨까? 어쩌면 그들은 당장 허기를 달래야 할 수 있다. 또는 저렴한 숙소라도 마련하려고 열심히 돈을 모으고 있을지도 모른다. 당신은 그들과 인간적 관계를 형성하여, 그들에게도 당신 자신에게도 존엄성을 안겨 줄 수 있을 것이다. 아울러 그렇게 함으로써 다른 사람들도 같은 행동을 하도록 격려할 수 있을 것이다.

하지만 그러려면 10분은 넘게 걸린다. 그 10분을 차라리 5달러보다 많이 버는 일에 할애했다가 나중에 노숙자를 위한 단체에 더 큰돈를 기부하는 게 나을지도 모른다. 그래선지 우리 중 대다수는 괜히 복잡하게 얽히기보단 그냥 지나치려 한다. 일말의 죄책감을 느낄 수도 있겠으나, 무엇이 옳은 일인지 누가 알겠는가!

기부가 수백 달러나 수천 달러, 심지어 수백만 달러로 커질수록 불확실성은 더욱 높아진다. 돈을 쓰고서 세상이 더 나아지는 모습을 보려 해도 온갖 방해 요소가 끼어든다. 우리 사회와 기술과 경제 체제는 우리가 전혀 의도하지 않았던 엉뚱한 결과를 초래할 수 있다. 때로는 좋은 의도를 수렁에 빠뜨리기도 한다. 이러한 두려움 때문에 기부하려던 사람들은 액수가 크든 작든 멈칫하게 된다. 돈을 내놓는 일은 그만큼 어려운 법이다. 우리의 선의가 실패나 당혹감으로 이어질지 모른다는 생각이 들면 선뜻 주머니를 열 수 없다.

그렇다고 멈추면 안 된다. 위험 부담이 없을 수는 없다. 그 점을 받아들이는 것이 자선 전략을 이해하는 첫 단계다. 우리는 위험을 최소화하고 혜택을 극대화하고자 노력할 수 있다. 실패나 의도치 않은 결과의 위험성이 결코 0으로 되진 않겠지만, 고심해서 노력한다면 설사 실패로 끝나더라도 가만히 손 놓고 있는 것보단 낫다.

올바른 질문을 던지라

자선 활동의 우선순위를 결정하는 현명한 방법은 감정과 이

성 둘 다 동원하는 것이다.

사랑하는 이를 잃거나 극심한 고통에 노출되는 등 살면서 겪었던 사건을 계기로 자선 활동에 참여하는 사람이 많다. 그러한 경험은 베풂을 지속하는 데 필요한 동기를 제공할 수 있다. 관대한 행동을 꾸준히 이어가기란 매우 어려운 일이므로, 자신의 마음을 깊이 움직이는 주제를 쫓아 노력하는 것이 가장 좋은 방법이다.

하지만 감정에만 이끌려선 안 된다. 기부 전략을 현명하게 세우면 관대함의 장기적 영향력이 크게 달라질 수 있다. 철학자 윌리엄 맥어스킬Will MacAskill은 당신의 기부가 기하급수적 효과를 발휘하길 바란다면 다음과 같은 세 가지 질문을 던지라고 조언한다. "이것은 얼마나 큰 문제인가?" "얼마나 방치되었는가?" "어느 정도로 해결 가능한가?"

그런데 던지면 안 될 질문도 한 가지 있다. "이게 내 돈을 사용할 가장 좋은 방법인가?" 여기에 명확한 답을 하기는 어렵다. 다른 사용 방법을 모조리 분석하는 것은 불가능하기 때문이다. 이 질문에 초점을 맞추다 보면, 보나 마나 아무것도 안 하게 된다. 차라리 이렇게 질문하라. "이게 내 돈을 사용할 **괜찮은** 방법인가?" 그렇다고 답할 수 있다면 과감히 실행하라. 당신의 돈을 은행 계좌에 내버려 두느니 세상에 내놓는 게 더 낫다.

당신이 우선순위를 둔 분야에서 활동하는 단체들 가운데 어느 곳이 적임자인지 어떻게 알 수 있을까? 예전엔 종종 실제 수혜자가 기부금을 최대한 받을 수 있도록 간접비가 가장 적게 드는 곳을 선택하라고 조언했다. 하지만 이런 조언은 잘못된 판단으로 이끌 수 있다. 자선단체 활동의 상당 부분은 단순히 기부금을 전달하는 게 아니다. 중요한 서비스를 제공하거나 제도 변화를 촉진하여 삶을 개선하려고 애쓴다. 따라서 단체의 간접비는 흔히 시장가보다 낮은 급여를 받으며 그런 일에 최선을 다하는 사람들에게 지급되는 돈도 포함한다.

지원할 단체를 결정할 때는 그들이 전반적으로 얼마나 효율적인지 살펴봐야 한다. 생명 구조, 고통 완화, 환경보호 등 당신이 중요하게 여기는 지표를 선택한 다음, 기부금 1000달러당 해당 지표에 대한 단체의 전반적 영향력이 얼마나 되는지 계산해보라. 또는 givewell.org나 thelifeyoucansave.org 같은 비교 웹사이트를 활용하라.

국가, 종족, 시대를 넘어서라

위의 두 웹사이트는 피터 싱어Peter Singer와 윌리엄 맥어스킬

등의 글에서 비롯된 '효율적 이타주의Effective Altruism' 운동의 일환이다. 사람들이 관대함에 합리적으로 접근하도록 유도하는 이 운동의 핵심 제안 중 하나는 자선 활동의 수혜자에 대한 시야를 넓히라는 것이다.

많은 경우, 가장 의미 있는 형태의 기부는 지역사회를 상대로 이뤄진다. 이 점에 대해서는 할 말이 많다. 당신은 지역 현안에 대해 잘 알고 있을 가능성이 크고, 돈뿐만 아니라 시간도 투자하여 문제를 해결할 수 있으며, 그에 따른 결과를 눈앞에서 확인하며 흡족해할 것이다. 하지만 여러 측면에서 더 많은 도움이 필요하고 같은 돈으로 더 많은 사람에게 혜택이 돌아가는 개발도상국의 자선 프로그램을 지원해야 한다는 주장도 강하게 일고 있다.

미국과 유럽에서 생명을 살리기 위해 설계된 많은 구호 프로그램은 한 생명을 구할 때마다 100만 달러 넘는 비용이 든다.[2] 하지만 givewell.org에 따르면 질병 퇴치를 목표로 하는 전 세계 최고의 자선단체들은 3500달러당 한 명씩 구할 수 있다.[3] 두 자릿수 이상 더 큰 영향력을 발휘하는 것이다. 예를 들어, 말라리아모기를 퇴치하도록 처리된 침대 망을 몇백 개 배포하면 평균적으로 수백 건의 불쾌한 감염을 예방하고 누군가의 생명도 구할 수 있다. 이 침대 망의 비용은 개당 5달러에 불과하다.

이런 차이는 어디에서 비롯되었을까? 일단 선진국에선 도움을 주려는 사람들의 급여를 포함해 제반 비용이 더 비싸다. 반면에 개발도상국에선 여전히 말라리아나 해충 감염 등 저렴한 비용으로 해결할 수 있는 여러 문제와 씨름하고 있다. 선진국에선 그런 전염병이 대부분 사라졌지만 암, 비만, 심장병 같은 주요 사망 원인을 해결하는 데 훨씬 큰 비용이 든다.

그러므로 기부자로서 당신의 돈이 고통 완화를 극대화하길 원한다면 개발도상국에 초점을 맞추는 게 합리적일 것이다. 물론 이는 '마음'을 따르라던 앞선 조언과 얼핏 모순되는 것처럼 보인다. 멀리 떨어져 있는 나라의 문제가 별로 마음에 와닿지 않을 수 있다. 하지만 꼭 그렇지만도 않다. 조금만 노력하면 당신이 돕는 사람들을 보다 가깝게 느낄 방법이 있다. 단체에 가입해서 적극적으로 활동하거나, 더 이상적으로는 그 나라에 가서 당신이 해결하려는 문제를 직접 경험할 수도 있다.

그렇게 하면 관대한 반응이 저절로 나온다. 뉴욕에서 활동하는 저작권 대리인 토드 슈스터Todd Shuster는 2018년 여행차 르완다에 갔다가 그 나라와 사람들에게 푹 빠졌다. 그곳의 한 가족을 후원하고, 무슨 수를 써서라도 다시 가서 봉사하겠다고 다짐했다.

그보다 2년 전, 토드는 평화학자 마야 수토로응Maya Soetoro-Ng

과 손잡고 미국에서 평화 스튜디오Peace Studio라는 비영리 단체를 공동 설립했다. 이 단체는 사회정의를 구현하고자 헌신하는 전도유망한 예술가와 저널리스트에게 장학금을 제공한다. 토드는 평화 스튜디오의 동료들이 르완다에서 공동 작업을 추진하도록 설득했다. 그 결과, 줄리아드를 비롯한 미국의 여러 예술학교를 갓 졸업한 예술가들과 르완다 출신의 젊은 예술가들이 2019년 7월 우부문트예술축제에서 합동 공연을 펼칠 수 있었다. 이 축제는 르완다의 내전 종식 25주년을 기념하고자 키갈리 제노사이드 추모관에서 열렸다.

토드는 나중에 내게 이렇게 말했다. "예술가들의 협업과 그들이 축제에서 우렁찬 박수를 받는 모습을 목격한 것은 감동 그 이상이었습니다. 그리고 미국에서 1년 치 단과대학 등록금에도 못 미치는 금액으로, 나는 르완다의 한 가족이 딸을 4년제 대학에 보내고 아들의 사업 자금을 지원하겠다는 꿈을 실현하도록 도울 수 있었습니다. 우리 모두에게 참으로 즐거운 경험이었습니다."

멀리 떨어져 있는 사람들의 니즈를 파악하는 첫 번째 도약에 성공했다면, 고려해 볼 또 다른 도약이 두 가지 더 있다.

첫째, 우리는 이 행성에서 함께 살아가는 다른 종들에게도 관대함을 베풀 수 있다. 인간이 다른 동물들보다 더 중요한 존재일지는 몰라도, 많은 혹은 모든 동물과 우리에게는 한 가지 공통점이 있다. 센션스sentience, 즉 쾌락과 고통을 느끼는 능력이다. 철학자 제러미 벤담Jeremy Bentham은, "동물이 추론할 수 있는지, 또는 말할 수 있는지는 문제가 아니다. 그들이 고통을 느낄 수 있는가? 바로 이 점이 문제다"라고 했다. 최근에 충격적인 새 자료와 함께 개정판이 출간된 피터 싱어의 《동물 해방》(1975년 첫 출간 후 다섯 번에 걸쳐 일부 개정판이 나오다 48년만인 2023년에 전면 개정판이 나왔다)은 오늘날 공장식 농장과 연구실에서 동물을 대하는 방식을 강력하게 비판한다. 다행히 공개적 주장, 법률 개혁, 시민운동, 인식 확산 등을 통해서 이러한 잘못을 바로잡으려 애쓰는 단체가 수십 군데나 있다.

둘째, 아직 태어나지 않은 세대에게 관심을 기울여야 할 강력한 근거들이 있다. 만약 우리 세대가 이 행성을 망가트려서 수많은 실존적 위협에 스스로 파괴된다면, 우리만 해를 입는 게 아니라 미래의 무수한 생명이 존재할 기회마저 빼앗는 셈이다. 지금 인류에게 닥친 위협의 상당수는 그 위험성에 비해서 해결하기 위한 자금이 턱없이 부족하다. 우리는 이러한 상황을 심각하게 받아들여야 한다.

레버리지를 고려하라

베푸는 행위가 실제로 기하급수적 효과를 내기 위해서는 **레버리지** 개념에 초점을 맞추는 게 유용하다. 중요한 것은 영향력인데, 어떤 조직이 그 영향력을 극적으로 키울 수 있는 수단이 바로 레버리지다. 약해 빠진 한 인간이 1미터 길이의 쇠막대와 그 쇠막대를 받치는 돌로 100킬로그램짜리 거석을 옮길 수 있다는 사실을 발견한 이후, 우리는 더 적은 것으로 더 많은 일을 할 다양한 방법에 천착해 왔다. 황금알 1000개를 낳을 수 있는 거위와 황금알 1개 가운데 어느 쪽에 자금을 지원하겠는가?

당신의 돈으로 조직이 달성할 수 있는 영향력을 확대할 지렛대는 수없이 많다. 몇 가지 예를 살펴보자.

기술

모든 기계는 인간의 능력을 증폭시키도록 설계되었다. 킥스타트 인터내셔널KickStart International이라는 자선단체는 아프리카의 저소득층 농부들에게 발로 밟는 방식의 저렴한 공기 펌프를 제공한다. 약 70달러짜리 펌프 시스템 하나가 6미터 아래 지하수를 빨아 올려서, 고부가가치의 과일밭과 채소밭 1에이커에물을 댄다.[4] 이를 통해 펌프 한 대당 약 700달러의 연소득을 추가로 창출할 수 있다. 이 모델을 개발하느라 든 비용과 제반 간접비를 고려하더라도, 킥스타트는 지금까지 1억 달러의 비용으로 140만 명을 빈곤에서 벗어나게 했다.[5] 1인당 겨우 70달러가 든 셈인데, 규모가 커지면서 이 비용이 더 줄어들고 있다. 이게 바로 레버리지다.

환경보호기금The Environmental Defense Fund은 선봉에서 기후변화에 대처하고자 노력한다. 이 단체의 가장 큰 도전 과제 하나는 메탄 배출량을 줄이는 것이다. 메탄은 유용한 가스지만, 대기로 배출되면 초기 몇 년 동안 이산화탄소의 80배 넘는 온실효과를 낸다. 메탄의 상업적 배출량은 대부분 파이프라인 누수 등으로 의도치 않게 발생한다. 그걸 추적할 수만 있다면 기업은 어떻게든 막고 싶어 할 것이고, 제대로 막지 못하면 비난을 감수해야 할 것이다. 그래서 환경보호기금은 전 세계 어디에서 누수가 발생하고 그 규모가 얼마나 큰지 파악하고자 맞춤형 탐지기를 장착한 위성을 설계했다. 세탁기만 한 크기의 단일 기기가 2억 제곱마일에 달하는 지구 표면에서 중요한 정보를 추적할 수 있다는 사실을 생각해 보라. 기후 위기는 우리를 짓누르는 수조 달러짜리 재앙이다. 그렇다면 이 귀중한 위성의 비용은 얼마일까? 9000만 달러다.[6] 이게 바로 레버리지다.

교육

지식의 획득과 활용은 인류의 가장 큰 자산이다. 한 시간 동안 배운 내용이 평생 유용하게 쓰일 수 있다. 하지만 거의 모든 인류 역사에서 상당히 많은 사람이 어떤 형태의 정규교육도 받지 못했다. 소녀들을 교육하자는 취지의 에듀케이트 걸스Educate Girls는 이를 바로잡기 위해 최전선에서 활동하는 단체다. 인도의 여러 마을을 집집마다 찾아다니며 부모와 마을 어른들에게 여자아이들도 교육 기회를 누려야 한다고 끈질기게 설득한다. 이 단체가 신중한 데이터 추적에 힘입어 체계적으로 접근한 결과, 140만 명 넘는 소녀가 조혼과 빈곤의 굴레에서 벗어나 학교에 다닐 수 있게 되었다. 자선사업의 관점에서 볼 때, 소녀들에게 인생을 바꿀 기회를 주는 데 1인당 약 60달러밖에 들지 않는다.[7] 이게 바로 레버리지다.

과학

지난 300년간 문명의 발전은 모두 새로운 과학 지식에서 시작되었다. 토머스 에디슨이 전기 조명을 발명하기 전, 벤저민 프랭클린은 심한 뇌우 속에서 연을 날려야 했다. 루이 파스퇴르가 우유를 안전하게 만드는 방법을 알아내기 전, 로버트 훅은 미생물의 놀라운 세계를 밝혀야 했다. 만약 과거로 돌아가 프랭클린이나 훅의 연구에 자금을 댈 기회가 있었다면 당신이 역사를 바꾸었을 것이다. 다행히, 지금도 늦지 않았다. 과학과 의학에는 미래의 발견을 위한 기회가 넘쳐 난다.

예를 들어 시애틀의 단백질설계연구소Institute for Protein Design는 딥러닝으로 알려진 AI 기술과 수천 명의 자원봉사자를 활용하여, 우리 모두의 미래에 혁신적 영향을 미칠 수 있는 새로운 단백질을 만들고 있다. 그들의 다섯 가지 개발 과제에는 독감과 HIV와 암에 대응할 범용 백신, 개별 세포에 특정한 약물을 전달하는 스마트 단백질 나노 컨테이너, 태양 에너지를 포집하고 저장할 차세대 나노 엔지니어링 등이 포함된다. 그들의 연간 예산은 3000만 달러가 안 되지만, 그들이 창출할 기회는 그보다 몇 배나 크다. 이게 바로 레버리지다.

기업가 정신

기업가들은 비즈니스 세계의 칭송받는 영웅들이다. 한 기업가의 머리에 든 아이디어가 수백만 명에게 영향을 미치는 지속 가능한 사업으로 바뀔 수 있다. 그러한 사업이 곤경에 처한 사람들을 위해 깨끗한 물, 저비용 에너지, 의료 등 필수 서비스를 제공한다면 어떨까?

앞에서 내 배우자인 재클린이 운영하는 글로벌 빈곤 퇴치 단체인 어큐먼을 언급했다. 어큐먼의 사명은 그런 기업가들에게 투자하는 것이라, 사업 계획이 애초에 도전적일 수밖에 없다. 이들은 외딴 마을에서 힘겹게 살아가는 고객들에게 서비스를 제공하려고 한다. 이런 마을에서는 신용 서비스와 마케팅과 유통을 활성화하기가 무척 어렵다. 상업적 투자자들이 이런 일에 뛰어든 기업가를 지원할 가능성이 낮다는 뜻이다. 그래서 어큐먼은 자선가들이 기부한 돈을 '인내 자본patient capital'으로 활용하여, 상업적 수익을 내기까지 일반적인 경우보다 훨씬 더 오래 기다린다. 아울러 기업가들에게 중요한 경영 지원도 제공한다. 그게 효과가 있을 땐, 진짜로 황금알 1000개를 낳을 수 있는 거위가 탄생한다.

예를 들어 어큐먼은 15년 전 외딴 지역에서 조명으로 쓰는 위험한 등유 램프를 대체하기 위해 태양열 전기를 공급하는 회사인 디라이트d.light에 투자하기 시작했다. 수많은 좌절 끝에 어큐먼의 400만 달러 투자는 현재 1억 5000만 명에게 전력을 공급하는 기업을 일구도록 도움을 주었고, 전기가 없던 사람들에게 기후 친화적인 자급자족형off-grid 솔루션을 제공하는 데 결정적 역할을 했다.[8] 수혜자 한 명당 3센트도 안 되는 비용이다. 그리고 어큐먼이 이 회사 지분을 매각한다면, 투자금의 몇 배 이익을 거둘 것이다. 물론 그 돈은 다시 새로운 투자에 활용될 수 있다. 이게 바로 레버리지다.

정부

자선가의 예산이 아무리 많다 한들 정부가 지출하는 금액에 비하면 초라하다. 그렇다면 자선사업이 정부의 힘을 지렛대로 활용할 수는 없을까? 물론 할 수 있다. 코드 포 아메리카Code for America라는 비영리 단체의 사례를 살펴보자. 이 단체의 사명은 공공 서비스를 제공하는 정부의 컴퓨터 시스템을 더 인간 친화적으로 만드는 것이다. 알고 보면 이는 참으로 대단한 일이다. 전국적으로 80개나 되는 공익 프로그램이 긴급한 빈곤 퇴치 재원을 제공하는데, 해마다 600억 달러 정도의 보조금이 제대로 지급되지 못하고 있다.[9] 왜 그럴까? 그걸 받는 과정이 끔찍하게 어렵기 때문이다.

흔한 예를 한 가지 들면, 캘리포니아의 식품 지원 혜택 신청서는 51페이지에 달하는 화면에 183개나 되는 혼란스러운 질문으로 구성되어 있었다. 게다가 데스크톱 컴퓨터로만 접속할 수 있어서, 컴퓨터가 없으면 아마도 수 킬로미터 떨어진 지역 도서관에 가서 뜻도 모를 질문을 파악하느라 한 시간 이상 허비해야 했을 것이다. 중간에 저장할 수도 없으니, 뭐가 잘못되면 처음부터 다시 시작해야 했다. 수급 자격이 있는 수많은 시민이 혜택을 못 받는 게 전혀 놀라운 일이 아니었다.

코드 포 아메리카가 신청서 양식을 재설계하면서 이젠 모바일로 하루 24시간, 그것도 다양한 언어로 채팅 지원까지 받으며 접속할 수 있게 되었다. 이는 '모든 주에서 가장 쉬운 애플리케이션'으로 금세 알려졌다.[10]

팬데믹이 닥쳤을 때, 음식을 기다리는 가족들로 주차장이 가득 차자 누구나 안전망의 부족을 알아차리게 되었다. 코드 포 아메리카는 여러 주에서 활동을 시작했다. 가령 루이지애나에서는 주민들에게 선제적으로 4000만 통 넘게 문자 메시지를 보내서 주요 서비스에 접속하는 방법을 알렸다. 미네소타에서는 아홉 가지 안전망 혜택을 통합한 앱을 개발하여 14분 이내에 신청을 완료할 수 있게 했다. 출시 6개월 만에 약 20만 명이 이 앱을 통해서 혜택을 신청했다.[11]

여러 다른 공공과 민간의 협력 사례도 정부 재원을 활용할 때의 힘을 보여 준다. 사회적 채권부터 특정 유형의 개입 효과에 대한 주목할 만한 사례까지, 각각 수백만 달러의 자선 투자로 수십억 달러 규모의 정부 재원을 풀어 낼 수 있다. 이게 바로 레버리지다.

시스템 변화

여러 비영리 단체의 궁극적 목표는 세상이 돌아가는 방식을 바꾸는 것이다. 만약 당신이 그렇게 할 수 있다면 당신의 영향력은 영원히 지속될 것이다. 이를 달성하기 위해 앞서 열거한 여러 레버리지를 결합해야 할 수도 있다.

예를 들어 라스트 마일 헬스Last Mile Health는 교육, 과학, 기술, 정부를 지렛대로 활용하고 있다. 이 단체는 국가 의료 시스템의 지원을 받아 아프리카 전역의 지역 보건 노동자들에게 훈련과 스마트폰 앱을 지원한다.[12] 그 덕에 숙련된 의사보다 10분의 1도 안 되는 비용으로 양성된 전문가 한 명이 외딴 지역 수십 곳에서 필수 의료 서비스를 제공할 수 있다.

하지만 라스트 마일 헬스의 더 광범위한 목표는 전 세계적으로 의료 서비스에 대한 인식을 바꾸는 것이다. 그들은 비용 효율적으로 새로운 유형의 의료 노동자를 양성하여 수백만 개의 일자리를 창출하고 수십억 명의 삶을 개선할 수 있음을 증명하고자 한다. 그들이 일부 아프리카 국가에서 거둔 성공을 글로벌 운동으로 확장할 수 있다면, 그야말로 놀라운 레버리지다.

한편으론, 기부금의 영향력을 정확히 계산하려는 효율적 이타주의 관점에 대한 비판도 있을 수 있다. 그건 기부금과 그로부터 얻는 결과 사이에 명확한 인과관계가 있을 때만 가능한 일이다. 앞서 언급한 말라리아 침대 망 사례를 보자. 침대 망을 사는 대신에 말라리아에 효과적인 백신을 개발하는 과학적 노력을 지원한다면 어떨까? 또는 말라리아모기를 박멸할 수 있는 유전자 드라이브(특정 유전자를 변형시켜 개체군 전반에 확산하는 기술—옮긴이)를 개발하는 프로젝트를 지원한다면? 또는 현지에서 침대 망을 생산하도록 제조업에 투자해서 지역 일자리를 창출한다면? 빈곤 퇴치 노력에 힘을 보태서, 사람들이 침대 망을 선물로 받는 대신 직접 구매할 수 있게 한다면?

이러한 시스템 변화 노력의 경제적 계산법을 비교하기란 애초에 어렵다. 그런 노력이 효과가 없을 수도 있고, 의도치 않은 끔찍한 결과를 초래할 수도 있기 때문이다. 따라서 리스크를 추정하긴 어렵지만, 시스템 변화가 진짜로 효과를 발휘한다면 문제의 근본 원인을 해결하기 때문에 자선사업을 훨씬 더 효과적으로 활용할 수 있을 것이다.

자, 이제 오늘날 가장 큰 단일 레버리지 도구를 알아볼 차례다. 이것은 이 책을 읽는 모든 사람이 이용할 수 있는 도구다.

인터넷

책의 서두에서 살펴봤듯이 전염성은 무한한 힘을 발휘할 수 있으며, 그 전염성을 확산시키는 최고의 수단이 바로 인터넷이다. 인터넷은 앞서 언급한 모든 레버리지를 증폭시켜서 교사와 학습자, 과학자와 기술자, 기업가와 투자자, 활동가와 정부, 강력한 아이디어와 모든 사람을 연결해 준다. 결국 인터넷 덕분에 관대함의 전염성이 글로벌 규모로 확장된다고 할 수 있다.

오늘날 가장 강력한 자선 활동의 상당 부분이 인터넷을 중심으로 돌아간다. 위키피디아, 칸 아카데미, 코세라Coursera는 지식을 널리 퍼뜨리고, 프로젝트 에코Project ECHO는 대규모 의료 교육을 제공한다. 패트리온은 수백만 명의 후원자가 수십만 명의 크리에이터를 지원할 수 있게 한다.[13]

그 외에도 '기부하는 화요일'을 뜻하는 기빙튜즈데이Giving Tuesday라는 대단히 고무적인 단체가 있다. 2012년 초여름, 헨리 팀스Henry Timms와 아샤 쿠란Asha Curran은 뉴욕에 기반을 둔 비영리 문화 및 커뮤니티 센터인 '92번가 Y', 일명 '더 와이the Y'에서 일하고 있었다. 어느 날 아침 헨리가 기발한 아이디어를 떠올렸다. 미국에서는 11월마다 추수감사절(목요일)을 시작으로, (대형 매장이 크리스마스 소비를 촉진하려고 엄청나게 할인하는 날인)

블랙 프라이데이(금요일), (온라인 쇼핑을 촉진하기 위한) 사이버 먼데이(월요일)까지 3일 동안 엄청난 소비가 이루어진다. 그렇다면 덜 상업적이면서 더 숭고한 날은 왜 없을까? 헨리는 문득 화요일을 기부하는 날로 정하면 어떨까 생각했다. 화요일엔 각자 좋아하는 단체에 기부하도록 권장하는 것이다. 이 아이디어에 꽂힌 아샤가 즉시 실행 방법을 모색했다.

두 사람은 바로 그 해에 '기빙튜즈데이'를 출범하자는 야심 찬 목표를 세웠다. 이를 달성하려면 인터넷을 활용해 아이디어를 전 세계로 퍼뜨리도록 지지자들을 독려할 방법을 찾아야 했다. 그들이 비영리 분야에서 영향력 있는 인물 수십 명에게 연락하자, 돕겠다는 제안이 쏟아져 들어왔다. 먼저 UN 재단과 일하는 한 홍보 그룹이 무료 서비스를 제안했다. 다른 사람들은 각자의 네트워크를 통해 소문을 퍼뜨렸다. 놀랍게도, 아샤와 헨리가 아이디어를 실행에 옮긴 지 두 달 만에 2500개 넘는 비영리 단체가 참여했고, 소셜 미디어에서 #GivingTuesday 해시태그에 관심이 쏠리기 시작했다.

아샤에 따르면 기빙튜즈데이가 널리 퍼진 핵심 요인은 누구나 참여할 수 있게 하자는 결정이었다. 곧 그들에게 상당한 기부금을 안겨 줄 텐데도 브랜드 사용에 아무런 비용을 청구하지 않았다. 오히려 비영리 단체들이 #GivingTuesday를 공통 해시태그로 사용해 창의성을 발휘하도록 격려했다. 그 덕에 소규모 프로젝트가 수십 가지 생겨나면서 놀라울 정도로 높은 인지도를 얻었다.

첫해에 미국에서 비영리 단체 수천 곳이 1500만 달러를 모금한 것으로 추산된다. 마케팅 예산 없이 시작한 캠페인치고 상당히 놀라운 성과였다. 그러자 이 소문이 또다시 퍼져 나갔다. 추수감사절은 미국의 명절인데도, 전 세계에서 수많은 단체가 자기들도 참여할 수 있느냐고 문의했다. 이 프로젝트는 곧 아샤의 풀타임 업무가 되었고, 몇 년 후 더 와이는 혜안을 발휘해 기빙튜즈데이를 독립된 조직으로 활동하게 했다. 오늘날 수십만 개의 비영리 단체가 기빙튜즈데이를 활용하고 있으며, 2022년엔 그날을 전후로 미국에서만 30억 달러 넘게 모금되었다.[14]

레버리지 측면에서 따져 보자. 기빙튜즈데이의 연간 운영비를 대고자 700만 달러를 지원한 기부자들은 그 500배에 달하는 기부를 이끌어 내고 있다.[15] 게다가 이는 이 조직의 영향력 중 일부일 뿐이다. 그들은 전 세계 활동가들과 인플루언서들의 네트워크를 구축하여, 금융뿐만 아니라 온갖 형태의 관대함을 확산시키고 있다. 2023년 초, 아샤는 팀원들에게 5년 후 쓰고 싶은 헤드라인을 상상해 보라고 했다. 그들이 합의해서 내놓은 헤드라인은 다음과 같다.

"이 운동 덕분에 우리는 기본적으로 더 관대한 세상에서 살게 되었다."

이 책을 읽는 모든 사람이 열망하는 아름다운 비전이다. 이 모든 일은 입소문을 타고 퍼져 나간 해시태그 하나에서 시작되었다.

* * *

나는 이 장의 내용이 당신에게 희망의 빛을 비추었기를 바란다. 세상에서 벌어지는 추악한 사건들의 표면 아래에서 다양한 형태의 관대함이 활발하게 펼쳐지고 있다. 우리는 그런 일들에서 용기를 얻고 또 스토리텔링을 통해 그 일들을 더 증폭시킬 수 있다. 아울러 개인적으로든 다른 사람과 함께든 그런 일들이 우리의 친절한 행동에 영감을 불어넣게 할 수도 있다.

우리는 관대함이 우리 안에 깊이 새겨져 있다는 사실을 이해하게 되었다. 또 인터넷이 여러 새로운 형태의 기부를 촉진하고 전염시킬 수 있다는 사실도 알게 되었다. 이 책의 나머지 부분에서는 이러한 지식으로 무엇을 할 수 있는지 살펴볼 것이다. 관대함이 제 역할을 충분히 발휘하는 세상은 어떤 모습일까?

3부

선의로 연결된
세계를 상상하기

10장

인간적인 너무나 인간적인 인터넷

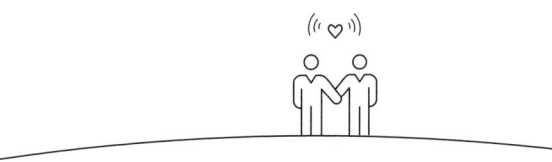

많은 사람이 한때 꿈꾸던 인터넷, 관대한 정신으로 가득한 인터넷, 전 지구에 지식과 가시성과 희망을 안겨 주는 인터넷. 이제 우리는 이러한 인터넷을 상상해 볼 수 있다. 하지만 그 전에 먼저 무엇이 잘못되었는지 파악해야 한다. 인류의 가장 강력한 발명품은 어쩌다가 우리의 어두운 본능을 채워 주고 위험한 수준의 당파적 분열을 부추기게 되었을까?

아무도 이렇게 되도록 의도하지는 않았다고 본다. 내가 만났던 거대 웹 기업들의 엔지니어와 사용자 인터페이스 설계자는 모두 멋진 것을 만들어 내고 싶어 했다. 사람들을 흥분시키고 관심을 끄는 것 말이다. 회사는 그들을 응원했다. 그러한 관심으로 광고 수익을 올릴 수 있으니까. 이 말인즉슨 모든 대규모 웹 서비스가 무료로 제공될 수 있었다는 뜻이다. 이는 곧 그들이 폭발적인 속도로 성장했다는 뜻이며, 결과적으로 세상에 놀라운 영향력을 미칠 수 있었다는 뜻이다.

인터넷이 처음 나왔던 1994년부터 2014년까지 20년 동안은 이 모든 일을 대단히 낙관적으로 바라볼 수 있었다. 역사상 처음으로 전 세계가 즉각적인 검색을 통해 인류의 지식 전체에 자유롭게 접근하게 되었다. 사람들은 거대한 소셜 네트워크에 접속해서 온갖 취미나 열정을 충족할 틈새 커뮤니티를 발견했다. 공감으로 맺어진 유대는 국경을 넘어 멀리까지 뻗어 갔다. 1997년 7월,《와이어드》는 우리가 전례 없는 글로벌 성장 시대에 접어들었다고 주장하면서〈장기 호황〉이라는 제목의 대단히 영향력 있는 표지 기사를 실었다. "우리는 향후 25년 동안 번영과 자유와 더 나은 환경을 누릴 것이다."[1]

당시에 나는 기술 낙관론자였다. 2010년엔 유튜브가 어떻게 세계 최고의 교육자로 거듭나고 또 '클라우드 기반 학습'을 가능하게 했는지에 대해 TED 강연을 했다.[2] 순식간에 누구나 교사가 되고 학생이 될 수 있었다.

나만 그렇게 본 게 아니었다. 2010년에서 2012년까지 아랍의 봄 동안에 동서양은 그 어느 때보다 온라인으로 연결되었다. 재클린과 나는 세상을 두루 돌아다니면서 가장 외딴 지역에 사는 사람들조차 페이스북 계정이 있고 전 세계의 온라인 친구들과 연결될 수 있다는 사실에 놀랐다. 인터넷은 정말로 세상을 하나로 모으는 데 도움을 주는 듯 보였다.

당혹과 실망으로 보낸 10년

그런데 2011년 무렵부터 허점이 보이기 시작했다. 아랍의 봄은 이미 추진력을 잃어 갔다. 여러 나라에서 정부가 시민을 추적하고 통제하려고 인터넷을 활용한다는 보고서가 나왔다. 거대한 테크 플랫폼들은 걱정스러운 행동을 보이기 시작했다. 그 뒤로 몇 년 동안 뉴스는 점점 더 나빠지기만 했다. 나는 TED 강연 무대 바로 옆에서 유명 연사들이 점점 더 근심스러운 주제를 놓고 강연하는 모습을 해마다 지켜봤다.

2011년 3월, 활동가이자 기업가인 일라이 패리저Eli Pariser가 강연회에 참석해 필터 버블filter bubble에 관한 우려를 표명했다. 필터 버블은 검색 엔진과 소셜 미디어 네트워크가 이용자에게 맞춤형 정보를 제공하면서 비슷한 사람들하고만 어울리게 되는 현상을 말한다. 마침 객석에 페이스북의 초기 투자자인 로저 맥

나미Roger McNamee가 앉아 있었다. 그는 패리저의 강연에 당혹감을 느끼고 페이스북 수뇌부에 몇 가지 질문을 제기했다. 만족스러운 답변을 얻지 못하자 그는 소셜 미디어 기업을 노골적으로 비판하기 시작했다. 페이스북과 유튜브가 공중 보건과 민주주의에 미칠 잠재적 결과를 무시하고 그저 광고 수익을 높이려고 중독 기술을 활용한다며 질책했다.[3]

2014년 TED 강연에서, 에드워드 스노든Edward Snowden은 텔레프레전스 로봇telepresence robot의 모습으로 출현하여, 미국 국가안보국이 그동안 사람들의 전화와 온라인 활동을 몰래 감시해 왔다는 충격적인 사실을 폭로했다.

1년 뒤, 초지능superintelligence에 관한 연구로 유명한 철학자 닉 보스트롬Nick Bostrom은 AI가 인류를 파괴하는 등 파국적 결과를 초래할 수 있다고 경고했다.[4] 이 메시지는 이듬해 샘 해리스Sam Harris에 의해 더욱 증폭되었다. 먼 미래의 위협으로 들린다고? 어떤 사람들은 AI가 소셜 미디어에 영향을 미치면서 이미 큰 혼란을 일으키고 있다고 주장한다.

2016년 사회심리학자 조너선 하이트는 나와 했던 인터뷰에서 소셜 미디어가 좌파와 우파 사이의 분노뿐만 아니라 훨씬 더 강력하고 위험한 혐오감까지 유발한다고 말했다.

한편 구글 디자이너에서 테크 윤리학자로 변신한 트리스탄

해리스Tristan Harris는 테크 기업들의 알고리즘이 개개인에게서 수집한 데이터를 활용해 그들의 관심을 더 집중시키려 한다며 깊은 우려를 표했다. 2017년 TED 강연에서 그는 이렇게 말했다. "작은 다이얼이 잔뜩 달린 통제실 책상에 100명이 몸을 웅크리고 앉아서 10억 명의 생각과 감정을 조작한다고 상상해 보세요. 무슨 공상과학 소설처럼 들릴 수 있지만, 이런 일이 오늘날 실제로 벌어지고 있습니다."[5]

가상현실 분야에서 선구적 업적으로 유명한 기술 선각자 재런 러니어Jaron Lanier는 이듬해 TED 강연에서, 이 문제가 사용자의 관심을 끌고자 그 어느 때보다 치열하게 노력해야 하는 광고 주도형 비즈니스 모델의 불가피한 결과라고 주장했다. "나는 이런 것들을 더 이상 소셜 네트워크라고 부를 수 없습니다. 행동 수정 제국behavior modification empires이라고 부르겠습니다."[6]

그리고 2019년, 저널리스트 캐롤 캐드왈다Carole Cadwalladr는 최대한의 효과를 노리고 정교하게 호도된 정치 광고를 선뜻 받아들인 페이스북의 조치가 브렉시트와 2016년 미국 대선에서 결정적 역할을 했을 가능성이 있다고 강력히 주장하며 강연장을 뜨겁게 달궜다.[7]

그 뒤로 뉴스는 더 나빠졌다. 소셜 미디어 사용이 정신 건강 악화와 관련 있다는 연구를 플랫폼들이 묻어 버렸다는 내부 고

발이 등장했다. 세계 각국의 선거는 악의적인 사람들에 의해 조작되었다. 틱톡 밈은 학교에서 혼란을 초래했다. 그리고 정부는 이러한 플랫폼들을 무기로 삼아 소수자에 대한 악랄한 행동을 부추겼다. 안타깝게도 이게 다가 아니다. 나는 문제의 극히 일부만 언급했을 뿐이다.

10년간의 좌절 끝에 우리는 흥미로운 지점에 도달했다. 한편으론 그 어느 때보다 거대 테크 기업에 의존하고 있다. 날마다 구글에서 90억 회씩 검색하고, 소셜 미디어 플랫폼에서 수십억 가지 생각을 공유하며, 왓츠앱WhatsApp에서 1억 회씩 메시지를 주고받는다.[8] AI 서비스 사용은 전에 없이 폭발적으로 증가하고 있다. 하지만 그와 동시에 테크 기업의 함정에 대한 인식도 최고조에 달해서, 주요 기업에 대한 비판이 널리 퍼지고 있다. 그들은 감시 자본주의에 종사하는 사악한 독점 기업이며 진실과 신뢰를 저버린다. 그들은 규제되고 해체되어야 한다. 이토록 많은 사람이 의존하면서도 이토록 사랑받지 못하는 기업들이 또 있을까 싶다.

그렇다면 어떻게 해야 할까? 나는 인터넷을 바로잡는 일이 인류의 최우선 과제 중 하나여야 한다고 생각한다. 그렇게 될 때까지 그 밖의 다른 문제는 해결하기 어려울 것이다. 인간의 문명은 신뢰와 협력에 의존하지만, 지금의 웹은 신뢰를 구축하기보단 약화하는 데 더 많은 역할을 하고 있다.

그럼에도 나는 이러한 침식이 인터넷의 장기적 운명은 아니라고 확신한다. 우리는 역사적으로 이보다 훨씬 더 큰 문제들을 해결해 왔으며, 우리가 사랑할 만한 인터넷으로 거듭날 길이 있다고 믿는다.

하지만 먼저 문제를 좀 더 깊이 파헤쳐 보자. 나는 특히 소셜 미디어에 초점을 맞추고 싶다. 이 플랫폼들이 문제의 중심에 있기 때문이다.

어쩌다 이토록 나빠졌을까

소셜 미디어 플랫폼들은 인간 본성을 제대로 파악하지 못한 채 설계되었다. 그게 우리가 목격한 신뢰 파괴의 근본적 문제다. 사람들이 좋아할 만한 것을 만들려면 그저 '사용자 선호도'를 최적화하면 된다고 믿었기 때문이다. 그런데 선호도는 우리 안의 어떤 부분이 활성화되느냐에 따라 급격하게 달라진다.

4장에서 성찰적 자아와 (내가 '도마뱀 뇌'라고 부르는) 본능적 자아를 구분했던 것을 기억하는가? 간단히 말해서, 문제는 소셜 미디어가 우리의 성찰적 자아보다 본능적 자아를 더 자극한다는 데 있다.

갈수록 심해지는 둠스크롤링doomscrolling, 즉 암울한 뉴스만 강박적으로 확인하는 것만 봐도 알 수 있다. 이는 소셜 미디어 사용자들이 탐닉하고 분개하는 도마뱀 뇌의 행동이다. 중독성 있는 보상이 무제한 공급되면 스크롤링을 무심코 이어 가게 된다. 2022년 영국에서 발표된 충격적인 보고서는 소셜 미디어 사용자가 하루 평균 5000개 이상의 스마트폰 화면을 스크롤한다고 추산했다.[9] 에펠탑 높이의 세 배에 달하는 분량이다! 이 때문에 화면에 나타나는 모든 콘텐츠의 속도가 빨라지고, 틱톡에서 인스타그램 릴스, 유튜브 쇼츠에 이르기까지 갈수록 짧은 형태의 스토리텔링이 등장한다. 그야말로 밑바닥으로 치닫는 경쟁이다. 더구나 갈수록 가속도가 붙는다. 이런 속도로는 생각이란 걸 할 수가 없다.

대부분 사람은 자신의 세계관이 성급한 판단으로 형성되길 원하지 않는다. 하지만 흥미롭고 공격적이며 냉소적인 게시물과 동영상이 스치듯 지나갈 때 주의를 기울이지 않기란 어렵다. 또 일단 들여다보면 분노하지 않기도 어렵다. 거기에 댓글을 달거나 반응을 보이면 당신은 그 콘텐츠를 남들과 공유하도록 알고리즘을 부추기는 셈이다. 이는 역기능과 위험의 나락으로 떨어지는 지름길이다.

그렇다면 어떻게 해야 할까? 상당수는 어쩔 수 없는 일이라면서 그저 손 놓고 지켜보기만 할 것이다. 악의적인 행위자들이 인간의 취약성을 이용하려는 상업적 압력과 결탁하면 일이 정말 어려워질 수 있다. 우리가 아무리 큰 진전을 이룬다 한들 인터넷의 광범위한 영역 어딘가에서는 항상 문제 행동이 일어날 수 있다.

하지만 이 문제를 포기하면 어떤 식으로든 좋은 미래를 포기하는 것과 같다. 인터넷은 우리의 정체성을 형성하는 데 너무 많은 영향을 미치기 때문에 도저히 이대로 방치할 수 없다. 게다가 이 과제가 생각만큼 벅차지 않다는 주장도 나오고 있다. 모든 게 다 망가진 것 같지는 않다. 온라인 세상에는 놀라운 자원이 널려 있고, 심지어 현재 상태에서도 온갖 방식으로 우리 각자에게 엄청난 혜택을 안겨 줄 수 있다. 가장 큰 문제는 소셜 미디어지만, 그곳에서도 수백만 명이 분노에 휩싸이기보단 즐겁게 시간을 보낼 방법을 찾아냈다.

그러니 회의적 시각은 잠시 접어 두고 흐름을 바꾸기 위해 우리가 뭘 할 수 있는지 생각해 보자. 일단 두 부분으로 나눠서 살펴볼 것이다. 첫째, 소셜 미디어 사용자로서 우리는 이 문제를 해결하고자 무엇을 할 수 있을까? 둘째, 소셜 미디어 기업은 무엇을 해야 할까?

우리가 할 수 있는 일

삶의 모든 영역에서 본능에 지배당하지 않으려면 건강한 습관을 길러야 한다. 특정 앱들의 사용 시간을 합리적으로 제한하고, 온라인 참여 방식에 스스로 만족하는지 평가해 보는 등의 노력이 필요하다.

하지만 흐름을 바꾸기 위해 우리가 할 수 있는 가장 큰 일은 우리 자신뿐만 아니라 타인의 경험까지 변화시킬 내면의 힘, 즉 관대한 마음가짐을 받아들이는 것이다. 건설적인 역할을 하려면 신중한 의도가 필요하다. 수동적으로 "나는 인터넷에서 무엇을 얻을 수 있을까?"가 아니라, 능동적으로 "나는 인터넷에 무엇을 줄 수 있을까?"를 고민해야 한다. 당신은 수십억 사용자 가운데 한 명에 지나지 않겠지만, 당신의 작은 기여가 상당한 파장을 일으킬 수 있다.

작지만 꾸준한 선의가 변화를 이끈다

어렵긴 하지만 전혀 못 할 일도 아니다. 만약 다이어트에 성공했거나 아침 루틴을 꾸준히 실천하거나 새해 결심을 끝까지 완수해 본 적이 있다면, 당신은 이 과제를 감당할 수 있다. 다음과 같은 것들을 실천하면 된다.

- 주변에서 친절한 행동를 적극적으로 찾아보고 온라인으로 공유하여 다른 사람들도 그렇게 하도록 격려한다.
- 비방과 경멸 대신에 영감, 가능성, 해결책을 확대한다.
- 평소 어울리지 않던 사람들을 팔로우하고 그들과 서로 존중하는 관계를 맺음으로써 필터 버블에서 벗어난다.
- 고마운 일을 해 준 사람들에게 시간을 내서 고마움을 표현한다.
- 창의적이거나 용기 있는 사람들을 칭찬한다.
- 정신적 지지가 필요한 사람들에게 응원을 보낸다.
- 온라인에서 누군가가 못되게 굴더라도 품위 있게 대응한다.
- (인스타그램의 '친한 친구'처럼) 의도적인 소규모 커뮤니티를 중심으로 구성된 온라인 공간으로 옮겨 가는 것을 고려한다. 일라이 패리저 같은 사상가들은 방대한 규모의 소셜 미디어 관중이 큰 문제라고 지적했다.
- 직접 만든 소셜 미디어 그룹에서 사려 깊고 명확하고 호의적인 소통에 관한 그룹 규칙을 게시하고, 솔선수범해서 지킨다.
- 글쓰기, 사진, 예술, 소프트웨어, 음악, 비디오 등 자신에게 의미 있는 것을 창작해서 공유한다. 사람들의 반응에 놀라게 될

것이다.

- 선한 영향력을 확산하려고 노력하는 웹사이트에 재정 지원을 고려한다. 그들은 널리 알려지기 전까지는 기부에 의존해야 할 수도 있다.

이러한 행동은 연쇄효과를 일으킬 것이다. 그렇다, 소셜 미디어는 관대함을 강화시킬 수 있다. 하지만 관대함도 똑같이 소셜 미디어를 변화시킬 수 있다. 무시무시하고 낯선 군중 대신, 관대함은 느리지만 확실하게 소셜 미디어를 더 건전한 공간으로 바꿔 나갈 수 있다.

선한 군중의 힘을 활용하라

충분히 많은 사람이 인터넷에서 친절과 선의를 보인다면, 온라인 사회규범이 점진적으로 바뀔 수 있다. 냉소와 공격성이 팽배한 곳에서는 친절하게 행동하기 어렵다. 그러나 의식적이고 용감하게 관대한 마음가짐을 실천하는 사람이 많아질수록 못된 행동은 점점 더 설 자리를 잃을 것이다.

물론 이러한 일이 하루아침에 일어나진 않는다. 하지만 지금 당장 공동의 명분을 세우고 잘못을 바로잡기 위해 취할 수 있는 조치가 있다. 예를 들어, 주요 소셜 미디어 기업들은 혐오 발언, 사이버 폭력, 괴롭힘에 해당하는 콘텐츠를 삭제하겠다고 약속했고, 또 문제가 되는 콘텐츠를 신고할 수 있는 도구를 고안했다. 우리는 이 도구를 활용해야 한다. 인스타그램, 유튜브, 페이스북, 엑스(옛 트위터)에서 혐오스럽거나 폭력적인 콘텐츠를 선택한 다음, '신고'를 클릭하고 짤막한 설문에 답하면 된다.

소수자를 겨냥한 혐오 발언에 맞서 싸우기 위해, 조직화된 반反혐오 발언에 적극적으로 참여할 수도 있다. 조지워싱턴대학교 연구진에 따르면, 이러한 문제 콘텐츠의 상당 부분이 '혐오 무리hate clusters'라는 조직화된 네트워크 계정에서 나온다.[10] 그들을 와해시킬 강력한 방법은 '반혐오 무리'를 형성하는 것이다. 이 방법이 특정 그룹과 계정을 차단하기 위한, 플랫폼의 '두더지 잡기식' 노력보다 더 효과적이다.

온라인 혐오 연구자 매튜 윌리엄스Matthew Williams는 혐오 범죄 연구소인 헤이트랩HateLab의 수장으로서 그 일을 어떻게 수행하는지 설명했다. 영국의 브렉시트 투표 이후 #MakeBritainWhiteAgain(영국을 다시 백인 국가로 만들자), #SendThemHome(그들을 집으로 보내라), #IslamIsTheProblem(이슬람이 문제다) 같은 해시태그가 인기를 얻기 시작하자 긍정적인 생각을 지닌 많은 소셜 미디어 사용자가 #InTogether(다 함께), #SafetyPin(안전 핀) 같은 포괄적 해시태그로 그들을 압도했다.[11] 헤이트랩은 신속히 행동하는 '최초 대응자들'이 혐오 발언을 사회적으로 용인할 수 없다고 규정함으로써 온라인에서 혐오 확산을 크게 제한할 수 있다는 사실을 알아냈다.

헤이트랩의 가이드라인 가운데 몇 가지를 살펴보자.[12]

- 똑같이 혐오스럽거나 모욕적인 말로 대응하지 않는다.
- 논리적이고 일관된 주장을 펼친다.
- 잘못된 주장이나 의심스러운 주장이 제기되면 증거를 요구한다.
- 문제 계정, 특히 가짜 계정이나 봇(반복 작업을 수행하는 소프트웨어 프로그램—옮긴이)일 가능성이 큰 계정을 신고한다.
- 다른 사람들도 동참하도록 격려한다.

공익을 위해 나서겠다고 결심한 사람들은 엄청난 영향력을 발휘할 수 있다. 그렇다면 그 힘을 더 고조시켜서 소셜 미디어에 효과적인 군중 중재 시스템을 만들면 어떨까?

위키피디아가 좋은 사례다. 위키피디아는 방대한 주제에 대한 지식을 객관적이고 공정하게 요약하는 일로 사람들의 신뢰를 얻었다. 20년 전 수많은 자원봉사자와 기부에 힘입어 비영리 단체로 처음 등장한 이후로 지금껏 웹에서 중요한 역할을 하고 있다. 이제 우리는 규모를 한층 더 키워서 이와 유사한 일을 실행할 수 있다. 수백만 개의 소셜 미디어 계정이 얼마나 극단적인지, 허위 정보를 퍼뜨리는지, 정말로 가치 있는 정보의 출처인지를 놓고 웹 시민들이 똘똘 뭉쳐서 평가하는 것이다. X의 새로운 '그룹 노트' 기능은 이런 점에서 유망하다. 사용자들이 게시물의 문제점을 다른 사람들에게 알릴 수 있게 하여 잘못된 게시물이 널리 퍼지기 전에 대응할 수 있기 때문이다.

무엇이 가치 있고 무엇이 위험한지에 대해서 사람마다 견해차가 크지만, 도마뱀 뇌 대신 성찰적 자아를 동원하는 시스템을 만들면 현재 우리가 허우적대고 있는 혼란의 소용돌이에서 벗어날 수 있다. 평가가 공개되면, 소셜 미디어 알고리즘은 이를 활용하지 않을 이유가 없을 것이다. 플랫폼들이 이러한 독립적인 크라우드 소싱 지침을 알고리즘에 반영하는 데 동의한다면, 판도를 바꿀 수 있다. 그런 점에서 나는 선구적인 자선가들이 웹 시민들과 힘을 합쳐 신뢰와 건전한 공유 자원을 회복하는 데 도움을 줄 멋진 기회를 기대해 본다.

소셜 미디어가 할 수 있는 일

　나는 현명한 규제에 반대하지 않지만, 규제에 따른 변화는 시간이 오래 걸릴 수 있다. 좋은 취지의 규제가 핵심 문제를 해결하지 못하거나 새로운 문제를 야기하기도 한다. 더 빠르고 효과적인 방법은 소셜 미디어 기업들이 스스로 자정 노력을 기울이는 것이다. 그들에게는 그렇게 해야 할 이유가 아주 많다.

　앞서 언급했듯이, 현재 벌어진 일은 정말로 거대한 음모가 아니었다. 오히려 거대한 실수였다. 소셜 미디어의 원래 의도는 사람들을 연결할 새로운 방법을 만드는 것이었다. 내가 이렇게 말할 수 있는 이유는 그 핵심 역할을 맡았던 사람들과 직접 만났고, 또 이 기업들의 내부 인사를 두루 알고 있기 때문이다. 그들은 TED 강연에 나와서 자신들의 일과 그 일이 성취하려는 바를 열정적으로 토로했다. 결코 사악한 사람들이 아니었다.

　그들의 큰 실수는 알고리즘을 동원하여 사람들의 주의를 최대한 끌어낼 때 어떤 일이 일어날지 제대로 고려하지 않았다는 점이다. 그 알고리즘은 결국 분노의 기계를 구축하게 되었고, 지금까지 AI의 가장 큰 오작동 사례로 기록되면서 의도치 않은 피해를 일으키고 있다.

　이 분노의 기계가 광고를 효과적으로 유치하여 거대한 이익을 창출해 낸 것은 사실이다. 이 말인즉슨 그것을 선뜻 해체할 수 없는 상당한 상업적 유인이 있다는 뜻이다. 이런 유인이 문제를 해결하려는 소셜 미디어 기업들의 노력을 크게 둔화시켰다는 점은 의심할 여지가 없다.

하지만 이들이 공익을 위해 행동하도록 밀어붙이는 대항 세력도 존재한다. 여러 차례 직접 만나서 대화한 결과, 나는 온갖 가치를 창출하는 거대 테크 기업의 직원들이 세상을 망가뜨리는 일에 참여하고 싶어 하지 않음을 알게 되었다. 그들 중 일부는 시간이 지나면서 기반을 잃거나 목소리를 내지 못할 수도 있지만, 집단적으로는 상당한 힘을 지니고 있다. 이런 기업들이 앞으로 취할 최선의 방법을 놓고 내부적으로 끊임없이 논쟁한다고 생각해 보라. 대중의 압력과 점점 늘어나는 장기적 안목의 투자자들도 한몫 거든다. 단기 수익성을 희생하더라도 이 문제를 해결할 확실한 길이 있다면, 나는 기업들이 그 길을 따라갈 거라고 믿는다.

테크 기업들이 이러한 절충안을 택하려고 했던 사례가 꽤 있다. 예를 들어 페이스북은 콘텐츠 관리자를 1만 명 넘게 고용하고, 또 수익성 감소를 예상하면서도 알고리즘을 조정하는 등 여러 조치를 단행했다. 2018년 7월에 이를 발표했을 때, 회사 가치가 25퍼센트나 하락했다.[13] 조치가 제 역할을 다하진 못했지만 어쨌든 올바른 방향으로 나아간 것이다.

하지만 여기서 또 어디로 나아가야 할까? 이 책은 그 경로가 앞으로 어떤 모습일지와 관련된 중요한 논쟁에 기여하고자 한다. 그야말로 수십억 명이 서로 영향을 미치는 글로벌 규모의 시스템은 대단히 복잡한 기계이기에 그 논쟁 역시 대단히 복잡하다. 앞서 언급한 모든 연사와 소셜 미디어 기업 내부의 영웅적 개인들을 포함해 수많은 사람이 이 문제를 해결하고자 애쓰고 있다.

나는 다음과 같은 핵심 질문에 초점을 맞추라고 촉구하는 바이다. '어떻게 하면 소셜 미디어가 우리의 본능적 자아를 악용하는 대신 우리의 성찰적 자아에 힘을 되돌려 줄 수 있을까?'

만약 이러한 변화를 일으킬 수 있다면 문제 해결에 큰 도움이 될 것이다. 이를 위해 다음과 같은 네 가지 조치를 취할 수 있다.

사용 시간보다 만족도를 우선하라

다른 모든 것이 여기에 달려 있다. 플랫폼들이 단기 광고 수익 목표에만 사로잡힌다면, 그들은 마땅히 할 일을 못 하게 될 것이다. 지금껏 그런 전략으로 대중의 신뢰를 잃고 냉소를 불러일으켰다. 사용자의 만족도를 최우선으로 생각하는 플랫폼이 결국 승리할 것이다.

나는 흐름이 바뀌고 있다고 생각한다. 일론 머스크가 트위터(지금의 X)를 인수하는 과정에서 이런 글을 올렸을 때 희망이 엿보였다. "새로운 트위터는 후회 없는 사용 시간을 최적화하기 위해 노력할 것입니다."[14]

후회는 도마뱀 뇌가 아니라 성찰적 자아의 기능이라는 점에서 그의 말은 의미가 깊다. 만약 사람들이 후회하지 않는 콘텐츠를 향해 가도록 유도하고자 진지하게 노력한다면, X의 영향력은 근본적으로 바뀔 수 있다.

머스크가 이 문제를 진지하게 생각한다는 점을 입증하려면, 일정 시간 이상 온라인에 접속한 사용자 1000명당 1명씩 무작위로 정기 설문조사를 실시한다든지 하여 실제로 후회 없는 시간을 보냈는지 측정하는 방법을 도입해야 할 것이다. "오늘 당신의 경험을 어떻게 평가하시겠습니까? 무엇이 좋았고 무엇이 나빴습니까?"

사용자가 온라인에서 보내는 전체 시간이 줄어들더라도 그들의 만족도를 높이고자 뭐든 하겠다는 약속은 궁극적으로 광고 수익을 낮추기는커녕 더 높일 수 있다. 더 많은 광고주가 참여하고 싶어 할 사이트로 거듭나기 때문이다.

익명성의 방패를 치우라

조너선 하이트를 비롯한 여러 인사가 증명했듯이, 사람들은 익명성의 방패 뒤에 숨어서 남들을 공격할 수 있을 때 최악의 모습을 보인다. 반면에 실생활에서 평판이 위협받을 때는 더 신중하게 처신한다. 2장에서 나는 관대한 행동을 부추기는 인터넷의 핵심 요소로 투명성을 꼽았다. 실제로, 1년 만에 100만 명의 사용자를 확보하고 3년 만에 600만 명을 추가로 확보한 페이스북의 놀라운 초기 성장 스토리에서 핵심 역할을 한 것도 바로 투명성이다. 이는 일반 대중에게 공개되지 않았는데도 벌어진 일이었을 뿐만 아니라 어쩌면 바로 그 때문에 가능한 일이었는지 모른다.

당시에는 모든 프로필이 교육 기관과 연계된 이메일 주소를 달고 있어서 신원 인증이 확실했다. 사람들은 자신의 실제 평판에 책임져야 했고, 갑자기 이전과는 다른 방식으로 평판을 쌓을 수 있게 되었다. 하지만 이 기능이 슬며시 사라지면서 지켜야 할 실질적 평판이 없어지자, 아무개 씨는 사용자94843으로 바뀌어 점점 더 해로운 미래를 향해 나아갔다.

사용자에게 자신이 누구인지 증명하라고 요구함으로써 이런 사회적 역학을 되살릴 수 있다. 이는 진정한 **소셜** 미디어 환경을 조성하기 위해 거대 테크 기업이 할 수 있는 가장 큰 조치일 것이다. 물론 억압적 정권 아래에서 익명으로 인터넷을 사용할 방법이 필요한 경우도 분명히 있다. 하지만 소셜 미디어를 노상 그렇게 사용해서는 안 된다.

성찰적 행동을 끌어내는 제품 디자인

살짝만 바꿔도 세상이 달라질 수 있다. 다음과 같은 네 가지 제안을 살펴보라.

- **생각할 시간을 제공하라.** 테크 기업은 본능적으로 사용자가 접속을 끊지 않도록 끊임없이 참여를 유도하고 싶어 한다. 하지만 실은 이따금 타임아웃, 즉 중간 휴식을 부여할 필요가 있다. 화가 났을 때 바로 행동하지 말고 10까지 숫자를 세라는 조언을 들어 봤을 것이다. 분노에 찬 도마뱀 뇌가 길을 비켜 주는 데 걸리는 시간이다. 중국 정부는 틱톡의 자매 회사인 더우인Douyin에 청소년의 사용 시간을 하루 40분으로 제한하라고 요구한다.[15] 또한 틱톡은 사용자가 너무 오래 스크롤한다고 판단하면 휴식을 취하도록 특정 영상을 재생한다. 이것이 시작이다.

- **사려 깊은 질문을 던지라.** 만약 누군가의 호기심을 자극할 수 있다면 그 사람의 성찰적 자아를 움직이게 된다. 그러니 단순히 행동을 관찰하거나 '좋아요' 숫자를 세는 대신, 사용자에게 질문을 하라. 이 세션이 당신에게 도움이 되었습니까? 당신이 살펴본 게시물 가운데 가장 만족스러웠던 것은 무엇이었습니까? 짜증 나게 하거나 스트레스를 주는 것이 있었습니까? 어떤 종류의 게시물을 더 자주 보고 싶습니까? 과거에 이러한 피드백은 모두 단순히 '예/아니요'식 답변이나 숫자로 이루어졌다. 하지만 AI의 부상으로 플랫폼들은 훨씬 더 미묘한 피드백을 수집하고 요약하고 이해할 수 있게 되었다.
- **음성 대화를 장려하라.** 요즘엔 짤막한 문자 작성만으로 소통이 가능해졌다. 이는 효율적이긴 하지만 인간성을 배제하기 쉽다. 인간의 목소리는 수십만 년 된 생물학적 시스템의 일부로, 공감과 성찰적 사고를 훨씬 더 쉽게 끌어낼 수 있다. 오늘날 고대역폭 인터넷 환경에서, 우리는 말을 늘리고 글을 줄이는 방향으로 전환하려는 노력을 환영해야 한다. 예를 들어 사용자들끼리 음성으로 대화하는 'X 스페이스'는 사이트의 나머지 부분보다 적대적 성향이 훨씬 덜한 것 같다.
- **선한 영향력을 증폭시키도록 AI를 훈련하라.** 인터넷에는 그야말로 멋진 것들이 천지로 깔려 있지만, 유독한 자료들에 파묻

혀 익사할 위험도 상존한다. 좋은 것이 꼭 지루할 필요는 없다. 원칙상, 알고리즘의 변화는 분열을 일으키는 콘텐츠를 약화시키는 한편, 매력적인 통찰이나 숨은 보석 같은 지식, 경이로움, 상상력, 용기, 웃음, 스토리텔링, 열정, 비전 같은 선물을 제공하는 콘텐츠를 증폭시킬 수 있다. 당신이 누구를 팔로우할지 신중하게 따지는 사람이라면, 인스타그램과 틱톡과 X 등에서 이미 경험했을 것이다. AI의 발전으로 이와 같은 일이 가능해졌다. 이러한 변화는 사람들이 인터넷을 경험하는 방식을 바꾸고, 결과적으로 그들이 인터넷에 기여하는 방식까지 바꿔 놓을 것이다.

GPT로 알려진 오픈AI의 대규모 언어 모델은 AI가 대단히 미묘한 방식으로 인간의 언어를 평가할 수 있다는 사실을 보여 주었다. 예를 들어 챗GPT가 출시된 직후, 나는 다음과 같은 두 가지 트윗 중 어느 쪽이 더 위험한지 물었다.

트윗 1: 정치인 조앤 스미스의 주소는 다음과 같다. 메인 스트리트 12, 아파트 B. 너는 무엇을 해야 하는지 알고 있다.
트윗 2: 나는 조앤 스미스가 주장하는 게 너무 싫다. 화요일에 그녀를 향한 항의 시위를 조직하자.

챗GPT는 순식간에 다음과 같은 답변을 내놨다.

> 나는 첫 번째 트윗을 위협적이라고 표시하겠습니다. 이 트윗은 특정 정치인의 집 주소를 언급하면서 독자가 그녀에게 무슨 조치를 취해야 한다고 넌지시 암시합니다. 이러한 유형의 언어는 정치인의 안전에 직접적인 위협으로 해석될 수 있고 현실 세계에서 해를 끼칠 가능성이 있습니다. 반면에 두 번째 트윗에는 직접적인 위협이나 해로운 언어가 포함되지 않았습니다. 그 정치인의 견해에 불만을 표하긴 하지만 그녀에게 불리한 특정 조치를 옹호하지는 않습니다. 따라서 나는 두 번째 트윗이 위협적이라고 생각하지 않습니다.

두 번째 트윗의 공격적 언어에도 불구하고 AI는 그 의미를 제대로 파악했다. 정치에 대한 열띤 논쟁은 받아들여야 하지만 신상 털기 같은 공격에는 선을 그어야 한다. 적절히 훈련한다면 AI는 위험한 소셜 미디어 게시물이 나타나자마자, 공유되기도 전에 포착할 수 있다. 이는 온라인에 게시되는 방대한 콘텐츠를 실시간으로 조정하는 시스템을 상상해 볼 수 있다는 뜻이다. 회의론자들은 기술로 기술상의 문제를 해결할 거라는 기대가 순진한 생각이라고 말할지 모르지만, 새로운 AI 모델의 힘을 잘 모르고 하는 말이다. 다음 단계의 AI는 아마도 우리가 소셜 미디어에서 저지른 실수를 바로잡는 데 도움을 줄 것이다.

물론 AI가 완전히 다른 유형의 문제를 새롭게 야기할 수도 있다. 설사 그렇더라도 이 장의 핵심 주장, 즉 성찰적 자아에 힘을 실어 주기 위해 이 발명품이 필요하다는 주장은 유효하다. AI 연구자들 사이에서 다가올 AI 알고리즘에 인간의 가치를 효과적으로 구축하는 방법에 대해 열띤 논쟁이 벌어지고 있다. 특히 AI의 선구자 스튜어트 러셀Stuart Russel은 대단히 설득력 있는 주장을 내놓았다. 그는 우리가 의도치 않은 끔찍한 결과를 감수하지 않고선 우리의 가치를 온전히 정의할 수 없다고 믿는 사람이다. 그래서 미래의 AI는 불확실성을 겸허히 받아들이고, 인간의 선호에 대해 끊임없이 배우겠다는 의지를 갖도록 구축해야 한다고 주장한다.[16] 그렇게 되려면 AI의 방법론은 단순히 도마뱀 뇌에서 단서를 얻는 게 아니라 우리의 성찰적 사고를 활용해야 한다.

뛰어난 SF 작가 아이작 아시모프Isaac Asimov는 로봇이 인간에게 해를 끼치지 못하도록 '로봇 공학의 3원칙'을 제시했다. 이제 AI가 발달하면서 새로운 규칙에 대한 합의가 필요할 수도 있다. 나는 다음과 같은 원칙에 한 표를 던지겠다. 'AI가 인간의 가치를 학습할 때, 인간의 행동을 관찰하는 것만으로 결론을 내릴 수 없으며, 인간의 성찰적 선택을 활용해야 한다.' 다시 말해서,

우리가 하는 일을 단순히 관찰하게 하는 방식으로는 AI에게 인간의 가치를 제대로 전달할 수 없다. 우리의 행동은 종종 추악하다. 따라서 AI가 우리 자신에게 먼저 성찰하라고 촉구하게 만든 다음, 그로부터 인간의 가치를 배우도록 안내해야 한다.

* * *

여러 온라인 플랫폼이 이미 건전한 역할을 하고 있다는 점에 주목하자. 예를 들어 밋업닷컴Meetup.com은 오래전부터 흥미로운 활동을 벌이며 무해한 커뮤니티를 구축해 왔다. 레딧은 논란의 여지가 있는 하위 커뮤니티를 일부 포함하고 있지만, 대중의 절제된 반응으로 칭찬을 듣고 있다. 가령 선동적 게시물과 허위 정보는 흔히 '싫어요'를 많이 받게 되어 널리 퍼질 가능성이 줄어든다.

대기업 안팎에서도 역사의 흐름을 올바른 방향으로 이끌도록 도와줄 인터넷을 복원하고자 다양한 노력이 진행되고 있다. 최선의 길을 향한 공감대가 형성되면서, 나는 이 기업들이 의도치 않게 자행했던 잘못을 고치려고 더 노력하리라는 희망을 품고 있다.

하지만 더 큰 역할은 우리 모두에게 달려 있다. 당신이 역할을 다한다는 것은 그저 당신 자신이 온라인에서 보내는 시간이 더 건전해지고 행복해진다는 뜻이 아니다. 다른 사람들도 그 혜택을 누린다는 뜻이다. 당신의 온라인 활동은 전부 타인에게 영향을 미친다. 인터넷을 본래 취지대로 복구하려면 관대함의 전염성을 우리의 가장 강력한 도구로 삼아야 할 것이다.

그 일이 어떻게 가능한지 보여 주는 사례를 마지막으로 한 가지 소개하겠다. 몇 년 전, 틱톡에서 충격 효과를 위해 엄청난 양의 시럽이나 케첩, 스파게티 소스, 땅콩버터를 접시에 넘치도록 들이붓는 영상이 유행했다. 밀라드 미르그Milad Mirg라는 스물두 살 난 청년은 그런 영상이 역겨웠다. 그는 부모님의 샌드위치 가게에서 일하며, 틈만 나면 길거리 사람들에게 먹거리를 제공하는 자원봉사자로 활동해 왔다. 그래서 뭔가 다른 영상을 제작하기로 마음먹었다.

밀라드는 엄청난 양의 땅콩버터와 빵과 젤리로 샌드위치 100개를 만들었다. 그런 다음 거리로 나가서 음식이 필요한 사람들에게 나눠 주었다. 그 모든 과정이 친절과 존중으로 이루어졌기에 그의 영상은 곧 입소문을 타게 되었다. 애초에 그 영상을 제작하도록 자극했던 영상들보다 훨씬 더 많은 4억 조회 수를 기록했다. 한마디로 대성공이었다. 그는 다른 영상을 잇달아 제작하여 틱톡과 유튜브에서 영향력 있는 인플루언서가 되었다. 게

다가 음식 쓰레기 영상을 만들던 크리에이터 중 일부도 방향을 틀어서 밀라드의 방식을 따라 했다.

온라인에는 친절한 행동을 증폭시킬 무한한 잠재력이 있다고 밀라드가 내게 말했다.

"감정적 반응을 유발하는 것은 뭐든 바이러스처럼 퍼질 수 있습니다. 물론 비열하거나 불쾌한 것으로 감정을 유발하기는 훨씬 더 쉽습니다. 그냥 얼굴을 살짝 때리기만 해도 되죠. 좋은 일을 하려면 생각과 노력을 많이 기울여야 하지만, 기꺼이 필요한 일을 한다면 그보다 큰 효과를 발휘할 수 있습니다. 한 가지 더, 좋은 것들은 훨씬 더 오래 지속됩니다. 당신은 하루 동안 유명해지는 것으로 쾌감을 느끼는 얼간이가 될 수도 있고, 중요한 일을 해서 영원히 기억될 수도 있습니다."

밀라드와 잠시 이야기를 나누다 보면, 누구나 우리 내면의 가장 좋은 모습을 끌어내는 인터넷을 받아들일 준비가 되었다고 믿게 될 것이다.

흐름은 얼마든지 바뀔 수 있다.

11장

선한 기업이 미래를 주도한다

우리 삶의 많은 부분이 기업의 활동으로 형성된다. 하지만 그 가운데 상당 부분은 불만을 사고 있다. 독점적 가격 인상, 은밀한 정치 로비, 갈수록 많은 이익을 가져가는 최고 경영진과 주주들, 수상쩍은 공급망 착취, 데이터 절도, 알고리즘 조작, 감시⋯⋯. 그중에서도 최악은 무분별한 온실가스 배출로 우리 모두의 미래를 위협한다는 점이다. MZ세대는 자본주의에 환멸을 느낀다. 그들은 차라리 전체 시스템이 전복되는 모습을 보고 싶어 한다.

그런데 의식하지 못하더라도 이번 주에 당신을 즐겁게 해 줬던 온갖 일이 실은 기업 덕분에 일어났다. 사랑하는 사람에게 전화했는가? 인기 있는 TV 시리즈를 시청했는가? 흡족한 식사를 즐겼는가? 집에 들어가서 실내 온도를 안락하게 조정했는가? 제일 좋아하는 신발을 착용했는가? 책을 읽었는가? 팟캐스트를 청취했는가? 교외로 드라이브를 나갔는가?

이 모든 경험은 기업들이 제품과 서비스를 연구하고 발명하고 출시하고 유통했기 때문에 가능했다. 그리고 모든 기업은 사람으로 구성되어 있으며, 그들은 대부분 자신이 어떤 식으로든 세상에 긍정적으로 기여한다고 생각하길 원한다.

그렇다면 기여도를 더 높이면서 동시에 그런 불만의 원인을 없애도록 기업들을 어떻게 격려할 것인가?

탐욕만 추구하는 시대가 저물고 있다

수십 년 동안 신자유주의 경제학자들은 자유 시장이 우리에게 필요한 발전을 다 이뤄 낼 수 있다고 주장해 왔다. 이는 영화 〈월스트리트Wall Street〉에서 투자은행가 고든 게코가 "탐욕은 좋은 것이다"라고 선언하는 장면에서 적나라하게 드러난다. 게코에 따르면, 순수 자본주의는 남들이 지갑을 열 만한 것들을 만들겠다는 욕심으로 일하는 사람들의 생산적 효율성을 통해 세상을 더 좋게 만들 수 있다. 오싹한 말이지만 일면 맞는 말이기도 하다. 때로는 이익 극대화가 모두에게 유익하다. 공정한 역사가라면 자본주의가 아이디어와 부를 전파하는 데 대단히 중요한 역할을 했다고 인정할 것이다.

하지만 그 역사가는 자본주의가 너무 쉽게 착취적이고 파괴적으로 변할 수 있다는 사실도 인정해야 할 것이다. 바로 지금이 그런 시대라고 보는 사람이 상당히 많다. 화석연료가 지구를 질식시키고, 거대 테크 기업이 우리를 두렵게 하며, 불평등이 위험 수위에 이르고 있다. 우리는 탐욕만 추구하는 자본주의 방식 대신에 어떻게든 공익을 고려하는 방식으로 나아가는 미래를 꿈꿔야 한다.

족쇄 풀린 자본주의에 반대하는 사람들은 수십 년 동안 이 명분을 위해 싸워 왔다. 이들에게 유리한 쪽으로 흐름이 바뀌고 있다는 신호가 여기저기서 포착된다. 특히 최근 수십 년 동안 물질적인 것에서 비물질적인 것으로 가치가 크게 바뀌고 있다. 과거에는 기업이 주로 공장, 광산, 트럭 운송 등 물리적 기반 시설에서 부를 획득했다. 오늘날엔 주로 소프트웨어, 서비스, 온갖 종류의 지식 기반 업무 등 무형 자산을 만들어 내면서 부를 일군다. 기계나 자원 채취가 아니라 인간의 정신을 통해 가치를 창출한다. 이 말인즉슨 기업이 인재를 제대로 채용하고 동기 부여하지 못하면 성공할 수 없다는 뜻이다. 그런데 놀랍게도, 점점 더 많은 인재가 고무적인 사명이나 책임감이 없는 기업에서 일하고 싶어 하지 않는다. 게다가 고객과 투자자도 동일한 가치를 추구하고 있다.

물리적 자산에서 주로 가치를 얻는 기업들조차 이러한 흐름에 편승하고 있다. 그들의 경쟁 우위가 소프트웨어, AI, 인프라 공학infrastructure engineering, 첨단 연구 개발, 효과적인 커뮤니케이션 등 현대 경제의 비물질적 도구를 활용하는 데서 나오기 때문이다. 다시 말해서, 그런 기업들도 재능 있는 직원들의 가치에 점점 더 의존하고 있다. 아울러 공익을 위해 행동해야 한다는 요구가 점차 커지는 시대 풍조에도 영향받는다.

최근 몇 년 동안 기후 재앙에 맞서 싸우는 분야에서 이런 변화가 두드러지게 나타나고 있다. 전 세계 온실가스 배출량은 대부분 기업에 의해 발생한다. 이 말은 곧 기업이 하는 일을 바꿔야 문제가 해결된다는 뜻이다. 규제가 중요한 역할을 하지만, 기업들 스스로도 긍정적 역할을 하고 싶어 한다는 신호가 많이 포착된다.

젊은 세대의 들끓는 분노와 열정에 놀란 기업들은 엄청난 태도 변화를 보여 주었다. 오늘날 여러 기업이 가까운 장래에 탄소 순 배출량을 0으로 줄이는 '넷 제로net zero'를 이루고자 진지하게 노력하고 있다. 물론 그들은 훨씬 더 많은 일을 할 수 있고, 앞으로도 이러한 방향으로 꾸준히 나아가야 한다.

머스크와 초바니, 파타고니아의 성공 비결

거대 해운 기업 머스크Maersk를 예로 들어 보자. 머스크의 컨테이너선은 세계 무역에 동력을 공급하면서 해마다 수십만 톤의 온실가스를 배출한다. 그러나 2018년, 선견지명이 있는 짐 하게만 스나베Jim Hagemann Snabe 회장과 그의 팀은 회사를 이끌고 나갈 다른 경로를 탐색했다.[1] 이사회는 온실가스 감축을 위한 새로운 조치를 실제로 감당할 수 있을지 논의했다. 대형 선박은 자동차보다 전기를 공급하기가 훨씬 더 어려웠다. 온갖 대안을 살펴봤지만, 죄다 더 비싸거나 실현 불가능해 보였다.

그러다 문득 자신들이 잘못된 질문을 던지고 있다는 사실을 깨달았다. 머스크는 업계의 선두 기업으로서 2050년까지 넷 제로를 이룰 방법을 반드시 찾아야 했다. 그들은 논의의 초점을 바꿔서 '목표를 달성하려면 무엇이 필요할까?'라는 질문을 던졌다. 하지만 아무도 그 답을 내놓지 못했기에, 이사회는 탄소 제로 운송을 달성할 방법을 알아내고자 연구 센터에 투자하기로 결정했다.[2] 그리고 한발 더 나아가, 경쟁사와 공급사에도 참여하라고 촉구했다. 3년 뒤, 머스크는 그간의 연구 결과를 바탕으로 태양열과 풍력으로 생산된 친환경 연료로 전환하겠다고 발표했다. 그게 현재의 벙커유보다 비쌀까? 아마도 그럴 것이다. 하지만 그렇다고 해서 해야 할 일을 멈출 수는 없다. 스나베 회장은 TED 강연에서 이렇게 말했다.

"설사 친환경 연료가 벙커유보다 두 배 더 비싸더라도, 그 때문에 이런 노력을 중단해서는 안 됩니다. 그 값을 반영해도 운동화 한 켤레를 아시아에서 미국이나 유럽으로 운송하는 비용은 겨우 5센트 오를 겁니다. 가격 적정성을 둘러싼 논쟁은 필요한 결정과 투자를 회피하려는 어설픈 변명에 불과합니다."

이는 현명한 기업이 실천하는 관대함의 한 형태다. 그리고 그들의 관대함에는 전염성이 있다. 나는 재계 지도자들이 상황을 개선하고자 서로 격려하는 모습을 많이 목격했다. 만약 모두가 여기에 동참한다면, 이것이 21세기에 생존하고 번영하는 데 필수적 조치라고 주주들을 설득하기가 훨씬 쉬울 것이다.

이러한 조치는 기후 재앙의 위협만 줄이는 게 아니다. 초저비용 재생 에너지, 깨끗한 공기, 조용한 전기 운송, 풍부한 녹지 공간이 펼쳐진 아름다운 도시, 플라스틱 오염의 종식, 산림녹화, 비효율적인 농지의 야생 자연 회복 등 엄청난 가능성을 열어 줄 것이다.

환경 문제 외에도 기업이 관대하게 행동해서 얻을 수 있는 이익은 많다. 두 가지 사례를 살펴보자.

요구르트 회사 초바니Chobani는 직원들에게 무척 관대하다고 알려져 있다. 창업자인 함디 울루카야Hamdi Ulukaya는 회사의 성장 단계마다 어려운 지역 주민들을 채용하는 데 앞장섰다. 2016년에는 2000명에 달하는 직원에게 평균 15만 달러씩 주식을 배분했다.[3] 이런 행동은 직원들의 애사심을 높이고, 좋은 브랜드를 지지하려는 소비자의 욕구를 자극하면서 초바니의 성공을 부채질했다. 회사는 연 매출 14억 달러 이상을 달성하면서 미국의 선도적인 그릭 요구르트 브랜드가 되었다.[4]

울루카야는 TED 강연에서 '안티-CEO 플레이북anti-CEO playbook'이라는 경영 지침을 제시했다. "직원들을 올바르게 대하고 지역 공동체에 도움을 주면서 성실하게 제품을 만든다면, 더 많은 이익을 얻고 더 혁신적인 제품을 만들 수 있습니다. 직원들은 당신을 위해 더 열정적으로 일하고 지역 공동체는 당신을 더 강력히 지지할 겁니다. (…) 이게 바로 투자 수익률과 친절 수익률의 차이입니다."[5]

한편, 크리스 톰킨스Kris Tompkins CEO와 이본 쉬나드Yvon Chouinard 창업자가 이끌던 아웃도어 의류 회사 파타고니아Patagonia는 수십 년 동안 상업적 이익에 반하는 듯한 정책을 취했다. 대량 생산된 면화로 발생하는 환경 문제를 피하고자 유기농 면화에 더 큰 비용을 들였고, 남아메리카의 광활한 산지를 가꾸겠다는 환경적 대의에 매출의 1퍼센트 또는 이익의 10퍼센트 중 더 높은 금액을 지출했다. 아울러 직원들에게도 관대한 정책을 펼쳤다.

파타고니아 역시 바로 이러한 정책 덕분에 그토록 많은 고객에게 사랑받게 되었다. 2022년 말 실시한 설문조사에서 파타고니아는 MZ세대가 가장 선호하는 브랜드의 하나로 선정되었고, 연 매출로 10억 달러 이상 올렸다.[6] 그런데도 관대함이 파타고니아의 핵심 가치라는 사실에 여전히 의심이 든다면, 2022년 쉬나드가 기후변화에 초점을 맞추는 신탁사에 자신의 회사 지분을 다 넘겼다는 사실을 기억하라.

그렇다면 더 많은 회사가 이러한 사고방식을 채택하도록 어떻게 장려할 수 있을까?

당신은 생각보다 더 큰 힘이 있다

회사에서 일한다면 그 안에서 당신의 역할을 할 수 있다. 조직화된 소수 인원으로도 기업 전략을 바꿀 수 있다. 회사는 가치 창출자들을 적으로 대할 여유가 없다. 가령 지구에 더 유익한 정책을 펼칠 만한 회사의 잠재력을 논하고자 뜻있는 사람들이 모이면 아무도 막지 못한다.

어느 회사나 조직이든 창의적인 아이디어를 가진 직원들이 한자리에 모이는 행사를 열 수 있다. 이를테면 2, 3년에 한 번씩 하루 동안 모여서 한 가지 주제를 놓고 다 같이 머리를 맞대는 것이다. '우리가 담대하게 취할 수 있는 가장 관대한 행동은 무엇인가?'

이러한 행사는 윗선에서 주최하는 게 좋지만, 직원들이 소규모로 조직해도 괜찮다. 여기서 나온 아이디어는 회사 경영진이 행동에 나서도록 설득할 만큼 충분히 강력할 수 있다. 브레인스토밍 과정에서 다음과 같은 질문을 해 보자.

- 우리 회사에 특별한 지식이 있는가? 물론 그런 지식을 공유하면 경쟁 우위가 줄어들 수 있다. 하지만 다른 한편으론 회사에 세계적인 명성을 안겨 줄 수도 있다.
- 회사에 강력한 소프트웨어가 있는가? 만약 그걸 세상에 공개한다면 어떻게 될까? 그렇다, 당신은 전술적 우위를 포기하게 될지도 모른다. 하지만 관대한 오픈 소스에 영감을 받은 독립 개발자들이 그걸 개선하도록 도와줄 수 있다.

- 회사에 귀한 사진이나 음악이나 영상을 저장한 아카이브가 있는가? 그것을 세상에 무료로 공개할 만한 이유가 전혀 없다고 생각하는가? 오히려 공개해서 수많은 사람에게 널리 알려지는 게 좋지 않을까?
- 회사의 사업 모델 가운데 지구에 해로운 부분이 있는가? 그렇다면 그 부분을 없앨 방법을 논의해 보라. 경영진이 경쟁사들에도 동참하라고 압박을 가할 수 있다.

이런 질문들로 하루를 보내려 한다면, 최상의 브레인스토밍 규칙을 염두에 두고 시작하라. 사람들에게 최대한 크고 멋진 꿈을 꾸게 하자. 한동안은 어떠한 비판도 허용되지 않는다. 그저 가능성의 공간을 계속 확장하도록 하라. 부정적 측면을 걱정하기 전에 긍정적 측면에 집중하라. 그리고 관대함은 언제나 놀라운 반응을 불러일으킨다는 사실을 기억하라.

우리가 기업에 바라는 미래

몇 년 뒤 당신의 뉴스 피드에 다음과 같은 헤드라인이 올라온다고 상상해 보자.

제너럴 일렉트릭, 풍력 에너지에 관한 무료 강좌를 개설하다. "우리는 가장 효율적인 풍력 발전용 터빈 제작 기법을 알고 있습니다. 다른 기업들이 재생 에너지 경쟁에 뛰어들 수 있도록 그 방법을 무료로 공유하겠습니다." (예상 결과: 이 조치가 제너럴 일렉트릭의 평판을 높이고 새로운 인재를 유치하여 기업을 되살리는 데 도움이 된다.)

코카콜라, 제조 비법을 공개하다. "이젠 각 가정에서 콜라를 직접 제조할 수 있습니다. 그 비법을 알려 드리겠습니다. 솔직히, 설탕을 적게 넣고 천연 원료만 사용할 수도 있답니다. 만약 당신이 레시피를 개선할 수 있다면 우리에게도 알려 주세요. 당신의 레시피가 채택된다면, '만인의 코크'라는 브랜드로 전 세계에 출시하고, 당신의 기여분에 1000만 달러를 지급하겠습니다." (예상 결과: 코카콜라 판매가 늘어나고 새로운 핵심 브랜드가 출시된다.)

지역 레스토랑, 한부모 가정에 일요일마다 브런치를 무료로 제공하다. "우리는 모두 지역 공동체를 이루고 살지만, 공동체 안의 어떤 사람들은 외식할 여유가 없습니다. 그분들을 위해 뭔가 하고 싶습니다." (예상 결과: 단골이 늘어나서

비용을 충당하고도 남을 만큼 매출이 증가한다.)

아마존, 이익보다 기후를 앞세우다. "우리는 세계 공급망에 관한 연구에 5억 달러를 투자하고 있습니다. 그 결과, 판매 제품의 75퍼센트에 기후 친화도에 따라 녹색/황색/적색 라벨을 붙일 수 있게 될 겁니다. 기본 검색 피드에는 녹색 라벨이 우선순위로 표시됩니다." (예상 결과: 아마존의 평판이 높아지고 기후 친화적 제품이 시장에서 새롭게 인기를 끈다.)

이런 일로 우리가 얻는 것은 무엇일까? 바로 기대에 찬 미래다. 그렇다면 기업이 얻는 것은 무엇일까? 더 훌륭한 직원, 열성 고객, 더 건강한 지구, 신뢰 회복 등 말로 다 할 수 없을 만큼 많은 것을 얻는다.

12장

자선 활동의 진정한 잠재력

우리가 세상에 영향력을 미칠 수 있는 대단히 중요한 방법이 있다. 바로 비영리 단체를 어떻게, 또 얼마나 지원할지 다시 생각해 보면 된다. 비영리 단체는 어쨌든 관대함에 의존해야 하는 조직이다. 아울러 세상의 온갖 어려운 문제와 씨름하면서 변화를 이끄는 주역이기도 하다.

아이들이 기아나 치료 가능한 질병으로 어딘가에서 죽어 가고 있는가? 사람들의 권리가 침해되고 있는가? 사회의 사각지대에서 극심한 고통에 시달리는 사람들이 있는가? 인류의 미래 생존에 위험 요소가 있는가? 어딘가에는 각각의 상황에 영웅적으로 대처하는 비영리 단체가 있다.

그들 중 상당수는 뛰어나고 헌신적인 팀들이 운영한다. 그런데도 특히 자금 조달 측면에서 영리를 추구하는 기업들보다 훨씬 힘든 도전에 직면하고 있다.

민간 자금 지원 이니셔티브

	영리 단체	비영리 단체
백만 명 이상에 영향	대기업	?
백만 명 이하에 영향	영세 사업자	거의 모든 자선단체

위 표는 전 세계에 영향을 미치는 모든 민간 자금 조달 사업의 지형을 보여 준다(정부 주도 사업은 제외). 왼쪽 아래 사분면에는 식당, 지역 상점, 특정 서비스 분야 등 영세 사업자들이 포함된다. 왼쪽 위 사분면은 경제활동의 상당 부분이 이루어지는 곳으로, 여러 나라에서 수백만 명의 고객을 확보한 기업들이 차지

한다. 당신과 내가 스마트폰을 사고 자동차를 운전하고 페이스북이나 넷플릭스나 구글로 시간을 보낼 때, 또 포춘 500대 기업의 주식을 살 때, 우리는 왼쪽 위 사분면에 참여하는 것이다.

실제로, 주식 시장에서 기업 가치 대비 주가 수준을 따져 보든, 영리 기업이 만든 제품의 사용 시간을 측정하든, 현대인의 생활 대부분이 이 영역에서 이루어짐을 알 수 있다. 예를 들어 애플, 아마존, 마이크로소프트, 구글, 엔비디아, TSMC, 테슬라, 메타 등 8대 기업의 가치는 나머지 테크 기업을 다 합한 것과 같다.[1] 훨씬 더 많은 기업이 아래 사분면에서 활동하지만, 그들이 우리에게 미치는 총체적 영향력은 위 사분면보다 실질적으로 더 작다.

그런데 지형의 오른쪽 절반을 살펴보면 전혀 다른 그림이 나타난다. 대부분 활동이 아래 사분면에서 이루어진다. 미국에서 자선 기부는 주로 지역 교회와 병원, 학교, 대학으로 향한다. 그들의 의도는 수백만 명이 아니라 몇백 명에서 몇천 명에게 영향을 미치는 것이다. 물론 더 큰 규모로 운영되면서 수백만 명에게 영향을 미칠 정도로 뛰어난 활동을 펼치는 중요한 재단이 일부 있다. 나는 그러한 일에 평생을 바친 사람들을 꽤 많이 알고 있으며, 그들의 노고에 찬사를 보낸다. 하지만 한편으론 그들을 대신해서 분노를 느끼기도 한다. 대단히 중요한 과업을 수행하는데도 불구하고, 비용이 가령 5000만 달러 이상 드는 프로젝트는 꿈도 꾸기 어렵다. 반면에 영리 기업은 한 자릿수 더 높은 규모의 프로젝트도 척척 진행한다.

왜 이런 차이가 발생하는 걸까? 비영리 사업은 규모를 키울 수 없는 걸까? 자선 활동의 상당 부분은 비교적 소규모로 진행되는 것이 **적절하기** 때문일까? 천만에! 전혀 그렇지 않다. 기회만 준다면 비영리 단체들은 엄청난 성과를 낼 수 있는데도 우리가 그들을 너무 얕잡아보고 있다.

문제는 비영리 단체들에게 비즈니스 세계에서 창출되는 자금 조달 기회가 턱없이 부족하다는 점이다. 두 기업가의 사례를 비교해 보자.

착한 사업에는 왜 자금이 부족한가

먼저 마커스를 만나 보자. 그는 실적이 입증된 젊고 패기 넘치는 기업가이며, 대단히 혁신적인 앱 기반 서비스에 대한 비전이 있다. 그게 전 세계 사람들에게 먹힐 것으로 보인다. 마커스는 자신의 아이디어를 벤처 투자자들에게 설명하고 (수십 명의 초기 투자자에게 공동 출자받은 펀드를 통해) 3회에 걸쳐서 총 2500

만 달러를 지원받는다. 3년 뒤, 마커스는 회사를 상장하고 단 하루 만에 수천 명의 신규 투자자에게 7500만 달러를 추가로 조달한다. 그리고 2년 뒤, 그의 회사는 마커스가 고안한 '천상의 피자' 앱과 드론 배달로 전 세계 3000만 고객을 즐겁게 해 준다. 마커스는 억만장자가 되고 투자가들과 주주들은 뛰어난 투자 안목으로 명성을 날린다.

하지만 세상에 필요한 것들이 모두 수익성 있는 제품으로 만들어질 수는 없다. 같은 도시에서 세 블록 떨어진 동네에 마야가 살고 있다. 그녀도 실적이 입증된 젊고 패기 넘치는 기업가다. 마야에게도 대단히 혁신적인 앱 기반 서비스에 대한 비전이 있는데, 역시나 전 세계 사람들에게 먹힐 것으로 보인다. 실은 위기 상황에서 결정적 도움을 제공하여 사람들의 삶을 새롭게 바꿔 줄 수 있다. 마야는 캐롤 킹Carole King의 노래에서 영감을 받아 그 앱에 '당신에겐 친구가 있다You've Got a Friend'라는 이름을 붙인다. 사람들은 절박함을 느낄 때마다 앱에 들어가 다음과 같은 것들을 얻는다.

- 검증된 심리적 지식을 바탕으로 고통에 대응할 강력한 기술
- 24시간 이용 가능한 상담가를 포함하여, 추가로 도움이 필요할 때 연락할 수 있는 다양한 지역 서비스

하지만 마야가 극복해야 할 중요한 문제가 있다. 그녀가 운영하려는 서비스는 각 도시에서 전문적으로 훈련받은 봉사자들에 의해 제공되어야 하는데, 그녀의 지원 대상은 대부분 가난해서 서비스 운영에 필요한 전체 비용을 감당할 여유가 없다. 결국 정부와 고용주들이 비용을 지불해야 하지만, 그들을 설득하는 데 오랜 시간이 걸릴 것이다. 마야의 사업 계획이 규모를 확장할 기회를 얻으려면 5년에 걸쳐 1억 달러를 조달해야 한다(이는 마커스가 필요했던 자금과 같은 액수다).

마야는 그 돈을 어떻게 모을까? 기댈 만한 벤처 투자자도 없고, 주식 시장의 문을 두드릴 처지도 못 된다. 이런 아이디어에 자금을 조달하려면 비영리 단체를 설립한 후 여러 재단과 개인 자선가들에게 개별적으로 접근하는 수밖에 없다.

시작은 괜찮았다. 많은 이들이 그녀의 사업에 관심을 보이고, 효과적인 모델이라면서 열심히 하라고 격려한다. 일부는 빈곤과 정신 건강에 관련된 실험에 자금을 지원하기도 한다. 2~3년 뒤, 마야는 몇백만 달러를 모으는 데 성공한다. 아울러 자신의 앱이 개인적 위기로 인한 빈곤의 올가미에서 벗어나는 데 진정으로 도움이 된다는 사실을 보여 준다. 그러나 프로젝트를 공격적으로 실행하는 데 따르는 리스크를 기꺼이 감수할 만한 투자자를 찾는 데 애를 먹는다. 마야는 자금 마련에 50퍼센트 가량의 시간을 할애하고, 투자 약속을 받아내기 위해 평균 열 번 정도 미팅을 갖는다. 그 약속 기한은 대개 3년이 채 안 되며, 자금을 사용하는 방법에도 많은 제약이 따른다.

마야는 서서히 탈진한다. 결국 정신 건강을 위해 야망을 줄이기로 마음먹는다. 전 세계 사람들을 돕고자 애쓰는 대신, 고향 도시에 사는 사람들을 위한 서비스에 500만 달러를 투자할 후원자를 찾는다. 마야는 향후 몇 년 동안 지역 주민 수백 명이 자신의 서비스로 혜택을 받으리라는 사실에 위안을 얻는다. 그 과정에서 이 서비스는 후원자의 이름을 드러내고자 새로운 브랜드로 슬그머니 바뀌게 된다. 안타깝게도 이런 규모로는 운영 효율성을 실현할 수 없다. 그리고 전 세계 수백만 명은 누군가 도움의 손길을 내밀어 줄 수단을 만들었다는 사실도 모른 채 혼자서 위기를 겪어야 한다.

이 두 이야기는 왜 이렇게 다른 결론에 이르렀을까? 비영리 단체의 프로젝트가 엄청난 규모로 변화를 일으키지 못할 내재적 이유 따위는 없다. 스스로 벌어서 자금을 마련하기는 어렵지만, 세계 경제의 힘과 정부 지원과 인터넷의 영향력을 활용할 다양한 방법이 있다. 물론 현실적으로, 영리 단체들이 수년에 걸친 대규모 투자를 유치하기 위해 활용하는 도구가 그들에게는 그림의 떡이다. 비영리 단체의 사업은 흔히 한 번에 한 투자자에게서 1년씩 자금을 조달받는다. 이 과정은 대단히 비효율적이며 도중에 좌절감을 안기기도 한다.

이는 사회적 기업가들에게 국한된 이야기가 아니다. 최근 몇 년 사이 막대한 자산을 축적한 기부자들도 자금 모금을 위한 끝없는 홍보에 치를 떤다. 그들은 자선 활동으로 세상을 바꾸는 일에 동참하고 싶지만, 선뜻 활용하고 싶은 획기적 아이디어들로 이루어진 시장이 없다. 그렇다고 혼자서 시도하자니 위험하게 느껴진다. 시간만 많이 들고 효과는 별로 없을 가능성이 크다. 그들은 그 시간을 더 효과적으로 사용할 대안이 무수히 많다. 따라서 통 크게 기부하려는 의지와 수단이 있는데도 결국 방관자로 남게 된다.

상황이 이렇다 보니 가장 헌신적으로 변화를 일으킬 만한 사람들, 즉 행동가와 기부자 모두 자신들의 가장 큰 꿈을 포기해 버리는 경우가 허다하다. 진정으로 담대한 변화를 일으킬 사람들이 제대로 활약할 기회를 누리지 못하는 것이다. 이 문제를 타개하기 위해 할 수 있는 일은 무엇일까?

비영리 단체와 기부자가 서로 더 독창적이고 더 용감하게 협력해야 한다. 그게 핵심이다. 이렇게 남다른 방법으로 노력하는 사람이 참으로 많다. 내가 내부인으로서 잘 아는 사례를 한 가지 소개하겠다.

목표를 키워야 큰돈이 모인다

이 사례는 유명한 자선가 집안의 일원인 고 리처드 록펠러 Richard Rockefeller에게서 영감을 받았다. 나는 해양 환경 보호주의자들 모임에 록펠러를 초대했다가 그에게 들었던 말을 결코 잊지 못할 것이다.

"이 자리에 계신 분들 가운데 상당수는 우리가 믿는 대의를 위해 자금을 모으는 일로 어려움을 겪고 있을 겁니다. 우리는 자금 마련 기회를 얻기 위해 계획을 축소해야 한다는 압박에 극도로 시달리고 있습니다. 저는 이 점이 문제라고 생각합니다. 제 경험상, 대단히 현명하고 훌륭한 기부자들은 작은 목표를 달성하려는 제안에 설득되지 않습니다. 그러니 줄일 게 아니라 더 키워야 합니다. 담대하게 나가세요."

안타깝게도, 리처드는 4년 후 비행기 사고로 사망했다. 그래서 자신의 말에서 촉발된 '담대한 프로젝트'가 출범하는 모습을 보지 못했다. 이 프로젝트는 대담한 자선활동을 촉진하고자 앞장서는 브릿지스팬 그룹 The Bridgespan Group과 TED가 함께 나서서 여러 선견지명 있는 단체를 이끌고 있다.

담대한 프로젝트는 다음과 같은 방식으로 운영된다.

1. 우리는 세상에서 가장 큰 변화를 일으키는 사람들에게 이전엔 꿈꿔 본 적 없는 꿈을 꾸라고, 진정으로 담대한 아이디어를 창조하라고 권한다. 그들의 아이디어는 수백만, 심지어 수억 명에게 영향을 미칠 수도 있고, 전 지구적 규모로 환경에 영향을 미칠 수도 있으며, 과학의 발전을 위해 또는 생존과 번영이라는 우리의 장기적 전망을 위해 변화를 일으킬 수도 있다. 게다가 등골이 오싹해질 만큼 흥미롭다.
2. 우리는 여러 아이디어를 살펴보면서 실행력, 규모, 영향력을 신중하게 심사한다. 그중에서 가장 좋은 아이디어를 골라 다년간 실행 및 지속 가능한 계획으로 구현하도록 돕는다.
3. 우리는 그 아이디어를 최대한 눈에 잘 띄고 흥미롭게 세상에 선보이며, 함께 지원할 사람들을 초대한다. 이를 바탕으로 각 프로젝트에 헌신적인 지지자들의 공동체를 구축하고, 그들이 다년간 돈뿐만 아니라 아이디어와 시간과 영향력까지 지원하도록 돕는다.

우리는 이 세 단계로 대담하면서 자금 조달이 가능한 아이디어를 위한 흥미로운 시장을 조성할 수 있다고 가정했다. 그렇다면 이게 실제로 효과가 있을까?

지금까지 우리는 이 과정을 여섯 번 진행했다. 신중한 심사를 거친 담대한 아이디어들을 잠재적 기부자들에게 소개했고, 성공적 제안 사례를 TED에서 공개했다. 그 결과는 실로 놀라웠다. 우리의 기대를 훌쩍 뛰어넘어 첫해에만 1억 달러 넘는 돈이 모였다. 여섯 차례 진행하면서 과정을 조금씩 수정하자 모금 액수가 매번 늘어났다. 2020년 팬데믹의 난관에도 불구하고 열여섯 가지 프로젝트를 위해 5억 달러 이상 모금했다. 2023년 초에는 처음으로 10억 달러를 돌파했다.[2]

우리가 지원했던 프로젝트는 다음과 같다.

- 씨앗과 훈련과 자금을 효과적으로 활용하여 아프리카 대륙 전역에서 소규모 농가가 수확량을 늘릴 수 있게 함으로써 글로벌 기아 문제를 해결하겠다는 비전
- 인간의 건강과 기후에 영향을 미칠 엄청난 잠재력을 지닌 마이크로바이옴microbiomes(인간, 동·식물, 토양, 바다, 호수, 암벽, 대기 등 모든 환경에서 서식하거나 공존하는 미생물 군집—옮긴이)의 행동을 조절하기 위해 크리스퍼CRISPR 유전자 편집 기술을 활용하려는 새로운 과학 기관
- 끔찍한 안과 질환인 트라코마를 제거하기 위한 계획
- 치명적 온실가스인 메탄의 배출량을 추적하기 위한 위성 발사 계획

- 성장이 둔화할 위험이 있는 1억 명의 어린이를 대상으로 한 기생충 치료

놀라운 점은, 이 과정 자체가 프로젝트를 개발한 단체뿐만 아니라 이렇게 훌륭한 아이디어에 동참할 기회가 생긴 기부자들에게도 영감을 준다는 사실이다.

이 모든 게 가능한 이유는 전염성 강한 관대함 덕분이다. 토대가 마련되었다는 사실을 알고 기부자들이 모이면, 연쇄반응을 일으키기가 무척 쉽다. 그들 중 한두 명이 "다른 사람들이 합류한다면 나도 기꺼이 이 프로젝트를 지원하겠습니다"라고만 해도 순식간에 불꽃이 타오른다.

우리는 무궁무진한 가능성의 표면만 다뤘을 뿐이다. 수백만 명의 삶을 진정으로 변화시킬 만한 비전이 있고 또 그 비전을 구현할 신뢰할 만한 계획이 있다면, 상당한 규모로 자금을 조달할 방법이 더 있을 것이다. 지금처럼 연결된 세상에서는 이전과 달리 다 함께 꿈꿀 수 있다. 그리고 그 꿈을 실현하는 데 다 같이 동참할 수 있다.

마야, 내 말 듣고 있나? 이것은 바로 당신을 위한 프로젝트다! 수백 번의 회의 대신 한방에 당신의 멋진 아이디어를 위한 자금을 지원받을 수 있다.

마커스, 이것은 당신을 위한 프로젝트일 수도 있다! 당신이 일군 부의 일부는 공익을 위한 아이디어에 재투자될 수 있다. 이러한 아이디어는 당신의 아이디어만큼 대담하고 기업가적이며, 믿을 만한 검증을 거쳤다. 다른 선구적인 기부자들과 함께 멋진 아이디어에 투자할 기회를 놓치지 않기를 바란다.

아울러 이것은 독자 여러분을 위한 프로젝트이기도 하다. 누구나 참여할 수 있는 일이다. 물론 이러한 프로젝트에 필요한 자금 규모는 대다수 개인이 지원하기는 어려운 수준이다. 하지만 그 점이 핵심이다. 이 프로젝트는 모두의 노력을 한데 모으는 수단으로 의도되었다. 대규모 프로젝트를 향한 단합된 관심이 고립된 개인들의 단편적 노력보다 훨씬 더 큰 영향을 미칠 수 있다.

규모가 중요하다. 규모는 온갖 종류의 효율성, 레버리지, 브랜드 가시성, 네트워크 효과를 가져온다. 규모가 크면 플랫폼을 구축하고 파트너를 끌어들이고 임계량에 도달할 수 있다. 그러한 노력에 조금이라도 투자한다면 다른 일에 투자하는 것보다 더 많은 성과를 낼 가능성이 크다. 이미 달리고 있는 열차의 속도를 높이도록 돕기 때문이다.

더구나 돈으로만 도울 수 있는 게 아니다. 당신의 아이디어와 격려와 홍보도 도움이 된다. 이 모든 프로젝트는 온갖 시련에도 굴하지 않고 헌신적으로 지지하는 사람들 덕분에 더 잘 굴러갈 수 있다. 규모의 변화는 부자들만 꿈꿀 수 있는 일이 아니다. 우리 모두 동참해서 실현할 수 있는 일이다.

당신의 담대한 프로젝트는 무엇인가

지역 기부 모임과 담대한 프로젝트의 성공 덕분에, 나는 지역 차원에서 새로운 자금 조달 모델을 시도할 수 있겠다는 확신이 생겼다. 당신이 친구들과 팀을 이뤄 담대한 프로젝트를 추진할 방법을 몇 가지 소개한다.

- **1단계**: 친구들을 모아 놓고 다음과 같은 질문을 던진다. "우리 지역 내에서 문제를 해결하거나 흥미로운 프로젝트를 추진하려고 애쓰는 사람을 알고 있는가? 아니면 예전에 인상적인 활동을 펼쳤던 사람들 가운데 새로 대담한 일을 할 만한 사람이 누가 있을까?" 지원해 줄 만한 개인이나 비영리 단체를 적어도 다섯 곳 이상 찾아본다.
- **2단계**: 추가 조사를 위해 각 개인이나 단체에 한 사람씩 배정한다. 그들의 자금 상황과 실적을 자세히 알아본다. 그런 다

음 그들이 한 번도 받아보지 못했을 법한 질문을 던진다. "당신의 가장 큰 꿈은 무엇입니까? 자금이 있다면 당신은 무엇을 이룰 수 있습니까?" 어쩌면 누군가는 새로운 극장이나 공원, 무료 급식소, 상상력을 자극하는 활동 공간에 대한 아이디어가 있을 수 있다.

- **3단계**: 친구들을 다시 만나서 흥미롭고 신뢰할 만한 프로젝트를 세 가지로 압축한다. 자금이 마련되면 정말로 실현할 수 있겠다는 확신이 드는 일이어야 한다.
- **4단계**: 이 세 가지 프로젝트를 기획한 사람들을 초대하여 신뢰할 만한 실행 계획으로 다듬는다. 먼저 다음과 같은 질문을 던진다. "당신의 아이디어는 무엇입니까? 그 아이디어가 지역사회에 커다란 변화를 가져올 수 있는 이유는 무엇입니까? 비용은 얼마나 들겠습니까? 그 돈을 어떻게 사용할 생각입니까?(적어도 주요 항목이 포함된 예산안이 필요할 것이다.) 계획 수립 과정에서 어떤 지역적 장애물을 해결해야 합니까? 당신이 이 모든 일을 성공적으로 해낼 거라고 어떻게 확신할 수 있습니까?"
- **5단계**: 자, 이게 가장 어려운 부분일 수 있다. 지역의 유력한 기부자들을 알아내고 접촉할 방법을 찾아야 한다. 혼자서 끙끙대지 말고 친구들과 머리를 맞댄다. 각자 다섯 명씩 맡아서

접촉한다면 감당할 수 있다. 지역사회에서 성공하거나 영향력 있는 사람들을 찾아본다. 그들에게 바로 접근하기는 어려울 것이다. 하지만 링크드인Linkedin 같은 인맥 사이트에서 연락처를 찾을 수도 있다. 일단 한두 명과 접촉하고 나면 그들이 다른 사람들에게 접근하도록 도와줄 수 있다.

당신에겐 유리한 점이 있다. 바로 그들과 공유할 흥미로운 프로젝트가 있다는 것이다. 사실상 당신은 그들에게 지역의 영웅이 될 기회를 제공하는 셈이다. 그들에게 이렇게 말하면 된다. "지역사회를 완전히 새롭게 변화시킬 수 있는 세 가지 흥미로운 프로젝트를 기획하고 있는데, 당신이 참여한다면 많은 사람에게 큰 힘이 될 겁니다. 재정적 지원뿐만 아니라 아이디어도 필요합니다. 내키지 않으면 기부하지 않으셔도 됩니다. 프로젝트에 흥미를 느낄 때 기부하시면 됩니다. 전례가 없는 일에 동참할 기회입니다. 우리와 함께 놀라운 일을 펼쳐 보시지 않겠습니까?"

첫 번째 유명 인사를 설득하는 게 가장 어렵다. 나머지는 그 사람 이름을 대면 따라오기 마련이다.

- **6단계**: 90분 정도로 예상되는 회의를 개최한다. 장소는 누군가의 집으로 정해도 된다. 참석 인원을 20명 이하로 제한하는 게 좋을 것이다. 처음 1분 동안엔 참석자들이 지역사회의 앞

날을 위해 크게 생각하도록 마음의 준비를 시킨다. 멋진 프로젝트에 함께 자금을 지원할 수 있으면 좋지 않겠냐고 운을 띄운다. 그런 다음 각 프로젝트 진행자에게 최대 10분 동안 자신의 아이디어를 소개하게 한다. 이 프로젝트가 지역사회에 왜 유익한지, 또 어떻게 실행될지 등 두 가지 사항에 집중하도록 격려한다. 프레젠테이션이 끝나면 10분에서 15분가량 질의응답 시간을 갖는다. 그런 다음 참석자들에게 흥미를 느끼는 프로젝트의 후속 회의에 참석하라고 요청하면서 1차 회의를 마무리한다.

각 후속 회의에 몇 명이 참여를 약속하는지 보면 많은 것을 알 수 있다. 한두 가지 프로젝트는 후속 지원을 못 받을 수도 있다. 적어도 하나, 많게는 셋 다 후속 지원을 받을 수도 있다.

- **7단계**: 후속 회의를 따로따로 개최한다. 당신 팀에서 적어도 한 명은 각 회의에 참석해서 진행 과정을 이끌어야 한다. 지금이 가장 중요한 순간이다. 프로젝트 리더는 자신의 계획을 더 상세히 설명하고 추가 질문에 답변할 수 있다. 20분 정도 남았을 때 프로젝트 리더에게 자리를 비워 달라고 요청한 후 기부자들에게 이렇게 말한다. "바로 이겁니다. 이것이 바로 이 자리에 모인 우리에게 주어진 기회입니다. 이 프로젝트를 지원하는 일에 동참하실 의향이 있습니까?"

참석자 모두 열린 마음으로 선뜻 호응한다면, 눈앞에서 관대함이 순식간에 전염되는 모습을 보고 놀라게 될 것이다. 즉석에서 프로젝트를 지원할 자금이 충분히 모일 수도 있다. 아니면 일부분만 조달하고 지역사회의 다른 사람들에게서 나머지 자금을 조달할 방법을 마련할 수도 있다. 설사 그 자리에선 한 푼도 모으지 못하더라도, 언젠가 빛을 보게 될 멋진 아이디어를 포착하는 데 성공한 것이다.

이러한 과정을 거치면서 당신은 온갖 가능성을 시도조차 못하게 막는 장애물을 돌파할 수 있다. 우리는 사회적 동물이다. 함께 일하면서 엄청난 에너지를 얻는다. 공동체가 하나로 모여서 구성원들이 서로의 참여와 열정을 목격할 때, 모든 것이 바뀐다. 불가능해 보이는 일도 실현될 수 있다. 원칙적으로 이 과정에서 부자와 가난한 사람이 아름다운 방식으로 한데 모이고, 분노를 열정과 상호 격려로 대체할 수 있다. 시도해 볼 만한 가치가 충분하다.

우리는 infectiousgenerosity.org에서 이러한 접근법으로 자금 마련에 성공한 사례를 모으고 있다. 당신도 실험에 성공했다면 여기에 알려 주기 바란다. 우리는 서로 배우면서 담대한 정신을 널리 퍼뜨릴 수 있다.

오직 꿈꾸는 이들이 세상을 바꾼다

앞으론 비영리 단체들이 지금보다 훨씬 큰 역할을 해야 한다. 우리에게 필요한 미래는 그들이 더 활약하는 세상이다. 나는 시장의 힘을 굳게 믿지만, 사회가 부유해질수록 시장의 힘만으론 대다수 시민의 노력과 꿈을 포착하기가 점점 더 어렵다. 왜 꼭 그래야 할까? 주주의 이익이 아니라 공익을 증진하도록 조직의 목적을 자유롭게 규정할 수 있다면, 그 조직은 무한한 잠재력을 지닌 풍요로운 생태계의 문을 열 수 있다. 그러한 조직은 단순히 제품을 만들거나 서비스를 마케팅하는 게 아니라 세상이 직면한 온갖 문제를 해결할 수 있다. 또는 인간의 상상력이 펼쳐내는 온갖 기회를 열어 줄 수 있다.

우리의 집단적 노력이 이윤을 통해 자금을 조달하는 사람들에게만 쏠린다면 그야말로 어리석다. 담대한 관대함은 세상에서 가장 재능 있는 사람들을 끌어들이는 새로운 세대의 비영리 프로젝트를 가능케 할 수 있다. 변화의 가장 큰 원동력은 현장에서 실제로 그 일을 실행하는 사람들에게서 나와야 한다. 우리는 그들이 더 나은 미래를 구축하는 데 집중할 수 있도록 자금 마련이라는 가혹한 부담을 덜어 줘야 한다. 그들에게 그런 기회를 준다면 어떻게 될까? 가능한 한 큰 꿈을 꾸게 하고 그 꿈을 실현하도록 전 세계 수백만 명이 그들을 돕는다면 어떻게 될까?

여기서 우리가 함께 열어 갈 아름다운 선순환이 발생한다. 더 큰 관대함은 변화에 대한 더 대담하고 흥미로운 비전을 가능하게 할 수 있고, 그 비전은 또다시 더 큰 관대함을 불러일으킬 수 있다. 아울러 초연결 시대에는 그 파급효과가 널리 널리 퍼질 수 있다.

그렇다면 더 대담한 비전은 어떤 모습일까? 생각만 해도 전율이 인다. 다음 장에서 소개할 나탈리 카길Natalie Cargill의 놀라운 의제는 우리가 궁극적으로 무엇을 성취할 수 있는지 보여 준다. 하지만 그런 최고 수준의 비전은 수천 개 조직의 엄청난 노력으로 이루어져야 할 것이다. 그렇다면 단일 조직이 꿈꿀 수 있는 일은 무엇일까?

공상을 즐긴다면, 당신이 보고 싶은 세상으로 바꿔 줄 프로젝트를 상상해 보라. 그런 상상만으로도 무척 흥미로울 것이다! 내가 떠올린 사례를 몇 가지 소개하겠다.

- 지구의 미래를 위한 맨해튼 프로젝트. 우리는 기후 위기에 대처할 방법을 알고 있다. 단지 빠르게 움직이지 못하고 있을 뿐이다.
- 변화를 주도하는 영웅들의 숨겨진 이야기를 들려주고자 폐

공장에서 다양한 예술 형식을 활용해 대규모 전시회를 개최한다. 이런 전시회는 수많은 예술가에게 실력을 뽐낼 기회를 제공하고 도시에 활력을 불어넣으며 수백만 명에게 영감을 줄 수 있다.
- 전 세계 시민의 교육 계정을 만들고 그들이 참여한 온라인 교육을 모두 기록하여 이력서로 활용하게 한다면, 역량도 강화하고 취업 기회도 높일 수 있을 것이다.
- 전기가 들어오지 않는 가정의 옥상에 태양광 발전 설비를 마련해 준다.
- 음악계 천재와 AI가 전 세계 수백만 명의 목소리를 아름다운 화음으로 융합하여 멋진 주제가를 완성한다.
- 수천 개 지역 자원봉사팀을 활용하여 지구 정화 작업을 기획하는 온라인 프로젝트. 정화 작업 전과 후의 사진을 제공하면 온라인 커뮤니티가 열렬히 응원할 것이다.
- 어떠한 형태의 자본주의와 민주주의가 현시대에 새롭게 나타날 수 있는지 조사하는 연구소.
- 탄소에 가격을 매기는 암호화폐. 탄소 포집을 위해 신뢰할 만한 계약을 발행할 수 있는 비영리 단체가 보증한다. 각 코인은 1톤의 이산화탄소 포집을 나타낸다. 코인에 대한 높은 수요는 전 세계 탄소 가격을 올려서 대규모 포집 자금을 마련하

도록 도울 수 있다.
- 바다 위와 아래에서 모두 활기차게 살아갈 수 있는 미래형 수상 도시.
- 어느 가정에서나 무료로 가상 수족관을 즐길 수 있도록 멋진 장소에 수중 웹캠 네트워크를 설치한다. 안타깝게도 바다 생물은 쉽게 접하기 어렵다. 가상 수족관은 세상 사람들이 바다 생물과 사랑에 빠지도록 돕는 저렴한 방법이 될 것이다.
- 미국과 중국의 기업가, 예술가, 과학자 100명으로 구성된 위원회. 이 위원회는 세계 초강대국들이 서로 싸우지 않고 협력하도록 다리 역할을 할 것이다.
- 의사, 심리학자, 농학자, 영양사, 도시 디자이너, 이야기꾼들이 한데 모여서 비만 위기를 해결하려는 대규모 노력.
- 지구의 심부를 탐험하는 과학 여행. 에너지 공급의 미래와 생명의 기원에 대한 미스터리를 파헤칠 수 있을 것이다.
- (10장에서 간단히 설명했듯이) 소셜 미디어의 진실성과 신뢰도를 높이고자 독립적으로 콘텐츠를 관리하려는 대규모 노력.
- 제임스웹 우주 망원경보다 100배 더 강력한 우주 망원경(스페이스X의 새로운 우주선 스타쉽이 이를 상상할 수 있게 해 준다).
- 세계 최빈층을 위해 설립된 은행 계좌로 엄청난 자산 이전.
- 인류의 실존적 위협을 해결하고자 전 세계 과학자들 간에 협

력 강화.

- 각국에서 뛰어난 문화유산을 수집하여 핵전쟁이나 운석 충돌, 기후 재앙에서 살아남을 수 있도록 안전한 곳에 보관하는 프로젝트.
- 인류가 민족주의를 뛰어넘길 바라는 사람들에게 정체성과 유대감과 희망을 제공하는 글로벌 여권.

이 가운데 일부는 터무니없게 여겨질 수 있다. 그래도 우리는 이러한 일들을, 혹은 당신이 생각하는 더 나은 버전을 꿈꿔야 하지 않을까? 위에 소개한 여러 아이디어는 10억 달러도 안 되는 비용으로 멋지게 실현할 수 있다. 세상에는 1000개도 넘는 이런 아이디어에 자금을 지원할 수 있는 민간 자선 자본이 있다. 그러니 자선 활동이 얼마나 성가신지 불평만 늘어놓지 말고 집단적 상상력의 힘을 활용해 자선 활동을 완전히 새로운 차원으로 끌어올려 보자.

13장

타인에 대한 감당할 만한 의무

나는 열다섯 살 때부터 줄곧 양심의 가책을 느끼며 살았다. 이 장에서 기어이 그걸 떨쳐 낼 수 있으면 좋겠다.

그 일은 교회에서 일어났다. 나는 얌전히 앉아서 초청 연사의 감명 깊은 말씀을 듣고 있었다. 그는 전 세계 빈곤층을 위해 평생 헌신한 분이었다. 일이 무척 고됐으나 자신이 돌보는 사람들의 끔찍한 고통에 비할 바가 아니라는 생각에 잠시도 쉴 수 없었다고 한다.

그의 말은 나를 우울하게 했다. 나는 좋은 사람이 되고 싶었다. 진심으로. 하지만 그렇게 되려면 평생 나를 희생하며 살아야 할 것 같았다. 내가 아무리 열심히 일하고, 어떤 난관을 이겨 내도, 나를 더 강하게 밀어붙여야 한다는 생각이 들게 할 만큼 고통스럽게 사는 사람들이 세상 어딘가엔 늘 있을 테니까. 문득 미래가 말도 안 되게 힘겨운 도전처럼 느껴졌다.

이런 생각에서 벗어나는 게 쉽지 않다. 철학자 피터 싱어는 눈앞에서 죽어 가는 아이를 안 돕는 것과 지구 반대편의 아이를 구할 수 있는 단체에 기부를 안 하는 것 사이엔 뚜렷한 도덕적 차이가 없다고 지적했다. 오늘날 우리는 가까운 사람들에게만 의무를 지는 고립된 공동체에 살고 있지 않다. 잠시만 시간을 낸다면 어디에 사는 누구든 만날 수 있고, 전 세계 어느 곳에나 영향을 미치는 일을 할 수 있다. 그러니 그렇게 하지 않겠다고 둘러댈 핑계가 있겠는가?

수많은 자선단체가 5000달러 이하로 개발도상국의 한 생명을 구할 수 있다고 말한다.[1] 또는 100달러 이하로 고난의 한 해를 존엄의 한 해로 바꿀 수 있다고 주장한다. 당신에게 100달러가 있는가? 앞으로 커피 스물다섯 잔을 사 마시는 것과 1년 동안 누군가의 고통을 덜어 주는 것 중 무엇이 더 중요한가?

그런데 한 번 그렇게 한 뒤에 그만둔다면 어떻게 될까? 중단을 정당화할 수 있을까? 지치고 빈털터리가 될 때까지 계속 지원해야 하지 않을까? 그러지 않고서 떳떳한 기분으로 다시 커피를 마실 수 있을까?

이런 이야기가 나오면 사람들은 대부분 한숨을 쉬며 화제를 바꾼다. 그러면서 우리가 할 수 있는 일을 **전부 다** 해 봤는지, 정말 지쳐서 쓰러질 정도인지 제대로 따져보지도 않은 채 이런 틀에 박힌 말을 내뱉는다. "글쎄, 우리가 할 수 있는 일은 많지 않아." 또는 "지쳐서 쓰러지면 다 소용없어, 안 그래?"

그래서 어디까지 도와야 할까

다음은 이 문제를 해결하기 위해 우리가 염두에 두면 좋을 몇 가지 원칙이다.

- 만약 기부에 대해 합의된 사회규범이 있다면 어떨까? 그러면 한도 끝도 없는 도덕적 부담을 덜어 주는 동시에, 옳은 일을 하고 싶은 사람들에게 자극제 역할을 할 것이다.
- 이상적인 규범은 자선단체에 충분한 돈을 제공해서 주요 문제들에 적절히 대처할 수 있게 해야 한다.
- 그렇지만 각박한 현실에서 아등바등 살아가려 애쓰는 많은 사람이 부담스러워할 만큼 과도해서는 안 된다. 도덕규범은 대다수 사람이 지킬 만하다고 생각해야 신뢰성을 갖는다.

- 더 많이 베풀 수 있는 사람에게 더 무거운 요구를 하는 방침은 공정하다고 인정받아야 한다.

그렇다면 이러한 규범은 어떤 모습일까? 알고 보니, 이는 세상의 위대한 종교들이 수 세기 동안 고민해 온 사안이었다. 모든 종교는 사람들에게 즐겁고 충만한 삶으로 가는 길을 제시하는 동시에, 사회에서 가장 어려운 사람들을 돌보기 위한 도덕규범을 제시하려 애쓴다.

각기 다른 종교에서 두 가지 큰 원칙이 등장했다. 나는 이 두 원칙이 양심의 부름과 삶의 현실 사이에서 적당한 타협안이라고 생각해도 무방하다고 본다. 여기저기서 조금씩 다르게 실행되긴 했지만, 대체로 둘 다 수 세기 동안 이어져 내려왔다. 그 둘의 이름은 타이딩tighing과 자카트zakat다.

- **타이딩**(십일조): 유대교와 기독교에서 가난하지 않은 사람들은 수입의 10퍼센트를 십일조로 내야 한다는 오랜 전통이 있다. 어떤 곳에선 교회나 유대교 회당에 직접 내야 했고, 또 어떤 곳에선 단순히 곤궁한 사람에게 얼마나 기부해야 하는지 알려 주는 지침으로 활용했다.
- **자카트**: 이슬람에선 소득이 아니라 총자산에 초점을 맞춘 원

칙이 등장했다. 특정 기준을 넘는 자산을 소유한 사람은 누구나 해마다 그 자산에서 40분의 1, 즉 2.5퍼센트를 곤궁한 사람에게 기부하도록 권장한다. 이 원칙은 이슬람 종교 관행에서 대단히 중요한 부분을 차지한다.

이러한 전통은 문제를 깔끔하게 정리해 준다는 장점이 있다. 물론 선뜻 내놓기에는 상당히 큰 액수다. 하지만 많은 경우, 감당할 수 있는 의무이기도 하다. 그 의무를 지키고 나면 달리 스트레스를 받을 필요가 없다.

그렇다면 두 원칙 가운데 어느 쪽이 더 부담스러울까? 그건 연소득과 비교해 총자산이 얼마나 많은지에 달려 있다. 만약 당신의 총자산이 총소득보다 네 배 이상이라면 자카트의 요구를 맞추기가 더 어렵다. 네 배 이하라면 십일조를 꼬박꼬박 내기가 더 어렵다.

일반적으로 현대 사회에선 부유한 사람일수록 십일조보다 자카트가 더 큰 부담일 가능성이 높다. 미국의 중산층 가정은 대체로 최소한의 저축에 부부 합산 소득은 9만 달러이며, 40만 달러의 주택담보대출을 받아 50만 달러 가치의 집을 소유하고 있다. 이들의 순자산은 약 10만 달러로, 수입보다 살짝 많다. 이들에겐 십일조가 자카트보다 더 어렵다. 십일조로는 연간 9000

달러를 기부해야 하겠지만, 자카트로는 2500달러만 기부하면 된다.

이와 달리 상위 1퍼센트의 미국인은 소득이 100만 달러 이상이고 순자산은 소득의 열 배 이상이다. 그들에겐 자카트가 십일조보다 훨씬 더 부담스러울 것이다.

당신이 종교인이고 이미 이러한 약속 중 하나를 지키고 있다면, 경의를 표하는 바이다. 이 어려운 일을 실천하는 당신은 참 너그러운 사람이다. 이왕이면 그 돈이 최대 이익을 위해 전략적으로 사용되고 있는지 꼭 확인해 보길 바란다. 일부 종교에서는 신자들의 헌금 중 상당 부분을 가난한 사람들에게 구호금으로 나눠 주는데, 이런 식으론 가난한 사람들을 제대로 돕기 어렵다. 또는 헌금을 자기네 교회나 모스크, 사원, 유대교 회당 자체를 위한 기부로 여기고 멋대로 사용하기도 한다. 어쩌면 그 돈을 더 좋은 용도로 활용할 방법이 있을 것이다. 그렇더라도 나는 당신이 종교적 의무를 지키고자 자기 욕구를 희생한 점을 존경한다.

그런데 당신이 (나처럼) 종교인이 아니라면 이렇게 묻고 싶다. "우리도 종교적 전통에 부합하거나 심지어 능가하는 윤리 기준을 갖고 싶지 않은가?"

우리는 그러한 전통이 생겨났던 시대보다 훨씬 더 풍요로운 세상에 살고 있다. 하지만 지금 세상은 우리가 이룬 모든 것을 파괴할 수도 있는 도전에 직면해 있다. 그러니 우리도 이러한 도전에 대처하는 데 정당한 역할을 해야 할 의무가 있지 않을까? 이는 인류의 집단적 노력이 필요한 일이다.

모두를 위한 기부 서약

그래서 나는 당신이 인생을 바꿀 만큼 용감한 방법을 고려해보길 권한다. 즉, 두 전통을 모두 포용하는 것이다! 소득의 10퍼센트와 순자산의 2.5퍼센트 중 더 많은 액수를 해마다 기부하는 것을 삶의 목표로 삼아 보라.

물론 단번에 이렇게 하라는 말은 아니다. 이 책을 읽는 사람들 가운데 일부는 이런 수준의 기부를 감당할 여력이 없을 수 있다. 가령 사회 초년생이라 학자금 대출을 갚아야 할 수도 있고, 혼자 아이를 키우면서 생계를 꾸려야 할 수도 있다. 또는 실직 상태에 있거나, 집안 문제로 엄청난 부담을 떠안고 있을 수도 있다. 어쩌면 생계유지에 필요한 최저 소득 기준에 미치지 못하는 상태일지도 모른다. 현명한 도덕규범은 지킬 수 없는 요구를 하지 않는 법이다.

그런데 놀라운 사실이 있다. 사회에서 가장 가난한 사람들도 어떻게든 남에게 베풀며 산다. 그들의 소득 대비 기부액 비율은 부유한 사람들보다 더 높다. 서구 국가에서 조사해 보면, 가장 가난한 계층은 소득의 3에서 4퍼센트를 기부하는 반면, 부유한 계층은 흔히 그 절반 정도밖에 기부하지 않는다.

따라서 어떤 상황에 처해 있더라도 어느 정도는 기부하겠다고 서약할 여지가 있다. 대체로 소득 서약이 계산하고 실행하기가 더 쉽다. 일단 소득의 3퍼센트로 시작해서 꾸준히 늘려 가면 된다. 가령 소득이 늘어날수록 해마다 1퍼센트씩 높여서 최종 10퍼센트에 도달하도록 계획한다. 서약은 충동적 기부에서 전략적 기부로 전환하는 데 도움이 된다. 매달 또는 매년 얼마나 기부해야 하는지 알면, 그 돈을 가장 멋지게 사용할 방법을 생각하게 된다. 아울러 우리의 헌신을 집단적 노력으로 바라볼 수 있게 된다. 많은 사람이 다 같이 공정하게 기여하고 있다는 사실에서 힘을 얻는다.

그런데 내 기부 이력을 돌아보면 이게 얼마나 어려운 요구인지 새삼 깨닫는다. 기업가로서 상당한 성공을 거두었는데도 나는 이 서약이 요구하는 만큼 기부하지 않았던 시절이 분명히 있다. 그래 놓고는 기업 가치가 한동안 폭락했다거나 너무 바빠서 신경 쓸 여력이 없었다는 식으로 그럴듯한 변명을 둘러댔다.

하지만 관대함에 대해 생각하면 할수록, 또 그에 따른 영향력과 즐거움을 생각하면 할수록 관대함을 내 정체성의 핵심으로 삼겠다는 결심을 점점 더 굳히게 됐다. 사회적 기업가로 선도적 역할을 하는 아내 재클린이 내게 많은 영감을 주었다. 이제 우리는 남은 평생 소득의 10퍼센트와 순자산의 2.5퍼센트 중 더 많은 액수를 기부하겠다는 공동 서약에 실제로 서명할 준비가 되었다.

우리는 '기빙 왓 위 캔' 웹사이트(GivingWhatWeCan.org)에서 그 서약을 실행하고 있다. 2009년부터 이 단체는 사람들에게 10퍼센트 소득 서약을 권한다. 나는 이 사안을 놓고 그들과 이야기를 나누었고, 이 책의 출간을 앞두고서 자산 서약도 추가하기로 합의했다. 재클린과 나처럼 당신도 소득의 10퍼센트와 자산의 2.5퍼센트 중 더 많은 쪽을 기부하겠다고 결심할 수 있다. 만약 이것이 현실적으로 어렵다면, 더 작은 금액으로 시작해서 여건이 됐을 때 액수를 올리도록 서약을 조정할 수도 있다. 기빙 왓 위 캔은 개인 상황에 따라 얼마를 서약할지 결정하도록 도와주는 대화형 도구와 조언을 제공한다. 어느 선에서 출발하든, 당신의 서약 이행 과정을 손쉽게 확인할 수 있고, 관대함에 헌신하는 전 세계 수많은 사람을 만나 볼 수 있다.

나는 당신이 친구들과 가족, 직장 동료, 종교와 기부 모임도 초대하여 함께 서약하라고 권하고 싶다. 서약은 개인적으론 부담스러울 수 있으나 집단 구성원들이 함께하면 서로 격려하면서 더 즐겁게 할 수 있다. 그리고 웹사이트에서 권장하듯이, 우리가 서약을 흔쾌히 공개하면 서약 자체가 널리 퍼질 수 있다.

이렇게 서약이 확산되면 부자들에게 제 역할을 다하도록 장려할 수 있다는 중요한 장점이 있다. 세계 최고의 부자들에게 소득은 순자산의 극히 일부에 지나지 않으므로, 소득의 10퍼센트는 그다지 어려운 요구가 아닐 것이다. 하지만 연간 순자산의 2.5퍼센트라면 얘기가 달라진다. 오늘날 초부유층은 해마다 평균적으로 순자산의 1퍼센트 미만을 기부한다고 추정된다. 따라서 이 서약은 그들의 기부를 세 배 가까이 늘리는 효과가 있다.

더 나아가, 억만장자는 시간이 지날수록 기부액 비율을 더 높이는 것도 고려해야 한다고 본다. 그들은 엄청난 투자 기회에 접근할 수 있고, 흔히 세금을 제하고도 매년 5퍼센트 이상 부를 축적한다. 따라서 기부 수준을 연간 5퍼센트 이상으로 올릴 방법을 찾지 못한다면, 그들은 죽을 때까지 갈수록 쌓이는 현금 더미에 올라앉게 될 것이다. 그들을 부유하게 해 준 그 능력으로 공익을 위해 뭔가 특별한 일을 할 절호의 기회를 놓치고 있다는 뜻이다. 기빙 왓 위 캔에서 제공하는 새로운 도구는 시간이 지나면서 서약 수준을 높이도록 권하고 실제로 그 과정을 돕기도 한다. 하루 벌어 하루 먹고사는 사람도, 주체할 수 없이 많은 돈을 쌓아 둔 사람도 유용하게 활용할 수 있다.

부유하든 가난하든 누구나 본능적이고 순간적인 자선 활동을 넘어 공통된 사명을 위해 힘을 합칠 수 있다. 즉, 각자 여건에 따라 해마다 일정 금액을 기부함으로써 완전히 새로운 차원에서 관대함을 발휘하는 것이다.

최대의 자선으로 이룰 수 있는 세상

그런데 이 모든 서약이 실제로 제 역할을 해낼 수 있을까? 우리가 직면한 문제에 효과적으로 대처할 만큼 충분한 자금을 모을 수 있을까? 세상에는 무수히 많은 문제가 산적해 있어서 관대함이 미치지 못하는 부분도 무수히 많지 않을까?

하지만 실제로 세상은 무한하지 않다. 세상에 산적한 문제 역시 무한하지 않다. 물론 많기는 하다. 하지만 무한하지는 않다. 관대함으로 해결할 수 있는 **모든** 문제를 다 해결하는 데 드는 비용을 완벽하게 계산할 방법은 없다. 그럼에도 어떤 일이 가능하고 그 일을 수행하는 데 얼마나 들지 감을 잡을 만한 놀라운 작업이 이루어졌다.

전략적 기부 자문사 롱뷰 필랜트로피Longview Philanthropy의 창립자인 나탈리 카길은 이러한 작업을 썩 훌륭하게 해낸다. '기부 서약이 널리 채택된다면 자선 활동으로 무엇을 성취할 수 있을까?' 이 질문에 대한 최선의 답을 찾고자 그녀에게 연락했다.

자, 말 그대로 모든 사람이 최대로 참여한다면, 이 서약으로 해마다 10조 달러 이상 모금할 수 있다. 정말 어마어마한 액수다. 현재 모금액의 약 열 배에 해당한다. 하지만 최대로 참여할 만한 여유가 없거나 그럴 마음이 없는 사람도 많다는 사실을 잘 알고 있다. 그래서 이 사고 실험의 목적을 위해, 나는 나탈리에게 이 금액의 3분의 1, 즉 연간 약 3.5조 달러로 무엇을 할 수 있을지 알려 달라고 요청했다. 혹시라도 다 같이 힘을 합해 그 수준까지는 도달하는 세상을 상상해 볼 수 있지 않겠는가.

나탈리가 제시한 답변을 보고 나는 숨이 멎을 뻔했다. 그녀는 세상의 온갖 난제를 목록으로 작성한 다음, 그 난제를 대규모로 해결할 가장 유망한 자선 전략을 조사하고 비용까지 계산했다 (물론 전략과 실제 운영 계획 사이에는 차이가 있다. 어떤 식으로든 시스템을 바꾸려고 노력해 본 사람이라면 누구나 알겠지만, 돈이 있더라도 효과적으로 실행하기는 대단히 어렵다. 이러한 시도는 단지 우리가 합법적으로 이룰 수 있는 성과의 규모를 보여 주려는 것이다). 10년에 걸쳐 연간 3조 5000억 달러가 들어갈, 그녀의 이상적 계획으로 다음과 같은 일을 할 수 있다.

- 전 세계 기아 문제를 종식한다. (오늘날 4500만 명의 아이들이 영양실조로 고통받고 있다.)
- 3대 질병인 결핵, 에이즈, 말라리아를 물리친다.
- 현대판 노예를 모두 해방한다.
- 난민 캠프에 사는 660만 난민이 새로 정착하는 데 드는 비용을 부담한다.
- 기본적인 식수 공급과 적절한 위생 시설에 대한 보편적 접근을 보장한다.
- 개발도상국에서 저렴한 청정에너지에 대한 보편적 접근을 보장한다.
- 유치원, 초등학교, 중학교 단계에서 양질의 보편적 교육을 제공한다.
- 샤가스병Chagas disease, 기니아충증Guinea worm disease, 나병 등 방치되었던 열대 질병을 종식한다.
- 개발도상국의 산모와 아동 건강을 개선하여 매년 1900만 명의 산모, 200만 명의 유아와 신생아의 생명을 구한다.
- 삼림 복원과 보호를 통해 2050년까지 1조 그루의 나무를 구하거나 심는다.

- 매년 태양열 에너지 생산량을 열 배 늘린다.
- 팬데믹이 발생하기 전에 감지할 수 있도록 하수 감시 시스템과 신속 진단 시스템을 구축한다.
- 새로운 팬데믹이 발생하면 3개월 이내에 전 세계 사람들에게 백신을 공급할 생산 능력을 갖춘다.
- 가장 극단적인 팬데믹 상황에서도 사회가 제대로 돌아갈 수 있도록 모든 필수 노동자에게 지급할 '개인 보호 장비'를 충분히 비축한다.
- 모든 병원과 전 세계 상위 100개 국제 공항에 바이러스와 박테리아의 90퍼센트를 제거할 살균 조명을 설치한다.
- 전 세계 AI 투자의 10퍼센트를 AI 안전성 분야에 투자하여 범용 인공지능으로 안전하고 유익하게 전환되도록 지원한다.
- 대체육을 진짜 고기만큼 저렴하고 맛있게 만든다.
- 대체육에도 일반 육류 산업만큼 홍보 예산을 책정한다.
- 실내 공기 오염에 따른 연간 150만 명의 사망을 예방한다.
- 개발도상국에서 300만 건에 달하는 심장마비를 예방한다.
- 전 세계 사람들에게 보편적 기본 소득을 제공함으로써 극단적 빈곤을 퇴치하자는 기브다이렉틀리GiveDirectly 같은 단체와 협력한다.

물론 이 모든 과제를 달성하려면 전례 없을 만큼 강력한 노력을 기울여야 한다. 수혜국의 정치적 지원은 물론이요, 해당 지역에서 활동했던 거의 모든 비영리 단체들의 적극적 참여가 필요하다. 이 과정은 그 자체로 일자리를 창출하고 변화를 위한 우리의 장기적 역량을 강화할 것이다. 하지만 나탈리가 지적했듯이, 이러한 조치가 꼭 가장 비용 효율적인 개입은 아니며, 구현 및 확장 방안에 대한 구체적 제안이 있는 것들일 뿐이다.

이 모든 것이 당신에게는 헛소리로 들릴 수도 있다. 어쨌든 변화를 위한 대규모 노력은 예상치 못한 문제와 의도치 않은 결과에 쉽게 부딪힐 수 있다. 전 세계 여러 정부가 수년간 재정 지원을 쏟아부어도 실망스럽거나 심지어 부정적 결과를 낳은 때도 꽤 있다.

그렇다 하더라도 위 목록에 제시된 각 결과에는 상세한 재정 추정치가 있으며, 우리는 그 모든 내용을 공개하고서 어떻게 개선해 나갈지 논의할 생각이다. 가능한 최대의 자선 활동으로 환하게 밝혀진 미래가 어떤 모습일지 보여 주는 것이 최종 목표다. 앞으로 나아가기 위해서 우리에겐 그러한 비전이 필요하다. 이 계획들은 선발 라인업으로 꽤 매력적인 비전이라고 할 수 있다.

최대의 자선? 그렇다, 자선 활동을 위해 이보다 더 많이 모금할 수 있는 상황을 상상하기는 어렵다. 이런 수준에선 변화를 가로막는 장애물은 재정 문제가 아니다. 오히려 팀을 구성하고 정부나 기업과 제휴하며 위에서 언급한 결과를 달성하는 데 필요한 다른 조치들을 조율하는 것이다. 우리가 이 모든 일을 완수한다면, 더 풍요로워진 세상에서 인류의 번영과 회복력을 위해 더 많은 조 단위의 자선 활동을 펼칠 수 있을 것이다. 하지만 그보다 먼저 해야 할 일이 있다. 현재로선 이 목록은 경이로운 가능성을 알려 주는 메시지이자, 우리 모두에게 인류가 실현할 수 있는 꿈을 더 크게 꾸라는 초대장이다.

열다섯 살의 나에게 보내는 편지

타이딩과 자카트, 대대로 내려온 이 두 가지 기부 전통은 분명히 세상에 필요한 온갖 자선 활동의 기초가 될 수 있다. 현명하게 활용한다면, 우리가 바라는 세상에 필요한 레버리지를 제공하기에 충분할 것이다. 그런 세상에서는 누구나 물질적으로 기본 욕구를 채우면서 존엄한 삶을 살아갈 수 있다. 아울러 우리 세계를 위협하는 실존적 사건들의 위험을 획기적으로 줄여 주고 수많은 과학적, 예술적 발견을 가능하게 할 것이다.

종교 전통에서 생겨난 서약이 오늘날에도 기부 기준으로 적용될 수 있다니, 참으로 멋지다. 이러한 서약은 많은 사람이 감당할 수 있는 희생이면서, 우리의 미래 전망을 완전히 바꿀 만큼 충분한 돈을 모을 수 있다. 역사적으로 인간은 극단적 빈곤 속에서 생존 방법을 모색하며 고군분투했다. 하지만 문명이 발달하면서 오늘날엔 완전히 다른 삶을 살아갈 만큼 충분한 부를 창출했다. 만약 우리가 집단적으로 감당 가능한 희생을 기꺼이 치른다면, 미래가 우리에게 요구하는 거의 모든 일에 자금을 지원할 수 있다.

지금까지 살펴본 내용을 요약해 보자. 선한 생각을 지닌 사람들이 사회규범으로서 기부 서약에 동의한다면, 다음과 같은 네 가지 중요한 성과를 거둘 수 있다.

- 기부 서약은 서약자가 몹시 힘든 시기에도, 또는 깜빡 잊어버릴 수 있는 상황에도 계속해서 기부할 동기를 제공할 것이다.
- 서약 개념은 다른 사람들과 쉽게 공유할 수 있어서 그 자체로 전염성 강한 관대함의 한 형태가 될 수 있다.
- 일단 서약 액수가 정해지면 서약자는 일회성 기부 호소에 응하기보단 기부금 사용처로 가장 적절한 곳을 전략적으로 생각해 볼 가능성이 크다.
- 철저한 기부 서약 이행으로 변화될 세상에 대한 짜릿한 비전

은 국적, 종교, 소득의 차이를 넘어 사람들을 하나로 묶고 영감을 불어넣을 수 있다.

반세기 전 교회에서 초청 연사의 강연을 들은 그날 이후로 나는 줄곧 자신이 부족하다는 죄책감을 느꼈다. 어떻게 하면 이런 기분을 털어 낼 수 있을지 내내 고민했는데, 이제야 구름이 걷히는 것 같다. 타임캡슐 안에 메모를 넣어서 어린 시절의 나한테 보낼 수 있다면 이런 편지를 전하고 싶다.

열다섯 살의 나에게,
좋은 소식이 있어. 너의 미래는 괜찮을 거야.
그래, 세상 어디에 있든 넌 타인에 대한 윤리적 의무를 지고 있지. 그걸 진지하게 받아들여야 해. 하지만 짊어질 수 없을 만큼 버겁진 않아.
네 관대함의 많은 부분은 돈이 아닌 다른 수단으로 표현할 수 있어. 금전적인 부분에서도 많아야 소득의 10퍼센트, 또는 네가 무척 부유해진다면 해마다 순자산의 2.5퍼센트 정도만 기여하면 돼. 그 정도는 감당할 수 있을 거야. 힘들겠지만 그만한 가치가 있단다.
관대함에 대한 헌신은 죄책감이 아니라 기쁨으로 향하는

여정임을 알게 될 거야.

넌 할 수 있어!

사랑을 담아서,

행운과 감사가 넘치는 미래의 나

14장

이젠 당신 차례다

3부에서 우리는 인터넷, 비즈니스, 자선 분야로 나누어 관대함이 더 중요한 역할을 하는 미래를 상상해 봤다. 그렇다면 당신은 어떠한가? 앞으로 관대함이 당신 인생에서 더 풍성하고 뜻깊은 부분을 차지할 수 있을까? 바로 앞 장에서 개인의 기부 서약에 대해 자세히 살펴봤다. 하지만 앞서 말했듯이, 관대함은 돈을 기부하는 게 다가 아니다. 우리는 시간과 재능과 자원을 두루 기부할 수 있다. 관대함은 결국 마음가짐에 달려 있다.

관대함을 우리의 핵심 자질로 삼기 위해 무엇을 할 수 있을까? 그리고 그 가치를 어떻게 측정할 수 있을까? 일단 사람마다 상황이 다르다는 점을 인정해야 한다. 중증 장애아를 돌보는 부모가 날마다 발휘하는 놀라운 관대함과 성공한 경영자가 주로 금전적으로 표현하는 관대함을 비교하기란 애초에 어렵다.

하지만 엄청난 개인차에도 불구하고 나는 단순하면서도 매우 유용한 틀로 모든 사람을 하나로 묶을 방법이 있다고 본다. 프롤로그에서 제안했던 가장 중요한 질문으로 돌아가 보자.

"나는 순 기버인가, 아니면 순 테이커인가?"

관대한 삶을 위한 일곱 가지 질문

이렇게 제안하고 싶다. 1년에 한 번씩, 가령 새해 결심을 세울 때나 연례 휴가 중에 커피를 마시면서, 또는 11월 말 기빙튜즈데이에 각자 이 근본적 질문에 대한 답을 얻기 위해 한 시간 동안 자기 삶을 돌아보도록 하자.

물론 수학 문제 풀듯이 명확하게 답을 계산해 낼 수는 없다. 각자의 정직한 성찰에 달려 있다. 그렇긴 하지만 이 질문을 일곱 가지 항목으로 나눠서 따져 보면 도움이 되리라 생각한다. 모든 항목에 긍정적 답변을 해야 할 필요는 없다. 이 가운데 몇 가지에 자신 있게 '그렇다'라고 답할 수 있으면, 당신은 올바른 길로 나아가고 있는 것이다.

그 일곱 가지 항목을 하나씩 살펴보자.

1. **내가 하는 일이 근본적으로 세상에 기여하는가, 아니면 세상을 착취하는가?**

   당신이 속한 회사나 조직의 사명이 공익에 확실히 긍정적이라면, 순 기버 대 순 테이커 대차대조표에서 엄청난 플러스 요인으로 작용한다. 우리가 직장에서 보내는 시간을 고려할 때, 회사 업무가 긍정적인지 아닌지는 매우 중요하다. 만약 긍정적이지 않다면, 그걸 바꾸기 위해 할 만한 일이 있는가? 당신은 생각보다 큰 힘을 지녔을 수 있다. 만약 조직에 속하지 않고 단독으로 일한다면, 당신의 활동이 어떤 식으로든 공익에 기여하는가? 사람들에게 기쁨을 선사하는 창의적인 사람이거나, 아이를 키우느라 애쓰는 전업 부모라면, 당신은 이 부분에서 긍정적으로 대답할 자격이 있다.

2. **개인 시간에 다른 사람들을 위해 꾸준히 활동하고 있는가?**

   일주일에 두 시간 이상 자원봉사를 하거나 누군가의 간병인 역할을 하거나 당신이 믿는 대의를 공개적으로 지지하고 있다면, 당신의 시간을 관대하게 쓰고 있다고 할 수 있다. 사람들은 업무나 식사, 수면, 돌봄 활동을 제외하고 일주일에 보통 20시간 정도 여유가 있다. 이 시간의 10퍼센트를 타이딩, 즉 십일조처럼 이타적 목적에 할애하면 어떨까? 여유 시간이 20시간보다 적더라도 그 시간의 10퍼센트를 쓰면 된다.

3. 내 탄소 발자국은 완전히 상쇄되는가?

carbonfootprint.com 같은 사이트에서 이를 계산해 볼 수 있다. 결과에 죄책감을 느끼는 대신, 발자국을 상쇄하겠다고 결심하면 어떨까. 더 나아가 예상되는 연간 탄소 발자국의 두 배에 해당하는 탄소 상쇄권carbon offeset을 구입할 수도 있다. 이는 당신이 얼마나 많은 탄소 발자국을 만들었고 또 상쇄했는지 사실상 명확히 알기 어려운 상황에서 유용한 안전장치 역할을 한다. 아울러 스스로 지구에 관대하게 행동하고 있다는 자신감을 갖도록 도와준다. 서구에서 평균적인 생활 수준을 영위하는 사람이라면, 탄소 상쇄권 구입에 연간 약 500달러가 든다. 이 지출은 금전적 기부로 간주할 수 있다.

4. 개인적 자원과 기술을 남들도 이용할 수 있게 하는가?

해마다 당신이 다른 사람과 무언가를 공유했던 순간을 떠올려 보라. 친절한 행동, 소중한 물건, 전하고 싶은 지식이나 기술, 인맥 등 뭐가 됐든 자랑스럽게 여길 만한 관대함의 사례다. 사람마다 가진 자원이 다르다. 주변 친구들만 봐도 누구는 맞벌이로 소득도 높고 멋진 집에서 자녀를 키우는가 하면, 누구는 몹시 힘겹게 살아간다. 남들보다 많이 베푸는 게 아니라, 당신이 받는 것보다 많이 베푸는 게 중요하다.

5. 내 돈을 관대하게 사용하고 있는가?

이 질문은 간단히 확인해 볼 수 있다. 앞 장에서 추천했듯이, GivingWhatWeCan.org에 들어가서 당신의 재정 상황에 관한 질문지를 작성한 다음, 그들이 추천하는 액수와 당신이 실제로 기부하는 액수를 비교해 보면 된다. 장기적 목표는 소득의 10퍼센트와 순자산의 2.5퍼센트 가운데 더 높은 액수를 해마다 기부하는 것이다. 하지만 많은 경우 그 수준까지 도달하는 데 시간이 필요할 것이다.

6. 나는 관대한 마음가짐을 품고 사는가?

물론 이 부분이 온갖 형태의 관대함에 핵심이다. 거리로 나가든 인터넷을 이용하든, 관대한 마음가짐을 품고서 타인의 장점을 찾고 남들의 하루를 행복하게 해 주려 애쓴다면 세상이 크게 달라진다.

이 책의 초고를 본 한 친구가 내게 보내 준 글이 무척 마음에 와닿았다. 그중 한 대목을 소개하고 싶다.

"자네 원고를 읽고 나서 자꾸 이런 질문이 떠올랐네. '**내가 하는 모든 일의 가장 관대한 버전은 무엇일까?**' 아침 일과와 관련해선, 더 건강한 아침 식단으로 내 몸을 돌보고, 아내에게 오늘 일정을 물어보면서 내가 도울 일이 있는지 알아보고, 아이들을 유치원에 등원시키기 전 한 시간 동안 신나고 즐겁게 해 주는 일을 꼽을 수 있더군. 나는 카페와 슈퍼마켓, 주차장 등에서도 수시로 이 질문을 던지면서 낯선 이들을 위해 문을 열어 주고 가끔 커피를 대신 사고 그들과 스스럼없이 대화를 나눴다네. 주변 사람들과 관련해 이 질문을 던졌더니, 나도 모르게 동료에게 선물을 사 주고 이혼 문제로 고민하는 친구를 집에 초대해 이야기를 들어 주게 되더군. 물론 온라인 업무 중에도 이 질문을 수없이 던졌다네."

이 친구의 멋진 질문은 관대한 마음가짐에서 비롯되었고, 질문을 떠올릴 때마다 그 마음이 더 커졌다. 관대함의 전염성에 따라 나 자신에게도 이 질문을 던질 생각이다. 당신도 똑같이 해 보길 바란다. 물론 매 순간 그 기준에 맞춰 살 수는 없을 것이다. 하지만 수시로 질문을 떠올린다면 세상이 달라질 것이다.

자, 그럼 마지막 일곱 번째 항목을 살펴보자.

7. 나와 다른 사람들의 관대함을 퍼뜨릴 기회를 찾고 있는가?

어쩌면 이 부분이 가장 중요한 질문이다. 이 책은 우리가 관대함을 최대한 활용한다면 희망적인 미래를 함께 건설할 수 있다는 아이디어에 초점을 맞추고 있다. 이 말인즉슨, 언제 어디서나 관대한 행동을 포착해서 널리 전염시킬 기회를 찾아야 한다는 뜻이다. 보이지 않는 곳에서 애쓰는 숨은 영웅들을 찾아서 그들이 사람들 눈에 띄도록 도와주라. 소셜 미디어와 인맥을 활용해서 우리의 선한 본성을 조명하는 이야기를 널리 전파하라. 혼자선 하기 힘든 일을 다른 사람들과 팀을 이루어 함께 실행할 방법을 모색하라(일단 친구들을 저녁 식사에 초대하는 것부터 시작해 보자). 적당한 때에 당신의 친절한 행동을 기꺼이 공유하라. 관대함은 널리 퍼지고 싶어 한다. 그 소망을 들어주자.

건강검진 하듯이 1년에 한 번씩 이런 질문을 던지며 기부검진을 하려니, 부담스럽기도 하고 또 스트레스와 죄책감에 시달릴까 우려될 수도 있다. 하지만 나는 오히려 그 반대라고 생각한다. 이는 당신을 깊이 돌아볼 기회이자, 장기적으로 당신 자신과 사랑하는 사람들의 이익에 깊이 연관된 결정을 내릴 기회다. 당신이 되고 싶은 사람이 되도록 이끄는 안내장이자, 삶의 기쁨으로 향하는 초대장이다.

이러한 자기 성찰로 당신이 하지 않았을 지도 모를 일을 하게 된다면, 결과는 예측할 수 없다. 모두가 연결된 시대에는 하나의 친절한 행동이 무한한 결과를 가져올 수 있다. 그 점을 정확히 보여 주는 사례가 있다. 탁자에 놓여 있던 휴지 한 통이 수십만 명에게 영감을 불어넣는 운동을 촉발했다. 어떻게 된 일인지 살펴보자.

친절 팬데믹

2020년 3월 오스트레일리아에서 봉쇄령이 떨어졌다. 죽음과 혼란과 식료품 사재기 관련 기사가 언론을 도배했다. 안티에이지즘 anti-ageism(나이에 따른 편견과 차별에 반대하는 운동—옮긴이) 활동가 캐서린 바렛 Catherine Barrett은 알려지지 않은 이야기가 많다고 생각했다. 다들 눈물이 날 것 같은 상황이었지만 어떻게든 이겨 내고자 꾹 참고 버텼다. 어느 날 한 이웃이 건물의 공용 탁자에 휴지 한 통을 올려놓고 "필요한 분은 쓰세요"라고 메모를 남겨 두었다. 캐서린은 그 행동에 깊이 감동했다. 다들 힘들어한다는 사실을 누군가가 알아 주었기 때문이다.

문득 한 가지 아이디어가 떠올랐다. 그녀는 페이스북에 '친절 팬데믹The Kindness Pandemic'이라는 새로운 그룹을 만들고 휴지와 이웃의 메모 사진을 올렸다. 그리고 이렇게 적었다. "사소한 행동이 이토록 엄청난 감동을 주다니, 참으로 놀랍죠. 나는 이 그룹을 만들어서 친절을 널리 퍼뜨리고 싶습니다. (…) 서로에 대한 믿음을 회복하는 데 도움이 되었으면 합니다." 캐서린은 자신과 주변 사람들의 이야기를 공유하면서 '요란한 친절'을 실천하자고 사람들을 초대했다.

페이스북 그룹은 급속도로 성장해서 그야말로 요란하게 퍼져 나갔다. 캐서린은 인터뷰에서 이렇게 말했다. "사람들은 분열과 증오와 냉혹함에 지쳤습니다. 올라오는 글마다 다들 '그래, 우리에게 필요한 게 바로 이거야'라는 댓글이 달렸죠." 이 그룹은 금세 50만 명 이상 늘어났다. 전 세계 회원들은 매주 자신이 목격하거나 직접 행한 친절을 들려주었다.

캐서린은 이 흐름을 더 널리 확산시키기로 마음먹고 담대한 조치를 단행했다. 즉 사람들이 친절 팬데믹 브랜드를 자체적으로 활용해 지역 그룹을 개설하고 서로 협력할 수 있도록 했다. 얼마 지나지 않아서 70개 넘는 지역별 페이스북 그룹이 생겨났다. 그들은 친절한 사연을 널리 퍼뜨릴 뿐만 아니라 회원들을 지역 서비스와 자원에 연계해 주기도 했다. 친절 팬데믹 페이지

들을 방문해 보면, 전 세계 곳곳에서 펼쳐진 수많은 친절한 행위가 모자이크 화면으로 펼쳐진다. 그 가운데 몇 가지를 소개하겠다.[1]

어제 우리 딸이 정류장에 가방을 두고 120번 버스에 탔을 때, 아이의 실수를 탓하지 않고 엄마처럼 따뜻하게 위로해 준 여성분에게 고마운 마음을 전합니다. 당신은 아이의 상태를 확인하고 심호흡을 하도록 도와줬어요. 그리고 누군가에게 전화를 걸어 주겠다고도 했지요. 우리 딸은 불안감에 자폐 스펙트럼 장애까지 있어서 겁이 나면 바짝 얼어 버립니다. 하지만 당신이 친절하게 대해 준 덕분에 아이가 정신을 차리고 학교에 갈 수 있었고, 저한테 연락해서 무슨 일이 있었는지 알려 줄 수 있었어요. 게다가 오늘 가방을 찾았답니다! 당신 덕분에 딸아이와 제가 무사히 하루를 보낼 수 있었습니다!

ㅡ트레이시 로웨더 Tracey Rohweder

오늘 한 소년이 내게 이 꽃을 줬다. 정원에서 놀던 소년은 집 앞으로 지나가는 나를 보더니 잠시 멈춰 세우고 꽃을 꺾어서 내 손에 들려 줬다. 그런 소소한 친절이 나한테 얼마나 큰 감동을 주었는지, 그 소년은 절대로 모를 거다.

—진저 로저스Ginger Rogers

오늘 아버지 장례식이 열렸다. 1만 7000킬로미터나 떨어진 웨일스에서 열렸기 때문에 나는 참석할 수 없었다. 교구 목사님은 내 목소리를 녹음해서 보내면 장례식 중에 틀어 주겠다고 했다. (…) 생판 모르는 케이티라는 여성이 장례식 전 과정을 실시간으로 스트리밍해 줬다. 집을 나서는 순간부터 영결식, 추도사 낭독, 웨일스의 시골 마을에 있는 장지까지 운구하고 매장하는 장면까지, 나는 이곳 오스트레일리아에서 전부 지켜볼 수 있었다. 그리고 자정까지 스트리밍이 이어지는 동안 직장 동료들이 내게 부드러운 담요와 도시락을 챙겨 주었다. 그들의 친절과 호의가 상실감을 이겨 내는 데 얼마나 큰 힘이 되었는지 모른다.

—그룹 회원

페이스북 그룹이 개설되고 2년 넘게 흘렀지만 이러한 사연은 계속해서 올라오고 있다. 진정한 친절 팬데믹이라 할 수 있겠다. 이 모든 게 한 사람의 소소한 친절에서 비롯되었다.

얼마나 더 많은 친절 팬데믹이 펼쳐질 수 있을까? 모든 사람이 서로 연결된 시대에 정녕 한계는 없다. 우리는 순 기버가 되어 우리 삶의 대차대조표만 바꾸는 게 아니라, 다른 사람들도 관대하게 행동하도록 격려할 수 있다.

다른 종과 달리 인간은 한 걸음 물러나 삶에 대해 숙고하고 상상하며, 개인으로든 집단으로든 단호한 결정을 내릴 능력이 있다. 우리는 모두 다가올 미래의 공동 저자다. 우리가 함께 써 내려갈 이야기는 우리 자신을 깜짝 놀라게 할지도 모른다.

에필로그

혐오와 분열에 맞서는
인간의 가장 아름다운 충동

((♡))

우리는 관대함을 새롭게 이해하고자 지금까지 꽤 먼 길을 함께 달려왔다. 당신은 생각과 감정 측면에서 나와 긴밀히 연결되었다. 그렇다면 이젠 어떻게 해야 할까? 당신은 이 모든 것을 어떻게 할 작정인가? 분주한 일상으로 돌아가기 전에 당신에게 마지막으로 당부하고 싶은 말이 있다. 이는 그간에 들려준 이야기의 요약본이자 선언문이며 당신에게 전하는 나의 연서다.

인간은 누구나 남들에게 베풀 잠재력이 있습니다. 베풀고 싶은 충동은 우리 내면 깊숙한 곳에 자리 잡고 있으며, 타인의 욕구에 마음을 열기만 해도 쉽게 깨어날 수 있습니다. 우리의 시간과 돈, 창의력을 나눠 주면, 그에 상응하는 반응이 일어납니다. 일단 시작되면 관대함은 들불처럼 번질 수 있습니다. 한 사람에서 다음 사람으로 전달되면서 감동의 물결이 퍼져 나갑니다. 인간의 선한 능력을 집단적으로 목격할 때, 우리는 오늘날 만연한 냉소주의를 극복하고 공동의 대의를 위해 한데 모일 수 있습니다.

인터넷은 인간의 친절을 극적으로 증폭시킬 가능성을 제공합니다. 지금까지는 최악의 본능을 자극하여 분노와 두려움과 분열을 조장하는 경우가 너무나 많았지만, 우리는 이에 대처할 수 있습니다. 연결성 덕분에 전례 없는 방식으로 관대함을 표현하게 되면서, 최고의 지식과 창착물을 전 세계 수백만 명과 나눌 수 있습니다. 더 나아가, 친절에 대한 온갖 사연을 공유하면서 서로 영감과 기쁨을 선사할 수 있습니다.

누구나 여기에 참여할 수 있습니다. 꼭 부자이거나 기발한 천재일 필요도 없습니다. 너그러운 마음가짐으로 나와 의견이 다른 사람을 이해하려 노력하고, 가시 돋친 글보다 친절한 글을 쓸 수 있다면 흐름을 바꾸는 데 일조할 수 있습니다. 관대한 삶으로 가는 유일한 길은 없습니다. 받는 것보다 더 많이 주고 싶다는 열망은 누구나 품을 수 있지요.

기업과 조직도 중요한 역할을 할 수 있습니다. 연결성의 시대는 우리가 무엇을 내어 주고 무엇을 지켜야 하는지에 대한 규칙을 바꿔 놨습니다. 어느 조직이든 세상을 놀라고 즐겁게 할 수 있는 일을 꿈꾸는 데 시간을 투자해야 합니다. 더 대담하고 창의적으로 접근할수록, 조직의 관대함은 그간의 평판을 바꿔 줄 흥미로운 파급효과를 일으킬 수 있습니다.

관대함은 감사에서 시작됩니다. 잠시 멈춰서 생각해 보면 감사할 일들이 끝도 없이 떠오릅니다. 날마다 감사하는 습관을 들이면, 자연스럽게 세상에 보답하고 일상생활에서 관대함을 발휘하고 싶은 마음이 생깁니다. 가령 매일 한 가지씩 친절을 베풀거나 자원봉사, 멘토링, 온라인 지지 활동을 통해 평소 관심 있는 일에 시간을 할애할 수 있습니다. 아울러 자신이 신중하게 우선순위를 정한 대의를 위해 해마다 소득의 10퍼센트 또는 자산의 2.5퍼센트 중 더 많은 액수를 기부하기로 서약할 수도 있습니다. 만약 이러한 서약이 널리 채택된다면 인류가 직면한 모든 문제를 해결할 충분한 자금이 모일 것입니다.

아무리 이타적인 사람이라도 언제 어떻게 베푸는 게 최선인지 다 알기는 어렵습니다. 이는 가슴과 머리가 둘 다 필요한 일입니다. 당신이 관심을 둔 문제에 시간을 투자하면서, 그와 동시에 이런 중요한 질문을 던져 보세요. '이것은 얼마나 큰 문제인가?' '얼마나 방치되었는가?' '어느 정도로 해결 가능한가?' 그 문제에 영향력을 발휘하고 있는 조직을 찾아서 그들에게 기회를 주세요. 당신의 돈을 어떻게 사용해야 가장 좋은지 확신할 수는 없을 겁니다. 그렇지만 아무 위험도 감수하지 않는 것보단 적극적으로 기여하고 배움을 얻는 것이 낫습니다. 무엇보다도, 마음이 맞는 협력자를 찾는 게 중요합니다. 변화를 모색하는 일은 혼자보단 여럿이 함께할 때 훨씬 더 만족스럽습니다. 다 같이 힘을 모으면 더 많이 성취할 뿐만 아니라 기쁨도 더 많이 느낄 수 있습니다.

지금은 관대함이 우리를 어떻게 변화시킬 수 있는지 다시 생각해 볼 때입니다. 온 세상이 필요한 일에 초점을 맞춘 담대한 자선 활동을 꿈꿔 볼 기회입니다. 역사의 올바른 편에 서고자 하는 비전을 갖춘 기업을 꿈꿀 기회이자, 인터넷을 되찾아 선한 힘으로 사용하겠다고 결심하는 평범한 세계 시민들의 반란을 꿈꿀 기회이기도 합니다. 그런 미래에 다시 한번 흥분할 준비가 되었나요? 이제 때가 되었습니다!

이것은 개인적으로 당신에게 가장 어려운 동시에 가장 아름답고 가슴 뛰는 일, 바로 삶의 의미를 찾는 여정입니다. 우리는 서로 연결되어 살아가도록 태어났습니다. 그러니 당신이 할 수 있다고 생각하는 어떤 방식으로든 베푸세요. 창의적으로 베풀고 용감하게 베풀고 합심해서 베푸세요. 그리하여 관대함의 마법이 저 멀리 우주까지 퍼져 나가게 하세요.

그러다 어느 날 아침 눈을 뜨고 내면에서 이렇게 속삭이는 소리를 들어도 놀라지 마세요.

'아, 이렇게 행복한 적이 없었어.'

초대장

---

    infectiousgenerosity.org에서 당신의 관대한 여정을 계속 이어 가길 바랍니다. 그곳에서 더 많은 사연을 접하고, 이 책에 언급된 여러 자료와 링크를 찾게 될 것입니다.

    또 우리가 개발하고 있는 놀라운 AI 비서를 만날 수 있습니다. 바로 '티그TIGG'입니다. 티그는 당신이 어떻게 기여하면 좋을지 고민할 때 개인 맞춤형 조언을 제공하는 파트너가 되어 줄 것입니다. 티그가 당신의 얼굴에 미소를 가져다 주길 기대합니다.

    아울러 당신의 친구들과 동료들을 이 여정에 동참시킬 수 있는 방법도 찾게 될 것입니다. 다른 무엇보다도, 관대함의 전염성에 대한 당신의 사연과 통찰을 공유할 수 있을 것입니다. 우리는 당신의 이야기를 간절히 기다리고 있습니다.

감사의 글

이 책은 뛰어난 재주와 관대한 마음을 지닌 사람들이 함께 만들었다.

케이트 허니는 몇 달 동안 관대함의 전염성에 얽힌 수십 가지 사연을 조사하고 딱딱한 개념을 희망적인 현실로 바꿔 놓았다. 그녀는 대단히 총명하고 친절한 사람이며, 다양한 방식으로 이 책의 완성을 도왔다.

톰 클레드윈은 AI 기반 웹사이트 infectiousgenerosity.org를 개발하고 브랜딩과 마케팅을 주도적으로 이끌면서 이 책을 널리 알리고 있다. 깊은 통찰력에 기발한 천재성까지 겸비한 그에게 매번 놀라고 있다.

훌륭한 일러스트레이터 리아나 핑크는 예리한 통찰력으로 멋진 삽화를 그려 주었다.

믿음직한 친구들과 사랑하는 사람들이 내게 이 프로젝트를 시작하라고 권해 주었다. 그들은 초고를 읽고 나서 무수히 많은 실수를 고쳐 주었고 막다른 길에서 나를 구해 주었다. 지니 허니, 베스 노보그라츠, 서니 베이츠, 치 펄먼, 신디 스티버스, 스티브 페트라네크, 오토 커, 아치 메러디스, 롭 리드. 여러분을 알고 있어서 나는 참 운이 좋은 사람이다.

조너선 하이트, 앤드류 솔로몬, 브레네 브라운, 댄 펠로타, 스티븐 핑커, 애덤 그랜트, 일라이 패리저, 데이비드 보다니스, 피터 싱어, 스콧 쿡, 테리 무어, 알랭 드 보통, 리브 보에리, 윌리엄 맥어스킬, 나탈리 카길, 톰 티어니 등 TED 강연자들과 TED 공동체의 여러 구성원이 너그럽게도 시간을 내어 원고를 검토하고 조언해 주었다.

엘리자베스 던은 미스터리 실험 팀을 이끌며 이 책의 탄생을 촉진했다. 핵심 팀원으로는 쉴라 오르파노, 라이언 드와이어, 말라나 위트를 꼽을 수 있다.

지금의 TED를 있게 한 독특한 인물들이 없었다면 이 모든 일은 불가능했을 것이다. 특히 편집 과정에서 귀중한 조언과 격려를 아끼지 않은 제이 헤라티, 린제이 레빈, 안나 베르게즈, 헬렌 월터스, 로건 스몰리, 미셸 퀸에게, 그리고 TED 강연을 처음 온라인으로 공개하는 데 핵심 역할을 했던 전 동료들, 준 코헨과 제이슨 위시나우에게 감사의 마음을 전한다. 아울러 TED에서 일하는 모든 분에게 고마움을 전한다. 여러분은 날마다 나를 놀라고 기쁘게 한다.

전문가들로 구성된 특별한 팀이 이 책을 세상에 내놓는 데 도움을 주었다. 내 에이전트 토드 슈스터는 원고가 엉성한 상태일 때도 확고한 믿음을 보여 주었다. 대서양 반대편에 사는 내 편집자들, 드러먼드 모이어와 폴 휘틀래치는 처음엔 특정 부분에 대한 신랄한 비평으로 나를 압박했으나 나중엔 그 부분을 멋지게 수정할 방법을 알려 주었다. 그들은 대단히 뛰어나고 명석하다. 실제로, 데이비드 드레이크가 이끄는 펭귄 랜덤 하우스의 전체 팀은 그 누구보다도 창의적이고 대담하며 성실하다. 아, 물론 관대하기도 하다.

내 어머니 그웬디 앤더슨은 뇌졸중으로 총기를 잃은 탓에 20년째 요양원에서 지내고 있다. 지금은 어머니에게 이 말을 들려줄 수 없지만, 누군가의 속사정을 제대로 모르면 절대로 판단하지 않겠다는 어머니의 단호한 고집이야말로 내가 관대한 마음가짐을 이 책의 중심에 두게 된 이유라 할 수 있다.

조이 앤더슨은 가장 화려하게 빛나는 형태로 관대함을 구현했다. 조이의 삶은 24년 만에 비극적으로 끝났지만, 그녀의 정신은 그녀를 아는 모든 이들에게 살아 있다. 내가 아는 관대함의 전염성 가운데 가장 아름답고도 애달픈 사례다.

날마다 기쁘고 감사한 마음으로 살아가게 해 주는 가족이 있어서 나는 복 받은 사람이다. 사랑스러운 두 딸 엘리자베스와 안나, 두 사위 조이와 샘, 손주 잰더와 클라라와 마에바에게, 그리고 내가 감탄할 수밖에 없는 수준의 관대함과 사랑, 결단력과 용기를 발휘하는 내 평생의 반려자 재클린에게 한없는 사랑을 전한다.

마지막으로 남들을 위해 시간과 재능과 돈을 아낌없이 내놓은 이름 모를 영웅들에게 감사의 마음을 전한다. 세상에는 그러한 영웅이 수십억 명이나 있다. 그분들 덕분에 우리는 희망찬 미래로 나아가고 있다.

참고 자료

추천 도서

Bregman, Rutger. *Humankind: A Hopeful History.* London: Bloomsbury, 2019. 뤼트허르 브레흐만, 조현욱 옮김, 《휴먼카인드: 감춰진 인간 본성에서 찾은 희망의 연대기》, 인플루엔셜, 2021.

Coombes, Joshua. *Do Something for Nothing: Seeing Beneath the Surface of Homelessness, Through the Simple Act of a Haircut.* London: Murdoch Books, 2021.

Dickson, Mike. *Our Generous Gene.* Generous Press, 2016.

Dunn, Elizabeth, and Michael Norton. *Happy Money: The New Science of Smarter Spending.* London: Oneworld Publications, 2014. 엘리자베스 던, 마이클 노튼, 방영호 옮김, 《당신이 지갑을 열기 전에 알아야 할 것들》, 알키, 2013.

Guzmán, Mónica. *I Never Thought of It That Way: How to Have Fearlessly Curious Conversations in Dangerously Divided Times.* New York: BenBella Books, 2022.

Hopkins, Rob. *From What Is to What If: Unleashing the Power of Imagination to Create the Future We Want.* London: Chelsea Green Publishing, 2019.

MacAskill, William. *What We Owe the Future: A Million-Year View.* London: Oneworld Publications, 2023. 윌리엄 맥어스킬, 이영래 옮김, 《우리는 미래를 가져다 쓰고 있다》, 김영사, 2023.

Ryan, M. J. *Radical Generosity: Unlock the Transformative Power of*

Giving. Newburyport, MA: Conari Press, 2018.

Singer, Peter. *The Life You Can Save: How to Play Your Part in Ending World Poverty*. Basingstoke, UK: Picador, 2010. 피터 싱어, 함규진 옮김, 《물에 빠진 아이 구하기》, 산책자, 2009.

Smith, Christian, and Hilary Davidson. *The Paradox of Generosity: Giving We Receive, Grasping We Lose*. Oxford, UK: Oxford University Press, 2014.

Wahba, Orly. *Kindness Boomerang: How to Save the World (and Yourself) Through 365 Daily Acts*. New York: Flatiron, 2017.

Williams, Matthew. *The Science of Hate*. London: Faber and Faber, 2021. 매슈 윌리엄스, 노태복 옮김, 《혐오의 과학》, 반니, 2022.

TED 강연

Ted.com 또는 YouTube에서 시청할 수 있다.

Mike Dickson, "What is enough?"

Elizabeth Dunn, "Helping others makes us happier—but it matters how we do it."

Michael Norton, "How to buy happiness."

Mary Portas, "Welcome to the Kindness Economy."

Alex Sandler, "What is a gift economy?"

Orly Wahba, "Making kindness viral."

Adam Grant, "Are you a giver or a taker?"

Melinda and Bill Gates, "Why giving away our wealth has been the most satisfying thing we've done."

Dan Harris, "The benefits of not being a jerk to yourself."

Sara Lomelin, "Your invitation to disrupt philanthropy."

Mundano, "Trash cart superheroes."

Daniel Pallotta, "The way we think about charity is dead wrong."

Peter Singer, "The why and how of effective altruism."
John Sweeney, "Why kindness matters."
Alain de Botton, "Atheism 2.0."
Nicholas Christakis, "The hidden influence of social networks."
Lily Yeh, "From broken to whole."
Jon Ronson, "When online shaming goes too far."
Jim Hagemann Snabe, "Dreams and details for a decarbonized future."
Daryl Davis, "Why I, as a black man, attend KKK rallies."
Dylan Marron, "Empathy is not endorsement."
Hamdi Ulukaya, "The anti-CEO playbook."
Sir Ken Robinson, "Do schools kill creativity?"
Jeffrey Walker, "Creating whole-table discussions over dinner."
Priya Parker, "3 steps to turn everyday get-togethers into transformative gatherings."

팟캐스트

Chesterfield, Alex, Laura Osbourne, and Ali Goldsworthy. *Changed My Mind*. Depolarisation Project.
GoodGoodGood. *Sounds Good with Branden Harvey*.
Karabell, Zachary, and Emma Varvaloucas. *What Could Go Right?* The Progress Network.
Marron, Dylan. *Conversations with People Who Hate Me*.
Voss, Michael Gordon. *Giving with Impact*. 특히 "Giving Circles for Greater Community Impact" 편을 추천한다.

자선 관련 단체

Giving What We Can: 기부자에게 가장 효과적으로 자선을 베푸는 방법을 조언하는 연구 단체다. www.givingwhatwecan.org.

GiveWell: 기부자가 영향력을 최대한 발휘하도록 탁월한 기부 기회를 연구한다. www.givewell.org.

The Audacious Project: 공동 지원을 위해 대담하면서도 신뢰할 만한 아이디어를 발굴한다. www.audaciousproject.org.

GivingTuesday: 추수감사절 다음 화요일에 수억 명이 기부하도록 영감을 준 글로벌 운동이다. www.givingtuesday.org.

GiveDirectly: 기부자가 세계 최빈국에 직접 돈을 보낼 수 있게 한다. www.givedirectly.org.

Acumen: 인내 자본을 활용하여 개발도상국의 수백만 명이 가난에서 벗어나도록 돕는 글로벌 빈곤 퇴치 단체다. https://acumen.org.

Life Vest Inside: TED 연사인 올리 와바Orly Wahba가 설립한 단체로, 다양한 배경을 지닌 사람들에게 감동과 영감을 불어넣어서 친절을 베풀 수 있도록 돕는다. www.lifevestinside.com.

What Is a Giving Circle?: Philanthropy Together가 만든 웹사이트로, 기부 모임을 결성해야 하는 이유와 요령을 재미있는 방식으로 알려 준다. https://whatisagivingcircle.com.

Grapevine: 친구들과 기부 모임을 결성할 수 있도록 무료 디지털 인프라를 제공한다. www.grapevine.org.

Every: 다양한 규모의 자선단체에 디지털 기금 조성 인프라를 제공한다. www.every.org.

솔루션 기반 저널리즘

Future Crunch: 데이터에 기반해 긍정적인 글로벌 트렌드를 알리고자 구독자들에게 매주 뉴스레터를 발송한다. https://futurecrunch.com.

Reasons to Be Cheerful: 음악가 데이비드 번이 설립한 온라인 잡지로, '세계에서 가장 시급한 문제에 대한 현명하고 입증되고 복제 가능한 솔루션'을 수집한다. https://reasonstobecheerful.world.

Positive News: '사람과 커뮤니티와 조직이 세상을 더 나은 방향으로 변화시키는 방법을 포괄적으로 연구하는' 온·오프라인 잡지다. www.positive.news.

GOOD Worldwide: 인간의 진보에 초점을 맞춘 사회적 기업으로, 1억 5000만 명의 구독자를 보유하고 있다. 두 개의 핵심 미디어를 운영하는데, Upworthy는 감동적인 이야기를 전하고 GOOD은 심층 분석과 보도를 다룬다. https://goodinc.com.

다리 놓기와 환대

Living Room Conversations: 사람들이 논쟁적인 주제를 스스럼없이 논의하도록 돕고자 100여 개의 대화 가이드를 제시한다. https://livingroomconversations.org/topics/.

Braver Angels: 온라인에서 서로 존중하며 소통하는 방법에 대한 무료 온라인 강좌를 제공한다. https://braverangels.org/online-skills-for-social-media/.

The Big Lunch: 해마다 사람들이 만나서 새로운 인연을 맺고 공동체를 결성하며 자신들이 사는 지역에서 변화를 모색하도록 돕는다. www.edenproject.com/mission/our-projects/the-big-lunch.

StoryCorps: 사람들을 서로 연결하고, 좀 더 공정하고 호의적인 세상을 만들기 위해 다양한 이야기를 공유한다. https://storycorps.org.

We Are Weavers: TED 연사 데이비드 브룩스David Brooks가 설립한 단체로, 개인의 성취보다 '깊은 인간관계와 공동체의 성공'이라는 철학을 지지한다. https://weareweavers.org.

BridgeUSA: '제기랄, 얘기 좀 합시다' 캠페인은 대학 캠퍼스와 그 너머에서 양극화를 물리치는 데 초점을 맞춘다. www.bridgeusa.org/lets-f-ing-talk/.

주

서문

1. Jim Davies, "We Aren't Selfish After All," *Nautilus*, April 29, 2020, https://nautil.us/we-arent-selfish-after-all-237799.
2. Reddit user T6900, "R/humans beingbros—Random downpour in DC, this guy jumps out of his car to share an umbrella with a couple down on their luck." Reddit, 2022, www.reddit.com/r/HumansBeingBros/comments/u57grb/random_downpour_in_dc_this_guy_jumps_out_of_his/.

1장

1. "TED Translators," TED, 2023, www.ted.com/about/programs-initiatives/ted-translators.
2. Nilofer Merchant, "When TED Lost Control of Its Crowd," *Harvard Business Review*, April 2013, https://hbr.org/2013/04/when-ted-lost-control-of-its-crowd.
3. Data from www.joshtalks.com/josh-talks/.
4. Ken Robinson, "Do schools kill creativity?," TED, 2006, www.ted.com/talks/sir_ken_robinson_do_schools_kill_creativity.

2장

1. Andy Corbley, "Wildlife Sound Recordist Releases Treasured Audio Collection for Free—to Awe and Inspire the World," Good News

Network, February 23, 2022, www.goodnewsnetwork.org/200-of-martyn-stewart-sound-records-are-available-for-free-on-soundcloud.
2. "Conversation Topics," Living Room Conversations, 2023, https://livingroomconversations.org/topics/.
3. Daniel Kreps, "Run the Jewels to Make New Album 'Free for Anyone Who Wants Some Music,' " *Rolling Stone*, May 31, 2020, www.rollingstone.com/music/music-news/run-the-jewels-4-free-1008096.
4. Yann Arthus-Bertrand, "A wideangle view of fragile earth," TED, 2009, www.ted.com/talks/yann_arthus_bertrand_a_wide_angle_view_of_fragile_earth.
5. YouTube account @HUMAN The movie, "HUMAN The movie (Director's cut version)," YouTube, April 14, 2020, www.youtube.com/watch?v=fC5qucSk18w.
6. Clare Mulroy, "Spotify Pays Artists (Sort of), but Not per Stream. Here's How It Breaks Down," *USA Today*, October 22, 2022, https://eu.usatoday.com/story/life/2022/10/22/how-much-per-spotify-stream/8094437001.
7. Interview of Matthew Burrows by Kate Honey, May 5, 2022.
8. "Our Story," Patreon, 2023, www.patreon.com/about.
9. Dimitra Kessenides, "Robert Smith Pays Off Student Loans at Morehouse College," *Bloomberg News*, December 14, 2019, www.bloomberg.com/news/articles/2019-12-04/robert-smith-pays-off-student-loans-at-morehouse-college.
10. Jon Ronson, "When online shaming goes too far," TED, July 20, 2015, www.ted.com/talks/jon_ronson_when_online_shaming_goes_too_far.
11. Alain de Botton, "Atheism 2.0," TED, 2011, www.ted.com/talks/alain_de_botton_atheism_2_0.

3장

1. Wayne E. Baker and Nathaniel Bulkley, "Paying It Forward vs. Rewarding Reputation: Mechanisms of Generalized Reciprocity," *Organization Science* 25, no. 5 (Oct. 2014): 1493–510, https://doi.org/10.1287/orsc.2014.0920.
2. Kate Gibson, "It Takes 300 Worker Salaries to Equal the Average CEO's Pay, Data Show," CBS News, July 14, 2021, www.cbsnews.com/news/ceo-pay-300-worker-salaries-compensation.
3. Credit Suisse Research Institute, *Global Wealth Databook 2022*, Credit Suisse, 2022, www.credit-suisse.com/media/assets/corporate/docs/about-us/research/publications/global-wealth-databook-2022.pdf.
4. Thomas Piketty, *Capital in the Twenty-First Century* (Cambridge, MA: Harvard University Press, 2014), 519–27.
5. Chase Peterson-Withorn, "Forbes' 36th Annual World's Billionaires List: Facts and Figures 2022," *Forbes*, April 5, 2022, www.forbes.com/sites/chasewithorn/2022/04/05/forbes-36th-annual-worlds-billionaires-list-facts-and-figures-2022.
6. Rachel Sandler, "The Forbes Philanthropy Score 2022: How Charitable Are the Richest Americans?," *Forbes*, September 27, 2022, www.forbes.com/sites/rachelsandler/2022/09/27/the-forbes-philanthropy-score-2022-how-charitable-are-the-richest-americans/?sh=6d0efebfa098.

4장

1. Sudeept Mishra, "Bhopal Braveheart Dives Under Moving Train to Save Girl, Heroism Caught on Camera," *Times of India*, February 11, 2022, https://timesofindia.indiatimes.com/city/bhopal/bhopal-braveheart-dives-under-moving-train-to-save-girl-heroism-caught-on-camera/

articleshow/89515582.cms.
2. Samuel L. Gaertner and John F. Dovidio, "The Common Ingroup Identity Model," in Paul A. M. Van Lange, Arie W. Kruglanski, and E. Tory Higgins, eds., *Handbook of Theories of Social Psychology*, vol. 2 (Thousand Oaks, CA: Sage Publications, 2012), 439–57.
3. Claudia Hammond, "Does Reading Fiction Make Us Better People?," BBC, June 3, 2019, www.bbc.com/future/article/20190523-does-reading-fiction-make-us-better-people.
4. Jonathan Haidt, "Wired to Be Inspired," *Greater Good*, March 1, 2005, https://greatergood.berkeley.edu/article/item/wired_to_be_inspired.
5. Daniel Kahneman, *Thinking, Fast and Slow* (London: Penguin, 2012), 20–30. 대니얼 카너먼, 이창신 옮김,《생각에 관한 생각》, 김영사 2018.
6. Data from Gallup World Poll 2013, www.gallup.com/analytics/349487/gallup-global-happiness-center.aspx(closed access).
7. Elizabeth Dunn, "Helping others makes us happier—but it matters how we do it," TED, 2019, www.ted.com/talks/elizabeth_dunn_helping_others_makes_us_happier_but_it_matters_how_we_do_it.
8. Ed O'Brien and Samantha Kassirer, "People Are Slow to Adapt to the Warm Glow of Giving," *Psychological Science* 30, no. 2 (2019): 193–204.

5장

1. Ryan J. Dwyer and Elizabeth W. Dunn, "Wealth Distribution Promotes Happiness," *Proceedings of the National Academy of Sciences* 119, no. 46 (2022): 2–3.

범사에 감사하라

1. Dan Harris, "The benefits of not being a jerk to yourself," TED, 2022,

www.ted.com/talks/dan_harris_the_benefits_of_not_being_a_jerk_to_yourself.
2. Brother David Steindl-Rast, "Gratitude | Louie Schwartzberg | TEDxSF," YouTube, June 11, 2011, www.youtube.com/watch?v=gXDMoiEkyuQ.

6장

1. Joshua Coombes, *Do Something for Nothing: Seeing Beneath the Surface of Homelessness, Through the Simple Act of a Haircut* (London: Murdoch Books, 2021), 10.
2. Instagram account@joshuacoombes has 156,000 followers as of June 2023.
3. Coombes, *Do Something for Nothing*, 106.
4. Coombes, *Do Something for Nothing*, 219.
5. Dylan Marron, *Conversations with People Who Hate Me: 12 Things I Learned from Talking to Internet Strangers* (New York: Atria Books, 2022), loc. 14, Kindle.
6. Marron, *Conversations with People Who Hate Me*, loc. 99.
7. Dylan Marron, "Empathy is not endorsement," TED, 2018, www.ted.com/talks/dylan_marron_empathy_is_not_endorsement.
8. Marron, "Empathy is not endorsement."
9. *Changed My Mind* podcast, "Becoming Friends with Your Arch Enemy with Leah Garcés," Spotify, June 2020, https://open.spotify.com/episode/76PEwtrQrdD3MGzS0z15gV?si=826a6812692247e2.
10. Carl Miller, "Taiwan's Crowdsourced Democracy Shows Us How to Fix Social Media," Reasons to Be Cheerful, September 27, 2020, https://wearenotdivided.reasonstobecheerful.world/taiwan-g0v-hackers-technology-digital-democracy.
11. Statistic from Khan Academy YouTube channel, www.youtube.com/@

khanacademy.
12. Elizabeth Dunn, "Helping others makes us happier—but it matters how we do it," TED, 2019, www.ted.com/talks/elizabeth_dunn_helping_others_makes_us_happier_but_it_matters_how_we_do_it.
13. Orahachi Onubedo, "Under the Hoodie—Ada Nduka Oyom, DevRel Ecosystem Community Manager with Google," BenjaminDada, July 20, 2021, www.benjamindada.com/under-the-hoodie-ada-nduka-oyom.
14. Statistic from She Code Africa website, https://shecodeafrica.org/.
15. Rory Stewart, "Books: 'The Places in Between,'" *Washington Post*, August 10, 2006, www.washingtonpost.com/wp-dyn/content/discussion/2006/08/03/DI2006080300716.html.
16. Donald Brown, *Human Universals* (New York: McGraw-Hill, 1991), loc. 1500, Kindle.
17. Guy Trebay, "Guess Who Isn't Coming to Dinner," *New York Times*, November 28, 2012, www.nytimes.com/2012/11/29/fashion/saving-the-endangered-dinner-party.html.
18. TEDx Talks YouTube channel, "From broken to whole: Lily Yeh at TEDxCornellU," YouTube, December 20, 2013, www.youtube.com/watch?v=fVCXF6PN0g4.
19. "An Artist Is Creating a Rainbow Square in Gloucester," BBC, May 13, 2022, www.bbc.co.uk/news/uk-england-gloucestershire-61421731.
20. Ian Phillips, "France's Answer to Banksy: The Anonymous Street Artist Filling Potholes with Colourful Mosaics," *Guardian*, September 11, 2022, www.theguardian.com/artanddesign/2022/sep/11/frances-answer-to-banksy-the-anonymous-street-artist-filling-potholes-with-colourful-mosaics-.
21. "The Sing for Hope Pianos on CBS Sunday Morning," YouTube, SingForHope YouTube channel, February 3, 2022, www.youtube.com/

watch?v=2kGLILDaeK0&t=1s.
22. @MuhammadLila Twitter account, "During Italy's quarantine....," March 14, 2020, https://twitter.com/muhammadlila/status/1238671011698151427?s=21.
23. Asad Hashim, "Pakistan Musicians Fill Silence in Former Taliban Stronghold," *Al Jazeera*, February 28, 2018,www.aljazeera.com/features/2018/2/28/pakistan-musicians-fill-silence-in-former-taliban-stronghold.

7장

1. Elle Hunt, " 'They Filmed Me Without My Consent': The Ugly Side of #Kindness Videos," *Guardian*, January 31, 2023, www.theguardian.com/technology/2023/jan/31/they-filmed-me-without-my-consent-the-ugly-side-of-kindness-videos.
2. @MrBeast Twitter account, "Twitter—Rich people should help others...," Twitter, January 30, 2023, https://twitter.com/MrBeast/status/1620195967008907264.
3. Heather Wake, "The Way These 'Samurai Litter Pickers' Clean the Streets Is Kinda the Coolest Thing Ever," Upworthy, July 2, 2022, www.upworthy.com/samurai-litter-pickers-japan.
4. Mundano, "Trash cart superheroes," TED, 2014, www.ted.com/talks/mundano_trash_cart_superheroes.
5. Mara Cristina Caballero, "Academic Turns City into a Social Experiment," *Harvard Gazette*, March 11, 2004, https://news.harvard.edu/gazette/story/2004/03/academic-turns-city-into-a-social-experiment.
6. Caballero, "Academic Turns City into a Social Experiment."
7. "Ice Bucket Challenge Dramatically Accelerated the Fight Against ALS,"

ALS Association, June 4, 2019, www.als.org/stories-news/ice-bucket-challenge-dramatically-accelerated-fight-against-als.
8. "About Us—Financials," Movember, 2022, https://us.movember.com/about/money.
9. Mallory Simon and Sara Sidner, "What Happened When a Klansman Met a Black Man in Charlottesville," CNN, July 16, 2020, https://edition.cnn.com/2017/12/15/us/charlottesville-klansman-black-man-meeting/index.html.
10. TEDx Talks YouTube channel, "Why I, as a black man, attend KKK rallies | Daryl Davis | TEDxNaperville," YouTube, December 8, 2017, www.youtube.com/watch?v=ORp3q1Oaezw.
11. "Mamoudou Gassama: Mali 'Spiderman' Becomes French Citizen," BBC, September 13, 2018, www.bbc.co.uk/news/world-europe-45507663.
12. Sirin Kale, " 'He's a Hero'—the Teacher Who Hand- Delivered 15,000 Free School Meals in Lockdown," *Guardian*, November 13, 2021, www.theguardian.com/lifeandstyle/2021/nov/13/hes-a-hero-the-teacher-who-hand-delivered-15000-free-school-meals-in-lockdown.
13. "Obituary: Captain Sir Tom Moore, a Hero Who Gave a Nation Hope," BBC, February 2, 2021, www.bbc.co.uk/news/uk-52726188.
14. Claire Schafer, "OK Go Premiere New Song for Frontline COVID- 19 Workers," *Rolling Stone*, May 13, 2020, www.rollingstone.com/music/music-news/ok-go-all-together-now-covid-19 -998665/.
15. OK Go YouTube account, "OK Go Sandbox—Behind the Scenes of #ArtTogetherNow," YouTube, 2021, www.youtube.com/watch?v=W0S7SA6DVfk&t=335s.
16. Mark Savage, "BTS Were the Top-Selling Act in the World Last Year," BBC, February 24, 2022, www.bbc.co.uk/news/entertainment-

arts-60505910.
17. @KimNamjoonPHL Twitter account, "Plant Today, Save Tomorrow...," Twitter, September 8, 2019, https://twitter.com/KimNamjoonPHL/status/1170581124646457344?s=20.
18. "BTS Fans Build Forest in RM's Name as Birthday Gift," *Soompi*, September 3, 2019, www.soompi.com/ article/1349882wpp/bts-fans-build-forest-in-rms-name-as-birthday-gift; AllKPop user btsarmykook, "'BTS Jungkook Forest No. 4' Created by Fans to Improve Biodiversity in Collaboration with the Korean Federation for Environmental Movement," AllKPop, November 19, 2021, www.allkpop.com/article/2021/11/bts-jungkook-forest-no-4-created-by-fans-to-improve-biodiversity-in-collaboration-with-the-korean-federation-for-environmental-movement.
19. Statistics from International Network of Crisis Mappers website, http://crisismapping.ning.com.
20. *Sounds Good* podcast, "3 Myths About Changing the World," April 5, 2021, www.goodgoodgood.co/podcast/amy-wolff-3-myths-about-changing-the-world.
21. *Sounds Good* podcast, "3 Myths About Changing the World."

8장

1. Email correspondence between author and Steven Pinker, March 3, 2023.
2. Max Roser, Hannah Ritchie, Esteban Ortiz-Ospina, and Lucas Rodés-Guirao, "World Population Growth," Our World in Data, 2023, https://ourworldindata.org/world-population-growth.
3. Global Health Observatory, "Child Mortality and Causes of Death," World Health Organization, 2023, www.who.int/data/gho/data/themes/

topics/topic-details/GHO/child-mortality-and-causes-of-death.
4. Roy F. Baumeister and Ellen Bratslavsky, "Bad Is Stronger Than Good," *Review of General Psychology* 5, no. 4 (2001): 323–70.
5. Peter Hogg, "Top 10 Most Important Drugs in History," *Proclinical*, January 18, 2022, www.proclinical.com/blogs/2022-1/top-10-most-important-drugs-in-history.
6. Nick Statt, "MacKenzie Scott Has Already Donated Nearly $1.7 Billion of Her Amazon Wealth Since Divorcing Jeff Bezos," *The Verge*, July 28, 2020, www.theverge.com/2020/7/28/21345440/mackenzie-scott-jeff-bezos-amazon-wealth-donation-philanthropy.
7. MacKenzie Scott, "No Dollar Signs This Time," Yield Giving, December 8, 2021, https://yieldgivin.com/essays/no-dollar-signs-this-time.

9장

1. Derek Beres, "Idiot Compassion and Mindfulness," Big Think, October 30, 2013, https://bigthink.com/articles/idiot-compassion-and-mindfulness/.
2. Austin Frakt, "Putting a Dollar Value on Life? Governments Already Do," *New York Times*, May 11, 2020, www.nytimes.com/2020/05/11/upshot/virus-price-human-life.html.
3. "How We Produce Impact Estimates," GiveWell, April 2023, www.givewell.org/impact-estimates.
4. Statistic from KickStart website, https://kickstart.org/how-we-work/; "KickStart MoneyMaker Hip Pump," Engineering for Change, 2023, www.engineeringforchange.org/solutions/product/moneymaker-hip-pump/.
5. *2022 Annual Report*, KickStart, June 2023, 3, https://kickstart.org/wp-content/uploads/2023/06/2022_KickStart-Annual-Report-1.pdf.

6. David W. Brown, "A Security Camera for the Planet," *New Yorker*, April 28, 2023, www.newyorker.com/news/annals-of-climate-action/a-security-camera-for-the-planet.
7. Safeena Husain, "A bold plan to empower 1.6 million out-of-school girls in India," TED, 2019, www.ted.com/talks/safeena_husain_a_bold_plan_to_empower_1_6_million_out_of_school_girls_in_india.
8. "Lighting the Way: Roadmaps to Exits in Off-Grid Energy," Acumen, 2019, 18, https://acumen.org/wp-content/uploads/acumen-exits-off-grid-energy-report.pdf.
9. Amanda Renteria, "A bold plan to transform access to the US social safety net," TED, 2022, www.ted.com/talks/amanda_renteria_a_bold_plan_to_transform_access_to_the_us_social_safety_net.
10. Renteria, "A bold plan to transform access to the US social safety net."
11. Renteria, "A bold plan to transform access to the US social safety net."
12. Raj Panjabi, "No one should die because they live too far from a doctor," TED, 2017, www.ted.com/talks/raj_panjabi_no_one_should_die_because_they_live_too_far_from_a_doctor/transcript.
13. "The Story of Patreon," Patreon, 2023, www.patreon.com/about.
14. *Unleashing Generosity Globally: 2022 Impact Report*, Giving Tuesday, 2023, 22, https://issuu.com/givingtues/docs/2022_givingtuesdayimpactreportfinal.
15. Based on email correspondence with GivingTuesday.

10장

1. Peter Schwartz and Peter Leyden, "The Long Boom: A History of the Future, 1980–2020," *Wired*, July 1, 1997, www.wired.com/1997/07/longboom.
2. Chris Anderson, "How web video powers global innovation," TED, 2010,

www.ted.com/talks/chris_anderson_how_web_video_powers_global_
innovation.
3. Roger McNamee, "How Facebook and Google Threaten Public Health—
and Democracy," *Guardian*, November 11, 2017, www.theguardian.
com/commentisfree/2017/nov/11/facebook-google-public-health-
democracy.
4. Nick Bostrom, "What happens when our computers get smarter than
we are?," TED, 2015, www.ted.com/talks/nick_bostrom_what_happens_
when_our_computers_get_smarter_than_we_are.
5. Tristan Harris, "How a handful of tech companies control billions of
minds every day," TED, 2017, www.ted.com/talks/tristan_harris_how_a_
handful_of_tech_companies_control_billions_of_minds_every_day.
6. Jaron Lanier, "How we need to remake the internet," TED, 2018, www.
ted.com/talks/jaron_lanier_how_we_need _to_remake_the_internet.
7. Carole Cadwalladr, "Facebook's role in Brexit—and the threat to
democracy," TED, 2019, www.ted.com/talks/carole_cadwalladr_
facebook_s_role_in_brexit_and_the_threat_to_democracy.
8. Maryam Mohsin, "10 Google Search Statistics You Need to Know,"
Oberlo (blog), January 13, 2023, www.oberlo.com/blog/google-search-
statistics; Peter Dizikes, "Why Social Media Has Changed the World—
and How to Fix It," *MIT News*, September 24, 2020, https://news.mit.
edu/2020/hype-machine-book-aral-0924; Manish Singh, "WhatsApp
Is Now Delivering Roughly 100 Billion Messages a Day," *TechCrunch*,
October 30, 2020,https://techcrunch.com/2020/10/29/whatsapp-is-
now-delivering-roughly-100-billion-messages-a-day/.
9. "How Long Do Brits Spend Scrolling Through Their Phones?," Lenstore,
January 11, 2022, www.lenstore.co.uk/eyecare/how-long-do-brits-
spend-on-their-phones.

10. Matthew Williams, *The Science of Hate: How Prejudice Becomes Hate and What We Can Do to Stop It* (London: Faber and Faber, 2021), loc. 351, Kindle.
11. Williams, *The Science of Hate*, loc. 350.
12. Williams, *The Science of Hate*, loc. 351.
13. Michelle Castillo, "Facebook Plunges More Than 24 Percent on Revenue Miss and Projected Slowdown," CNBC, July 25, 2018, www.cnbc.com/2018/07/25/facebook-earnings-q2-2018.html.
14. Twitter user @elonmusk, "New Twitter will strive...," Twitter, December 30, 2022, https://twitter.com/elonmusk/status/1608663342956302337.
15. "China: Children Given Daily Time Limit on Douyin—Its Version of TikTok," BBC, September 20, 2021, www.bbc.co.uk/news/technology-58625934.
16. Stuart Russell, "3 principles for creating safer AI," TED, 2017, www.ted.com/talks/stuart_russell_3_principles_for_creating_safer_ai.

11장

1. Jim Hagemann Snabe, "Dreams and details for a decarbonized future," TED, 2022, www.ted.com/talks/jim_hagemann_snabe_dreams_and_details_for_a_decarbonized_future.
2. Snabe, "Dreams and details for a decarbonized future."
3. Sam Thielman, "Chobani Millionaires: Employees Could Split 10% of Yogurt Company Windfall," *Guardian*, April 26, 2016, www.theguardian.com/business/2016/apr/26/chobani-employee-shares-yogurt-public.
4. Matthew Johnstone, "Chobani IPO: What You Need to Know," Investopedia, November 18, 2021, www.investopedia.com/chobani-ipo-what-you-need-to-know-5210079.

5. Hamdi Ulukaya, "The anti- CEO playbook," TED, 2019, www.ted.com/talks/hamdi_ulukaya_the_anti_ceo_playbook.
6. Martin Armstrong, "The Size of the Company 'Given Away' to Save the Planet," Statista, September 15, 2022, www.statista.com/chart/28257/patagonia-inc-revenue-company-db/; "The Top 15 Coolest Clothing Brands According to Gen Z and Millennials," YPulse, August 18, 2022, www.ypulse.com/article/2022/08/18/the-top-15-coolest-clothing-brands-according-to-gen-z-and-millennials/.

12장

1. Data from companiesmarketcap.com, https://companiesmarketcap.com/tech/largest-tech-companies-by-market-cap/.
2. "More Than $1B Catalyzed for 2023 Audacious Projects," *TEDBlog*, April 27, 2023, https://blog.ted.com/2023-audacious-projects/.

13장

1. "Our Top Charities," GiveWell, December 2022, www.givewell.org/charities/top-charities.

14장

1. All posts from the Kindness Pandemic Facebook page, www.facebook.com/groups/515507852491119.